高等学校法学系列教材·基础与应用

物权法

侯春平　侯　斌◎主　编
郎晨光　侯晓娜◎副主编

清华大学出版社
北　京

内容简介

本书根据国家新颁布实施的《民法典》编写，具体介绍了以下内容：物权的类型、物权的客体、物权的效力、物权的变动、物权的保护、占有、所有权、建筑物区分所有权、相邻关系、共有、土地承包经营权、建设用地使用权、宅基地使用权、海域使用权、地役权及探矿权、采矿权、取水权、养殖权等用益物权，以及抵押权、质权和留置权等担保物权的相关规定。本书还通过实例分析讲解的方式提高读者的实务运用能力。

本书具有内容翔实、案例丰富、实用性强、贴近实际需求的特点，既可作为普通高等院校法学专业教学的教材，也可同时兼顾高职高专、应用型大学的教学，还可以用于企业人员在职岗培训，并为职业资格和职称考试提供有益的学习指导。

本书封面贴有清华大学出版社防伪标签，无标签者不得销售。
版权所有，侵权必究。举报：010-62782989，beiqinquan@tup.tsinghua.edu.cn。

图书在版编目(CIP)数据

物权法 / 侯春平，侯斌主编. —北京：清华大学出版社，2022.5(2024.2重印)
高等学校法学系列教材. 基础与应用
ISBN 978-7-302-60507-2

Ⅰ. ①物… Ⅱ. ①侯… ②侯… Ⅲ. ①物权法－中国－高等学校－教材 Ⅳ. ①D923.2

中国版本图书馆 CIP 数据核字(2022)第 055840 号

责任编辑：刘　晶
封面设计：汉风唐韵
责任校对：宋玉莲
责任印制：丛怀宇

出版发行：清华大学出版社
网　　址：https://www.tup.com.cn，https://www.wqxuetang.com
地　　址：北京清华大学学研大厦 A 座　　邮　编：100084
社 总 机：010-83470000　　　　　　　　邮　购：010-62786544
投稿与读者服务：010-62776969，c-service@tup.tsinghua.edu.cn
质量反馈：010-62772015，zhiliang@tup.tsinghua.edu.cn

印 装 者：三河市铭诚印务有限公司
经　　销：全国新华书店
开　　本：185mm×260mm　　印　张：18.5　　字　数：390 千字
版　　次：2022 年 5 月第 1 版　　　　　　印　次：2024 年 2 月第 3 次印刷
定　　价：69.80 元

产品编号：090548-01

本书编审委员会

主　　任：牟惟仲
副 主 任：林　　征　　冀俊杰　　张昌连　　翁心刚　　唐征友
　　　　　王海文　　张建国　　车亚军　　李遐桢　　李大军
编　　委：李爱华　　李遐桢　　周　　晖　　侯春平　　刘志军
　　　　　李耀华　　张肖华　　白　　硕　　罗佩华　　朱忠明
　　　　　王虹玉　　郎晨光　　侯　　斌　　崔嵩超　　储玉坤
　　　　　刘久照　　郭　　可　　杨四龙　　李官澄　　孙　　勇
　　　　　葛胜义　　郭建磊　　荆　　京　　张冠男　　侯晓娜
总　　编：李大军
副 总 编：李爱华　　侯春平　　周　　晖　　张冠男　　罗佩华
专 家 组：王海文　　李耀华　　尚建珊　　杨四龙　　郎晨光

序　言

随着改革开放进程的加快和社会主义市场经济的快速推进,我国经济建设一直保持着持续高速增长的态势,已经成为全球第二大经济体。经济发展越快,市场竞争越激烈,越是需要法律法规作保障。法律法规是市场主体的行为道德准则,在开拓国际市场、国际商务活动交往、防止金融诈骗、打击违法犯罪、推动民族品牌建设、构建和谐社会等方面发挥着越来越重要的作用。

目前,我国正处于经济稳步发展的重要时期,随着经济转型、产业结构调整、传统企业改造,涌现出大批旅游、物流、电子商务、生物医药、动漫、演艺、文化创意、绿色生态、循环经济等新型产业;为支持"中小微"型企业和大众自主创业,加速与国际经济接轨,适应中国经济国际化发展趋势,近年来国家持续推进法治建设进程,并及时颁布实施了一系列法律法规,有力地保障、促进了我国经济的高速、持续发展。

市场经济是法治经济,经济活动必须遵纪守法,法律法规执行与监管是市场经济的永恒主题。当前,面对经济的快速发展、激烈的国际市场竞争,更新观念、及时学习最新法律法规、调整业务知识结构、掌握各项新的管理制度、加强法律法规应用技能培训等已成为亟待推进的工作内容。

社会需要有知识、会操作、能顶岗的实务型专业人才,本套丛书的出版不仅有力地配合了高等教育法律教学的创新和教材更新,而且也满足了社会需求,起到了为国家经济建设服务的作用;对依法治国、依法办事、依法经营;对加强法治观念、树立企业形象、提升核心竞争力、依法维护自身权益具有积极的现实意义。

本套教材作为普通高等教育本科院校法律法规课程的特色教材,以读者应用能力训练为主线,以习近平新时代中国特色社会主义法治思想为统领,严格按照教育部关于"加强职业教育、突出实践技能与能力培养"的教育教学改革要求,结合各项法律法规的教学特点,以及企事业单位对各种法律专业人才的实际需求,组织多年从事相关课程教学的专家学者与具有丰富实践经验的实务工作者共同撰写。

本套教材包括《民法总论》《经济法》《商法》《海商法》《税法》《国际商法》《劳动与社会保障法》《金融法律法规》《保险法律法规》《会计法律法规》《电子商务法律法规》《婚姻家庭法》《物权法》等。参与编写的单位有:吉林工程技术师范学院、北京物资学院、华北科技学院、北京联合大学、哈尔滨师范大学、北方工业大学、山西大学、牡丹江大学、北京教育学院、燕山大学、北京城市学院、东北财经大学、北京财贸职业学院、厦门集美大学、大连商务学院、郑州大学、大连海事大学、浙江工业大学、大连工业大学等全国三十多所院校。

由于本套教材紧密结合中国经济改革与发展实际,融入法律法规实践教学理念,坚持改革创新,注重与时俱进,有效解决了本科法律教材知识老化、案例过时、重理论轻实践等问题。本套教材具有选材新颖、知识系统、案例真实、贴近实际、通俗易懂等特点,既可以作为普通高等教育本科院校、高职高专院校相关专业课程的首选教材,也可以作为各类企事业机构从业人员的在职培训教材,对广大社会公众也是非常有益的普法资料。

在教材编著过程中,我们参阅借鉴了国内外有关法律金融、财税等相关领域的最新书刊资料和国家新出台的政策法规及管理制度,并得到有关行业企业领导与专家学者的悉心指导,在此一并致谢。为配合本套教材的使用,特提供配套电子课件,读者可以从清华大学出版社网站(www.tup.com.cn)免费下载。希望全国各地区普通高等教育、高职高专院校积极选用本套教材,并请读者多提改进意见,以使教材不断完善。

编委会主任　牟惟仲
2022 年 2 月

前　言

物权法是市场经济的基本法。在现有的历史条件下,客观物质是有限的,在人们对其占有、使用、收益和处分的过程中,难免发生利益冲突。在此背景下,法律把直接支配物并且享受物的特定利益规定为一种权利。法作为社会关系的调节器,通过其自身固有的规范功能,认可和调节各种社会关系,其中物权就是确认那些有利于社会安定和发展的内在利益因素的一种特有的法律形式。在保证物权归属及物权争议解决机制的基础上,加强物权法律法规的建设,对我国经济发展具有特别重要的作用。

物权法是高等教育法学专业的基础课程,本书作为物权法的配套教材,坚持以习近平新时代中国特色社会主义法治思想为统领,严格按照教育部关于"加强职业教育,突出应用能力培养"的教育教学改革要求,在注重基本理论知识的阐述的前提下,突出实践训练,注重对读者的实际应用思维和技能的培养。本书的出版不仅有力配合了高等院校的法学专业教学创新和教材更新,还起到了为国家经济建设服务的作用。

全书共十七章,以学习者应用能力培养为主线,根据《民法典》物权编的相关规定,结合实际案例,具体介绍了以下内容:物权的类型、物权的客体、物权的效力、物权的变动、物权的保护、占有、所有权、建筑物区分所有权、相邻关系、共有、土地承包经营权、建设用地使用权、宅基地使用权、海域使用权、地役权及探矿权、采矿权、取水权、养殖权等用益物权,以及抵押权、质权和留置权等担保物权的相关规定;并通过实例分析讲解,提高读者的实务应用能力。

由于本书融入了最新的实践教学理念,坚持改革创新,力求严谨,注重与时俱进,具有选材新颖、体例完整、观点科学、案例真实、贴近实际、实用性强、便于理解掌握等特点,所以既可作为普通高等院校法律专业教学的首选教材,也可兼顾高职高专、应用型大学、成人高等教育的教学,还可用于社区工作人员的在职在岗培训,并为其他对民事法律法规感兴趣的读者提供有益的学习指导。

本书由李大军筹划并具体组织,侯春平和侯斌任主编,侯春平统改稿,郎晨光、侯晓娜任副主编,由李爱华教授审定。作者编写分工如下:牟惟仲(序言),侯春平(第一章、附录),侯斌(第二章、第三章),朱忠明(第四章、第五章),侯晓娜(第六章、第七章、第十四章、第十五章、第十六章),郎晨光(第八章、第九章、第十章),储玉坤(第十一章、第十二章、第十三章),李官澄(第十七章);李晓新(文字修改、版式整理、课件制作)。

在教材编写过程中,我们参阅了国家新颁布实施的《民法典》以及相关法律法规、政策,收集了大量具有实用价值的典型案例,并得到编委会专家学者的具体指导,在此一并致谢。为方便教学,本书配有课件,读者可以从清华大学出版社网站(www.tup.com.cn)免费下载使用。因作者学识水平有限,书中难免存在疏漏和不足,恳请同行和读者批评指正。

编者 2022 年 2 月

目 录

第一章 物权法概述 1
    第一节 物权法的概念、调整对象和性质 2
    第二节 物权法的基本原则 6
第二章 物权概述 16
    第一节 物权的概念与特征 17
    第二节 物权法律关系 19
    第三节 物权的效力 23
    第四节 物权的分类 27
    第五节 物权的保护 28
第三章 物权变动 32
    第一节 物权变动模式和物权变动区分原则 33
    第二节 不动产登记 38
    第三节 动产交付 43
第四章 所有权 49
    第一节 所有权概述 50
    第二节 所有权的取得、行使和消灭 52
    第三节 所有权的主要类型 64
第五章 建筑物区分所有权 76
    第一节 建筑物区分所有权概述 77
    第二节 专有权 81
    第三节 共有权 84
    第四节 管理权 88
第六章 相邻关系 95
    第一节 相邻关系概述 96
    第二节 相邻关系的基本种类 98
    第三节 处理相邻关系的原则 102
第七章 共有权 104
    第一节 共有权概述 105
    第二节 按份共有 109

第三节　共同共有 …………………………………………………… 116
　　第四节　准共有 ……………………………………………………… 120
第八章　用益物权及特许物权 ……………………………………………… 124
　　第一节　用益物权概述 ……………………………………………… 125
　　第二节　特许物权概述 ……………………………………………… 127
　　第三节　特许物权的种类及其内容 ………………………………… 128
第九章　土地承包经营权 …………………………………………………… 135
　　第一节　土地承包经营权概述 ……………………………………… 136
　　第二节　土地承包经营权的取得 …………………………………… 138
　　第三节　土地承包经营权的效力 …………………………………… 142
　　第四节　土地承包经营权的消灭 …………………………………… 145
第十章　地上权 ……………………………………………………………… 148
　　第一节　地上权概述 ………………………………………………… 149
　　第二节　建设用地使用权 …………………………………………… 150
　　第三节　分层地上权 ………………………………………………… 156
　　第四节　宅基地使用权 ……………………………………………… 158
第十一章　地役权 …………………………………………………………… 163
　　第一节　地役权概述 ………………………………………………… 163
　　第二节　地役权的取得和内容 ……………………………………… 166
　　第三节　地役权的消灭及其后果 …………………………………… 169
第十二章　担保物权概述 …………………………………………………… 172
　　第一节　担保物权的一般问题 ……………………………………… 173
　　第二节　担保物权的一般规则 ……………………………………… 179
第十三章　抵押权 …………………………………………………………… 182
　　第一节　抵押权与抵押财产 ………………………………………… 182
　　第二节　抵押权的取得和登记 ……………………………………… 184
　　第三节　抵押权的效力 ……………………………………………… 186
　　第四节　特殊抵押 …………………………………………………… 188
　　第五节　抵押权的实现 ……………………………………………… 189
第十四章　质权 ……………………………………………………………… 193
　　第一节　质权概述 …………………………………………………… 194
　　第二节　动产质权 …………………………………………………… 195
　　第三节　权利质权 …………………………………………………… 203
第十五章　留置权 …………………………………………………………… 212
　　第一节　留置权概述 ………………………………………………… 213

第二节　留置权的成立要件 ·· 216
第三节　留置权的效力 ·· 220
第四节　留置权的消灭原因 ·· 223

第十六章　非典型担保物权 ·· 228
第一节　优先权 ·· 229
第二节　所有权保留 ··· 235
第三节　让与担保 ··· 239
第四节　后让与担保 ··· 244

第十七章　占有 ··· 248
第一节　占有概述 ··· 249
第二节　占有的成立和分类 ·· 251
第三节　占有的取得、变更和消灭 ······································· 255
第四节　占有的效力和保护 ·· 258

课后习题参考答案 ·· 265
附录 ·· 279
参考文献 ·· 282

第一章 物权法概述

【学习目标】
1. 了解物权法的调整对象。
2. 了解物的归属和利用。
3. 了解物权法定原则、公示公信原则、一物一权原则。

【引导案例】

薛某以乔某的羊损坏了自己的庄稼为由,将乔某的羊牵回自己家中扣留,主张先赔偿后还羊。

请结合本章内容思考:

(1)乔某和薛某之间关于庄稼和羊的争议是物权法的调整对象吗?

(2)乔某对羊、薛某对庄稼,是人对物的何种支配关系?

(3)对这样的纠纷应当如何处理?

【评析】

在本案中,乔某是羊的所有权人,薛某是庄稼的所有权人,当他们对羊和庄稼行使所有权的时候,就形成了他们是权利人,而其他所有的人都是他们的义务人的法律关系:乔某是羊的所有权人,乔某之外的其他任何人都是乔某的义务人,都负有不得侵害其所有权的义务,构成了所有权法律关系;薛某是庄稼的所有权人,其他任何人都是其义务人,都负有不得侵害的义务。从这两个所有权关系可以看出,物权关系不是人对物的关系,而是基于物而发生的人与人的权利义务关系。

在羊与庄稼的物权关系上,体现的是物的归属关系。《民法典》第205条规定,物权法调整的是物的归属和利用关系,而本案中关于羊和庄稼的所有权关系属于支配关系,因此其当然是物权法的调整对象。

乔某的羊损坏了薛某的庄稼,显然侵害了薛某的所有权。对此,《民法典》第233条有明确规定。但薛某却采用了强行扣押乔某的羊的方法,也侵害了乔某的所有权。乔某的羊损坏了薛某的庄稼,是一个疏忽行为,乔某违反了对他人的所有权不得侵害的义务,具有过失。而薛某的行为却属于恶意,是故意违反对他人的所有权不得侵害的义务。二者尽管都是违反法定义务的行为,但性质有所不同。

处理本案纠纷,按照《民法典》第235条和第238条的规定,薛某应当返还原物(羊)、赔偿损失(如有);乔某也应当对薛某的庄稼的损失予以赔偿。

第一节 物权法的概念、调整对象和性质

一、物权法的概念

(一) 物权法概念的起源和发展

物权法是大陆法系特有的概念,是大陆法系民法典的主要内容之一。在我国,物权法的内容主要规定于《民法典》的第二编,即物权编。

有学者认为,物权法的概念来源于罗马法,在罗马法中就已经存在物权法和债权法分离的现象,这就是罗马法关于物法和人法的区分。事实上,在罗马法中,物权法的概念和债权法的概念并没有出现,即使是查士丁尼在制定《法学阶梯》之时,也还是将物与用益物权、所有权、地役权等混淆在一起,没有严格的物权及物权法的概念。法国在制定民法典时,也还没有使用物权法的概念,没有严格区分物与物权的概念,没有在此基础上建立完整的物权法,而是使用财产法的概念。

在德国,法学家极为注意物与财产的区别,注意物权与债权的区别,18世纪制定的《巴伐利亚民法典》和《普鲁士普通法》就体现了这样的区别。19世纪末制定《德国民法典》时,立法者采取了一种极为重要的立法方法,就是将物作为权利客体规定在总则当中,另外专门建立了物权法的体系,并将其作为一个独立的民法组成部分,与债权法、继承法相并列,称为三大财产法。

正是从《德国民法典》开始,物权法才真正成为一部具有自身独立体系、内容完整的法律,并成为民法的重要组成部分。因此,一般认为,物权法在学说上是由潘德克顿法学所创,在立法上则是1896年《德国民法典》专设的物权编首创的。

大陆法系制定物权法,采用两种不同的模式。

1. 德国式的形式物权法模式

德国式的形式物权法模式来源于罗马法的《学说汇纂》,并为德国学者所完善。其特点是民法典规定总则,其下分为物权编、债编、亲属编和继承编,区分债权与物权以及财产法与身份法。因此,物权法成为民法中一项体系完整、相对独立的法律制度。因而,德国式的物权法是明确使用物权概念、规范各类物权的法律。

2. 法国式的实质物权法模式

法国式的实质物权法模式也称为罗马式,来源于罗马法的《法学阶梯》。《法学阶梯》将民法分为人法、物法和诉讼法。《法国民法典》继承了这一形式,将民法典分为人法、财产法和取得财产的各种方法,删除了诉讼法的内容。罗马式的民法典不设总则,债权和物权的区分也不够严格,因此,物权法并没有成为民法典的独立组成部分,但是在学说上采用物权和物权法的概念,也有较为严格的物权法理论体系。所以,法国式的物权法模

式可称为实质物权法模式。

与大陆法系不同,英美法系没有物权法的概念,与之相对应的是财产法的概念。尽管英美法系的财产法基本上包含了大陆法系物权法的基本内容,但同时也将租赁、赠与等债权法的内容包含在其中,使财产法的概念和体系较为庞杂。

(二) 物权法的基本概念

学说上对物权法进行界定,一般将其分为广义的物权法和狭义的物权法。这种划分有助于掌握民法典关于物权的规定和特别法以及相关法律中关于物权关系的规定的关系,便于更准确地理解和适用物权法。

狭义的物权法,是指民法典关于物权的规定,在现实中通常表现为民法典的物权编,以及没有明确称为物权编的有关物权关系的专门规定。前者如《德国民法典》,后者如《法国民法典》。如果一个国家专门制定《物权法》,那这个《物权法》就是狭义的物权法。

广义的物权法,是指调整物权关系即人对物的支配关系的法律规范的总称,不仅包括狭义的物权法即民法典的物权编或者《物权法》,还包括其他有关物权的单行法以及其他法律中关于物权的规定。

二、物权法的调整对象

物权法的调整对象,是研究物权法的基础问题。解决了这个问题,才能够对物权法的概念作出准确的理解,同时,也才能够将物权法与民法的其他部门法予以区分,正确适用物权法和其他民法部门法。

小贴士

当前,关于物权法的调整对象,主要有以下几种不同学说。

一是"支配关系说"。该说认为物权法的调整对象是因直接占有、使用、收益、处分财产而发生的财产支配关系。凡是以人对物的支配关系为内容的法律规范,均可称为物权法。

二是"占有关系说"。该说认为物权法的调整对象是物的占有关系,物的占有关系是物质资料在特定的民事主体的掌握、控制、支配下而发生的财产关系。这种占有关系包括归属和利用。

三是"占有和归属关系说"。该说认为物权法是调整因对物的占有、使用、收益和处分而发生的社会关系的法律规范的总称,其调整对象就是物质财富的占有和归属关系。

四是"占有、利用、归属关系说"。该说认为物权法的调整对象是物的归属关系及主体因对物的占有、利用而发生的财产关系和归属关系。

五是"静态财产关系说"。该说认为财产关系可分为动态财产关系和静态财产关系,物权法规定和调整财产关系的静态,物权法的重心在于保护所有权不受侵犯,旨在维护财产的"静的安全"。

研究物权法的调整对象,主要目的是解决对物权法所调整的基本法律关系的认识问题。在这个问题上,历史上有三种不同的学说:

第一是"对物关系说"。这种学说最早为中世纪的注释法学派所创造,后来为德国民法学家邓伯格所倡导和完善。这种观点认为,债权关系是人与人的关系,物权关系是人与物的关系,因而物权的定义就是人们直接就物享受其利益的财产权。物权的本质就是人与物的关系。

第二是"对人关系说"。历史法学派的首倡者萨维尼及其嫡传弟子、潘德克顿学派代表人物温德夏德则反其道而行之,鲜明地提出"对人关系说"的主张,认为一切法律关系均为人与人的关系,故物权的本质仍然是人与人之间的关系。

第三是"折中说"。这种观点折中了以上两种学说的对立,认为物权所调整的对象,包括对人、对物两个方面,其支配一物的方法和范围,不仅包含事实问题,也包含法定的法律关系。但仅有对物的关系,尚难确保权利的安全,故还必须使人对物负担一种不作为的消极义务,两者相辅相成,即可确保物权之效用。

物权法所调整的物权关系,并不是人与物的关系,而是人对物所产生的人与人之间的关系。人对物的支配关系,并不是单纯的人对物的支配,而是人基于对物的支配所形成的人与人之间的关系。"对人关系说"体现了物权的本质,人对物的支配关系体现的是就一个特定的物所形成的人对这个物的权利义务关系。

基于这样的认识基础,本书认为,物权法的调整对象是人对物的支配关系,这种支配关系具体表现为物的归属和人对物的利用关系。《民法典》第205条关于"本编调整因物的归属和利用而产生的民事关系"的规定,准确地界定了物权法的调整对象。

首先,物权法所调整的对象,就是物权法律关系。从表面上看,这个物权法律关系好像是指人与物的关系,但是在实质上并不是指人与物的关系,而是人基于对物的支配所产生的人与人之间的关系。

其次,物权法律关系的内容,是人对物的支配关系,这种支配关系具体表现为物的归属和人对物的利用关系。物的归属关系,就是确定特定的物究竟归谁所有,谁享有绝对的支配权。对物的利用关系,就是对一个具体的物,究竟谁有权对其进行利用。它既包括所有权人对自己所有的物的利用,也包括他人对所有权人所有的物的合法利用。例如,对国家所有的土地,开发商可以取得建设用地使用权,进行开发建设,这是对国家所有的土地的利用关系。

三、物权法的性质

1. 物权法在总体上为私法

物权法旨在调整因物的归属和利用而产生的民事关系,民事关系即私人之间的关系，民法为私法，物权法也不能例外。

需要特别指出的是，物权法为私法，是就其大体而言的，因其与社会、经济有直接密切的关系，有时需要国家机关及公权力的直接介入，于是也有许多公法的规定。例如，《民法典》第244条规定："国家对耕地实行特殊保护，严格限制农用地转为建设用地，控制建设用地总量。不得违反法律规定的权限和程序征收集体所有的土地。"当然，涉及物权的公法规范，更多地存在于行政法及其他公法之中。

2. 物权法为财产法

自罗马法以来，民法有财产法和身份法的分别。规范经济生活，保护财产秩序的法律，为财产法；规范伦理生活，保障身份秩序的法律，为身份法。物权法以规范因物的归属和利用而产生的民事关系为内容，性质上属于财产法。

物权法只是财产法的一部分，债法、海商法、票据法、证券法、保险法等也属于财产法。债法是典型的关于财产流转的法律，重在保护动态的交易安全。物权法虽然着力于静态的关系（如所有权人的权利、用益权人的权限），也规范变化的动态关系（如物权的转让、变更等）。

3. 物权法宜被归入强行法

物权具有排他性，涉及第三人和社会公共利益，所以物权法的规定多具强制性，不容当事人以合意加以改变或排除。例如，《民法典》第42条规定："为了公共利益的需要，依法律规定的权限和程序可以征收集体所有的土地和单位、个人的房屋及其他不动产。""征收集体所有的土地，应当依法足额支付土地补偿费、安置补助费、地上附着物和青苗的补偿费等费用，安排被征地农民的社会保障费用，保障被征地农民的生活，维护被征地农民的合法权益。""征收单位、个人的房屋及其他不动产，应当依法给予拆迁补偿，维护被征收人的合法权益；征收个人住宅的，还应当保障被征收人的居住条件。""任何单位和个人不得贪污、挪用、私分、截留、拖欠征收补偿费等费用。"

为维护当事人的私法自治，物权法也设有任意性规定。例如，《民法典》第274条中段规定："建筑区划内的绿地，属于业主共有，但属于城镇公共绿地或者明示属于个人的除外。"第301条规定："处分共有的不动产或者动产以及对共有的不动产或者动产作重大修缮的，应当经占份额2/3以上的按份共有人或者全体共同共有人同意，但共有人之间另有约定的除外。"第320条规定："主物转让的，从物随主物转让，但当事人另有约定的除外。"第116条第1款规定："天然孳息，由所有权人取得；既有所有权人又有用益物权人的，由用益物权人取得。当事人另有约定的，按照约定。"

4. 物权法为实体法

物权法是实体法，而非程序法。如何实现对物权的保护，则由程序法，尤其是民事诉讼法来规定。

《民法典》物权编也包含着某些程序性的或与程序有关的规定。例如，《民法典》第210条关于不动产登记机构的设置及任务的规定；第211条关于当事人申请登记时必须提供有关文件的规定；第212条关于登记机构的职责的规定；第213条关于禁止登记机构的某些行为的规定等，均属于程序性的规范。

5. 物权法具有本土性

物权法受制于并反映着一个国家的基本经济制度，而且受历史传统、民族习惯和固有文化的影响颇深，因而其本土化特征特别明显。例如，相较于德国、日本的物权法，我国《民法典》物权编上的国家所有权、集体所有权、土地承包经营权、宅基地使用权、建设用地使用权等制度，就具有鲜明的本土特色。

应当注意到，近现代民法强调和贯彻人格自由、所有权自由和合同自由等原则。其中，所有权自由落实到物权法领域，便形成了所有权绝对原则。同时，为了社会公共利益的需要以及保护他人的合法权益，法律使所有权本身存在着一定的约束，出现了所有权的社会化。

第二节 物权法的基本原则

一、物权法基本原则概述

一般认为，我国物权法的基本原则有四个方面，即平等保护原则、物权法定原则、一物一权原则和公示公信原则。

物权法的基本原则是在民法基本原则的指导下制定的，是民法基本原则在物权法中的具体化。物权法是民法的组成部分，物权法的基本原则不能违背民法基本原则。应在民法基本原则的指导之下，确定物权法的基本精神，将民法的基本原则贯穿到物权法当中。

同样，物权法的基本原则也不能是民法基本原则的照搬，而是要依据物权法的具体内容确定。

二、平等保护原则

（一）平等保护原则的概念和内容

平等保护原则，是指不同主体享有的物权地位平等、适用规则平等和法律保护平等的物权法基本原则。《民法典》第113条规定："民事主体的财产权利受法律平等保护。"第207条规定："国家、集体、私人的物权和其他权利人的物权受法律平等保护，任何组织或者个人不得侵犯。"

1. 所有物权一律平等

《民法典》规定的平等保护原则最主要的含义，是强调私人的物权和其他权利人的物权受到平等保护。平等保护原则宣示的是，不论是国家物权、集体物权、私人物权还是其他权利人的物权,都是平等的,都应平等地受到保护,尤其是公有的物权不能凌驾于私人物权之上。

2. 适用规则平等

由于物权的法律地位平等,因而对物权的取得、设定、移转和消灭,都适用共同的规则,体现了法律规则的平等性。

3. 保护的平等

平等保护原则重在强调对物权的法律保护的平等性。物权保护的平等性,主要表现物权出现争议时的保护平等性和物权受到侵害时的保护平等性。

物权出现争议时的保护平等性,是指对发生争议的物权,用相同的规则确定物权的权属。

物权受到侵害时的保护平等性,是指不同主体享有的物权受到侵害时,都平等地受到物权请求权和侵权请求权的保护,实行平等保护。

(二) 平等保护原则的价值

平等保护原则作为物权法的基本原则,是物权法基本目的的集中体现。它的价值主要表现在以下几个方面。

1. 对物权平等保护是市场经济的必然要求

平等是市场经济的必然要求。市场是由无数的重复发生的、纷繁复杂的交易构成的,如果在这些交易中的物权是不平等的,那么在不平等的物权之间就无法进行交易,即使进行交易,也会出现不公平的结果。"国家实行社会主义市场经济,保障一切市场主体的平等法律地位和发展权利",不论是何种性质的物权,在市场经济中都是平等的。

2. 对物权平等保护是市场主体地位平等的必然反映

在市场经济中,市场主体的地位平等,决定了市场主体的物权平等。因而物权平等保护原则是市场主体平等地位的必然反映。如果市场主体的地位是平等的,物权保护却是不平等的,物权就无法实现地位平等,也就无法进行正常的市场交易。

3. 对物权平等保护是私人物权的正当诉求

物权平等保护是私人物权的正当诉求,主张对所有的物权平等保护,就是要求对私人的物权和其他权利人的物权平等保护。民法典反映了私人物权的这种诉求,规定了对物权的平等保护原则。

4. 对物权平等保护是促进社会财富增长的客观需要

"有恒产者有恒心",对物权的平等保护是鼓励人民创造财富的重要保障。如果私人物权和其他权利人的物权地位不平等,不能得到平等保护,甚至任意被剥夺,人们就没有创造财富的动力,社会财富就难以持续增长。实行对物权的平等保护原则,明确创造的财富的归属,并且予以平等保护,才能鼓励人们创造财富,促进社会经济发展。

(三) 平等保护原则的适用

平等保护原则在法律适用中,主要体现在以下三个方面。

第一,把平等保护原则作为物权法适用的一般指导思想贯彻落实。不论是"抽象所有,一体保护",还是"区别所有,平等保护",都是指无论是对国家、集体还是对个人的物权,都要予以平等保护。在物权法适用中,必须贯彻这个基本指导思想。

第二,在司法实践中,对物权法律法规的适用出现争议时,应当依照平等保护原则进行解释。在具体解释中,应当根据目的解释方法,依照物权法的立法目的,贯彻平等保护原则,平等保护各种物权。

第三,违反平等保护原则的,准许当事人依照物权法和诉讼法的规定,寻求法律救济。

三、物权法定原则

(一) 物权法定原则的概念

《民法典》第116条规定的是物权法定原则。

物权法定是物权法的一项基本原则,也是物权法区别于合同法的重要标志。它又被称为物权法定主义,是指物权只能依据法律设定,禁止当事人自由创设物权,也不得变更物权的种类、内容、效力和公示方法。

(二) 物权法定原则的内容

1. 物权类型强制

物权的种类非经法律规定,当事人不得创设。因此,这一内容也被称为物权的类型强制。

实行物权类型强制指的是,当事人只能依照法律明确规定的物权类型和条件设立物权,不能超出法律的规定设立法定物权以外的物权类型。例如,法律只规定了动产质权,没有规定不动产质权,当事人违背法律的规定设定不动产质权的,这种设定不动产质权的行为就是无效的,不发生担保债权的预期后果。

2. 物权类型固定

物权的内容非经法律规定,当事人不得创设。物权法定原则的这一内容也被称为物权内容强制。

物权类型固定指的是,物权的具体内容由法律规定,当事人不得约定法定物权的具体内容。例如,法律规定质权要转移占有,当事人就不能约定不转移占有的动产质权,即使约定了也是无效的。

实行物权类型强制和物权类型固定,要求物权立法和当事人实施设定物权的行为必须遵守以下规则。

第一,物权的类型必须在《民法典》中规定。司法机关在适用法律时,应当遵守类型强制的规则,严格按照法律规定的物权种类确定物权。

第二,法律规定物权的内容应当尽量全面。尽管立法难以穷尽概括社会现象,但是对基本的内容应当规定清楚、明确,尽量避免歧义。当事人在设定物权的时候,如果约定的物权内容超出了法律的规定,法院应当确认其约定无效。

第三,当事人在设定物权行为时,应当遵守类型强制和类型固定的规则,按照法律的规定设定物权种类以及物权的内容。应当明确的是,当事人意思自治原则对物权法定原则是不适用的,任何违反物权法定原则而约定物权的设立、变更、转移、消灭的行为都是无效的,不会发生预期的法律结果。

(三) 确立物权法定原则的理由

物权法定原则源于罗马法,是罗马法构造物权制度的重要基础之一。但是从历史上看,物权法定主义并不是始终如一的,其间有过放任主义(或称自由主义)的态度,但是,更多的立法例采用物权法定主义立场,认为放任主义不利于保护当事人的利益,徒增社会纠纷,严重损害交易安全,不利于维护一国经济秩序。

确立物权法定原则的理由和根据,主要有以下几点。

1. 确保物权的绝对性和支配性

物权与债权的基本区别,就在于物权绝对性和对物的支配性以及排除他人干涉的排他性。对这种绝对性、支配性和排他性,物权法必须确保其完全地实现,才能够达到物权法的目的。对于具有这种性质的权利,必须使其具有法律规定上的严肃性,以明文规定的形式给予法律上的保障。

2. 确认和巩固社会经济制度,维护社会秩序

物权制度是一定社会所有制关系在法律上的反映,与其他法律制度相比,物权制度最直接地反映了社会基本经济制度,而且是直接为特定社会关系的所有制服务的,所以物权是社会的基本财产权,只有法律明确规定了物权类型和内容,才能从法律上确认和巩固社会经济关系并维护正常的社会秩序。物权法定,实现了所有权对物的全面、永久的支配,确保其绝对地位,同时建立起完整、统一的物权体系,会更有力地保障社会经济制度,维护社会秩序。

3. 便于物权的公示,确保交易的安全和迅速

物权是绝对权,必须保证透明,使他人对权利的状况一目了然。采取物权法定原则,便于物权的公示,便于他人知晓,以保证通过市场所取得的物权的真实性,防止对物权的侵害。物权法定也有利于保证交易安全,防止因物权交易的不真实而损害他人的利益。物权的法定和公示,使物权交易更为透明,一般人对财产的归属一目了然,交易双方无须对交易对象进行反复的调查就可以获知有关内容,由此也确保了交易的便捷。

4. 确保充分的契约自由

契约自由必须以物权法定为前提,否则,契约自由就无法得到保证。保障充分的契约自由,避免强行法对私的交易秩序的介入,有赖于预先确定作为交易标的的物权的内容。否则,在一物之上可以任意地设定不相容的数个物权,会使单个的契约从外部受到限制,从而使契约自由招致否定。因此,只有采取物权法定原则,契约自由才能得以维持,也才有可能实现充分的契约自由。

小贴士

物权法定原则的缓和

物权法定原则的缓和,是指物权法定原则为适应社会实际生活变化所采取的适度灵活变化。物权法定原则固然希望确定的物权类型和内容永久符合社会需要,但是难免存在理想和实践的差距问题。立法总是反映立法当时对社会规律的认识,存在历史的局限性;对于未曾发生的历史现象,立法永远存在实践的局限性;立法也是各个具体时代的产物,各个时代立法者的认识能力具有自己的局限性。

这些局限性必然导致在法律上的缺漏,使法律不能穷尽社会生活现象。同时,社会总是在不断地发展,新的需求也在不断产生。在这样丰富多彩、日新月异的社会生活面前,物权法定原则受到严峻考验,需要进行检讨,不能过于僵化,需要缓和。这就是实行物权法定原则以后出现的物权法定原则的缓和。

怎样缓和物权法定原则?学者有不同主张。

一是"物权法定无视说",认为应根本无视物权法定主义的规定,而承认习惯物权的效力。这种观点由日本学者我妻荣所创,理由是物权法定主义确立的目的是整理旧物权,防止封建主义物权复辟,而习惯是在社会生活中自然产生的,不仅没有阻止的可能,如加阻止干涉,而且还有害于社会的发展。况且保护土地利用人为物权法的趋势,自此立场,亦应承认习惯法上的物权。

二是"习惯法包含说",认为按照民法规定,关于法令未规定事项所形成的习惯,与法律有同等效力,此等习惯应理解为由民法物权法定所称的"法"所包含,也就是说,立法在强调物权法定原则的同时,也应承认习惯法上的物权的适法性。

三是"习惯法物权有限承认说",认为物权法定原则的"法"虽然不包括习惯法,但是从物权法定原则存在的理由看,如果社会上所产生的物权不妨害物权体系的建立,且无碍于公示时,可以突破物权法定原则的拘束,直接承认该习惯性的物权为有效。

四是"物权法定缓和说",认为新生的物权如果不违反物权法定原则的立法旨趣,又有一定的公示方法,可根据物权法定内容从宽解释的方法,将其解释为新种类的物权,盖此仅为物权内容得以变更的界限问题。

对物权法定原则的缓和予以解释的焦点,集中在如何解释物权法定的"法"字上。如果将这个"法"字绝对化甚至僵化,物权法定就无法适应社会的变化以及物权发展的需求。物权法定原则的缓和,就在于在坚持物权法定的立场之上适当变通,对法定之"法"柔化,使其包含习惯法之"法",使物权法定原则适应社会的发展和需要。其所缓和的就是物权法定原则的僵化,使物权法定原则对社会生活中新产生的又具有一定公示方法的物权采取承认的态度,并且适时将这些物权纳入物权法体系,使立法更为完善。因此,物权法定原则为"刚",物权法定原则的缓和为"柔",两者结合才能使物权法定原则紧跟社会变化,适应社会发展的需要。

在我国《物权法》和《民法典》的编纂过程中,多有学者提出物权法定缓和的立法方案,都被否定了。学者认为,应当提出适用物权法定原则缓和的办法,实事求是地解决实践中的问题。

(四) 违反物权法定原则的后果

当事人违反物权法定原则的后果,包括以下几点。

1. 法律有特别规定的依照法律特别规定

物权法对权利种类和内容作出明确规定的,应当按照特别规定处理。例如,《民法典》第462条第2款规定,占有人返还原物的请求权,自侵占发生之日起1年内未行使的,该请求权消灭。

2. 法律没有规定的当事人不得自由设立

法律没有特别规定的当事人自由设立的物权种类和内容,属于违反法律的禁止规定的,依照《民法典》第153条规定,属于违反法律强制性规定的民事法律行为,为无效。例如,超出法律规定,对不动产设定质权,就是违反法律的行为,当然为无效。

3. 部分违反物权法定原则的内容,违反的部分无效

设定的物权的一部分违反禁止性规定,但是其他部分并不违反法律的,可以成立,仅违反法律禁止性规定的部分无效,其余部分为有效。《民法典》第332条规定:"耕地的承包期为30年。草地的承包期为30年至50年。林地的承包期为30年至70年。"这些期限均为法定期限。违反该期限的,其超过的部分无效,没有超过的部分自然有效。

4. 违反物权法定原则的行为效力不影响其他法律行为的效力

虽然违反物权法定原则的行为无效,但是其行为具备其他法律行为的要件的,具备生效要件的民事法律行为应当有效。例如,当事人约定承租人就租赁的房屋有物权效力的优先权的,虽然该约定不生物权的效力,但出租人倘有违反时,仍应负债务不履行的损害赔偿责任。

在审判实践中,法官要注意把握上述要点,正确区分当事人违反物权法定原则而作约定的具体情况,作出符合法律规定的裁断。

四、一物一权原则

(一) 一物一权原则的概念

一物一权原则,也称为物权客体特定主义,是物权法的基本原则之一,是指在一个物上仅能成立一个所有权,一个所有权的客体仅为一个物。

(二) 一物一权原则的内容

一物一权原则主要包括以下三个方面的内容。

1. 一个物之上只能成立一个所有权

理解一物一权原则不能望文生义,关键在于掌握"物"和"权"的界定。一"物",说的是一个独立的物权客体,是一个独立的有体物。一"权",说的是所有权,而不是其他物权即他物权。

2. 一个物的部分不能成立独立的所有权

所有权只能存在于一个独立的有体物上,在物的成分或构成部分上不能成立所有权。这就是罗马法的"所有权遍及全部,不得属于二人"规则。也就是说,一物只能在整体上成立一个所有权,而一物的某一部分如尚未与该物完全分离,就不能成为单独所有权的客体。在依附于主物的从物之上,不能单独成立所有权,在从物上设立所有权的行为无效。

3. 集合物原则上不能成立所有权

在由数个物构成的一个集合物上,原则上不能成立一个所有权,但是在特别的情况下,按照交易习惯认为集合物是一个独立物的时候,可以设定一个所有权。例如一群羊、一个图书馆、一批货物等,被视为一个物,可以成立一个所有权。故集合物构成独立的物,可以成立一个所有权。在集合物上成立所有权要具备三个要件:一是集合物全体与构成集合物的各个部分具有相同的利益;二是不悖于物权法定原则;三是符合物权公示原则。

一物一权原则并不排斥在一个物上设立几个他物权,因为这是充分利用物的价值创造社会财富的途径。面对这种情况要注意的是,在一个物上所设立的他物权,是设立在所有权的基础之上的,同时,这些他物权不能相互冲突、相互矛盾。

(三) 确立一物一权原则的理由

自罗马法以来,一物一权原则就被严格遵守。近年来,虽然该原则有所演化,但其基本精神没有变化,仍为各国物权法所严格遵守。确立一物一权原则的理由,主要有以下几点。

1. 明确权利的范围

所有权的基本属性是支配权,是对所有权客体——物的支配。如果所有权客体的范围不明确,就会形成所有权的界限不明晰的现象,形成权利的交叉,造成权利行使的困难,发生争议。一物一权,界限明确,权利边缘清晰,便于权利的行使,也便于对权利的保护。

2. 避免物权关系复杂化

一个独立的有体物只设立一个所有权,就使物权关系简单、明确,不会产生复杂的物权关系,不会在一个物上形成权利重叠和冲突。至于在一个物上产生的他物权,则自有物权法规则来调整,不在此限。

3. 避免公示方法上的困难

所有权必须有其确定的公示方法,以便他人确认权属。一物一权,只能按照规定的公示方法进行公示,不会产生复杂的公示问题;相反,如果在一物之上设立多个所有权,将有碍于所有权的公示,会造成交易上的困难和麻烦。

(四) 一物一权的确认

一物的"物",应当依照社会交易中的通常观念判断,是指法律观念上的一个物,可以是单一物或者合成物。此外,对物的理解还要考虑对物的认识的发展。在传统上,曾经认为土地所有权是对土地做纵向分割,上至天空,下至地心。随着对土地的利用以及分层地上权的发展,这一观念有了变化,对土地不仅做纵向分割,而且做横向分割,地上空间和地下空间都成为可以利用的物,也可以对其设立权利。

建筑物的区分所有人对被区分的空间也有所有权,该所有权被称为特别所有权。这样,在传统的一个"物"上,就有了几个所有权的存在。

一权的"权",在理解上要注意两个问题:第一,在共有的情况下,两个或者两个以上的人对一物享有共有权,并不违反一物一权原则,两个或者两个以上的主体对一个物享有一个所有权,他们所共有的是一个所有权,而不是两个或者两个以上的所有权,这个所有权还是一个"权"。第二,这里的"权"是指物权,但仅指所有权,不包括他物权。一物一权原则并不排斥在一个所有权之上设立几个他物权。

五、公示公信原则

公示公信原则也是物权法的基本原则,即物权公示原则和物权公信原则。这两个原则既有区别,又有联系,二者是相互依存的。《民法典》第 208 条规定:"不动产物权的设立、变更、转让和消灭,应当依照法律规定登记。动产物权的设立和转让,应当依照法律规定交付。"这一条文规定的就是物权的公示公信原则。

(一) 物权公示原则

公示,即公开揭示,使之周知之意。物权公示,是指在物权变动时,必须将物权变动的事实通过一定的公示方法向社会公开,使第三人知道物权变动的情况,以避免第三人遭受损害并保护交易的安全。物权公示原则,是指物权的变动即物权产生、变更或者消灭,必须通过特定的、可以从外部察知的方式即公示表现出来的物权法基本规则。

确立物权公示原则的理由主要有以下两点。

第一,物权是对世权,物权变动涉及的范围大,不公示不利于保护权利人。因此,需要确定物权支配客体的范围,使其支配的外部范围明确化。物权变动,需要明确区分物权和债权这两种财产权利形态,并将物权界定为直接支配一定的物并得以排斥他人干涉的权利。物权的这种对抗第三人的排他性,使物权的变动会对第三人的利益产生限制作用,是为避免第三人遭受不虞之患,要求物权变动应当有一定的形式,使之可以让交易关系以外的第三人确知。

第二,物权变动直接关系到财产的归属和利用,对商品经济的正常发展有直接影响,不公示不足以确保商品交易的安全和有效。物必须在流转和利用中才能发挥其最大的价值,在这些利用和流转物的关系中,必须确保交易的物权的真实和有效,才能够实现其增加财富、推动商品经济发展的目的。因此,只有按照公示原则进行物权变动,人们才能够放心地根据法律所确定的标准进行交换活动。

关于公示的范围,应当是除了少数法定物权以外,其产生都以公示为条件,物权变动必须符合法定的公示条件才能够设立。例如,留置权是法定物权,不必约定,也不必经过公示就能产生。其他的物权则必须进行公示。

物权公示的方法,必须依照法律规定的形式,也即不动产的物权变动必须经过登记,动产的物权变动则须交付。应当明确规定,除法律另有规定以外,不动产物权的设立、变更、转移和消灭应当登记,不登记不发生物权变动效力;动产所有权的转让以及动产质权的设立等,除法律另有规定或者当事人另有约定的以外,自交付时发生效力。另外也有特例,即土地、矿藏等自然资源是属于国家所有的不动产,可以不登记;船舶、飞行器和汽车是动产,但其物权的变动要经过登记,不登记不得对抗善意第三人。

(二) 物权公信原则

公信,是指物权变动经过公示以后所产生的公信力。物权公信原则所着眼的,正是物权变动中公示形式所产生的这种公信力,是指按照法定方法公示物权变动以后,不仅正常的物权变动产生公信后果,而且即使物的出让人事实上无权处分,善意受让人基于对公示的信赖,仍能取得物权。

因此,公信原则的内容是:第一,登记记载的权利人,在法律上,只能被推定为真正的权利人。即使他不是真正的权利人,法律也认为他是权利人。第二,任何人因为相信登记记载的权利而与权利人从事了移转该权利的交易的,该项交易应当受到法律保护。即使公示有瑕疵,善意受让人也不负返还义务。

确立物权公信原则的理由在于,商品交换要求及时、安全地将商品的物权移转给受让人,而受让人在事实上很难对出让人的处分权进行周详的了解,只要出让人以合法的方式证明自己有处分权,受让人即可信任其有处分权,而物权公示在一般情况下足以证明出让人有处分权。既然如此,按照法定公示方式转让物权的,善意受让人基于对公示的信赖,应当取得物权。否则,如果法定方式都无法保证出让人享有处分权,那么,人们就不能安心地进行交换,社会经济也就无法正常发展。可见,公信原则与善意取得制度在精神内核上是一致的,其意义在于以牺牲真正权利人的利益来换取交易的动态安全。

实行公信原则,可能使真正的权利人的利益在某种程度上受到损害。为了避免真正的权利人的利益受到损害,除了完善登记程序以外,可以采取事后的补救措施,对真正的权利人所受到的损害给予补偿,具体的方法如下。

第一,动产占有人按照公示方法转让动产物权,受让人是善意的,一旦其取得了动产标的物的占有就取得了物权。对原所有人受到的损害,只能由原所有人向无权处分人请求损害赔偿,但不能要求新的物权人返还原物。如果受让人出于恶意,则不受公信力的保护。

第二,不动产经过登记而转让物权的,即使登记有瑕疵,受让人只要是善意的,登记后也即时取得物权。对原物权人损害的补救方法,是准许其要求有过错的出让人或者登记机关承担赔偿责任。

第三,受让人的善意,仅限于不知道且没有义务知道登记事项本身有瑕疵。登记事项之外的有关事实的瑕疵,则不受公信力的保护。

课后习题

1. 物权法的概念应当如何界定?
2. 物权法的性质是什么?
3. 物权法定的内容是什么?
4. 为什么要实行一物一权原则?
5. 物权的公示方法是什么?
6. 试论未经公示的物权不得对抗善意第三人。

第二章 物权概述

【学习目标】
1. 了解物权的概念、特征、类型。
2. 了解物权法律关系的客体。
3. 了解物权与债权的主要区别。
4. 了解物权保护方法。

【引导案例】

沈某经批准后,自筹资金购买设备和电力器材,自请民工,自付占地补偿费,架通自乡政府起至其居住村二组止长 2.6 千米的高压线路,解决了二组 100 户村民的生产生活用电问题。县电力公司无偿接收沈某的电力器材用于农电网改造,沈某要求补偿。

请结合本章内容思考:
(1)沈某对其架设的高压线路享有何种民事权利?
(2)该种权利属于何种类型的物权?
(3)县电力公司无偿接收其电力器材行为的性质是什么?
(4)本案应当如何处理?

【评析】

本案中,在法律上,沈某对自己架设的高压线路享有权利,体现的是物权中人对物的支配关系,应当依法予以保护。

这种物权的权利人对其支配的物享有占有、使用、收益、处分的权利,属于所有权,是不受限制的自物权。其所有权主体是个人,因此是私人所有权。平等保护原则是我国《民法典》规定的一项基本原则,国家所有权、集体所有权和私人所有权应受平等保护,不同的所有权地位平等,不得歧视私人所有权。因此,私人对自己所拥有的物,享有完整的所有权,享有占有、使用、收益、处分的权能。

县电力公司在进行农电网改造中,对沈某购买的电力器材予以接收,直接用于该村的农电网改造,使其成为国家农电网的组成部分,却没有给予任何补偿。依照《民法典》第 243 条规定,为了公共利益的需要,可以征收私人所有的不动产,但须给予足额补偿。

尽管县电力公司接收沈某的电力线路不是征收,但确实是将私人所有的财产收归国家所有,因此应当参照《民法典》的规定,予以足额补偿,否则会构成侵权行为,需要承担相应的侵权责任。

对此,沈某要求县电力公司补偿损失,是完全有法律依据的。法院应当支持其正当诉求,判决县电力公司承担补偿其损失的民事责任。

第一节 物权的概念与特征

一、物权名称的源起

物权,为近现代及当代民法的一项重要概念,其与债权一道共同构成大陆法系民法财产权的两大基石。没有物权、债权等概念,也就没有大陆法系的近现代与当代民法制度及其体系,尤其是作为形式民法的民法典。因此,研习物权法,需从物权的概念谈起。

在民法的发展史上,囿于诸多因素的影响,各国学者对于物权问题的认识,较之债权存疑更多。尤其是对于何为物权,即物权的概念是什么的问题,自欧洲中世纪后期注释法学派正式涉猎这一问题以来的数百年间,一直是学者间争论不休,见仁见智的问题。即使在现今,学者对这一问题的争论也依然未有止息。

当代民法的研究成果表明,人类社会之有真正的物权观念,大抵肇始于古罗马法时代。但是,限于当时的人们尤其是法律学者对于物权关系的认识程度,以及受抽象思维水平的限制,于罗马法的全部法律文献中,始终未见"物权"一词。因此,散见于罗马法史料中的只是一些具体的物权概念,如所有权、用益权、役权、永借权、地上权、永佃权、抵押、质押及占有等。正因如此,日本研究罗马法的资深学者船田享二明确地指出:"罗马法时期没有物权一语,同一用语在罗马法时期毋宁说是在对他人的物的权利,即后世所称的他物权(iura in re aliena)的意义上被使用的。"

不过,在罗马法时期,其诉讼法领域有"物的诉权"(actio in rem)和"人的诉权"(actio in personam)这两项制度。物的诉权,是所有权、役权和其他权利的保护手段;人的诉权,是债权的保护手段。二者形成对峙的局面。亦即,罗马法的物权观念,是通过对物本身的诉讼来表现的权利人之对于特定物的归属或追及性。进言之,通过诉讼来确认权利人之对于特定物的追及性或归属,这就是罗马法的物权的中心观念。

据考证,在理论上以"ius in re"来表称"物权"这一术语,是在欧洲的中世纪时期。亦即,"物权(iura in re)这一术语,是欧洲中世纪时期的学者创造的"。此外,欧洲中世纪时期的教会法(寺院法)、封建法也创立了"对物的权利"(ius ad rem)这一名称。但无论怎样,"物权"这一名称,是在欧洲的中世纪时期被如何创造出来的,它是由一人创造的还是由数人创造的,抑或由一个集体创造的,根据现有的史料还不能准确确定。

目前可以说,它可能是由11～13世纪的欧洲前期注释法学派,或13世纪后半期至15世纪后半期的后期注释法学派(注解法学派、疏证法学派)的学者们,如伊尔内留斯(Irnerius,约1055～1125年)、阿佐(Azo,1150～1230年)、F.阿库修斯(F. Accursius,约1182～1260年)、奇诺(Cynus de Pistoia,1270～1336年)、巴尔多鲁(Bartolus,1314～

1357年)等在对查士丁尼《民法大全》进行注释、分析各法律文献的结构,致力于使罗马法和实际生活相结合的过程中提出的。

往后经过近四百年的时间,"物权"一词正式见于民法典中,这就是1811年《奥地利普通民法典》对"物权"一词的规定。该法典第307条规定:"对于物,非仅得对特定人主张其权利者,该权利称为物权。对于物,直接基于法律或债务行为而产生,且仅得对特定人主张其权利者,该权利称为债权。"至1890年,日本又于其旧民法财产编第2条对物权的定义加以规定。

经过6年的时间,在德国的普通法学、近代民法学和潘德克顿法学对物权和债权的概念及其界分有了深入研究的基础上,1896年公布的《德国民法典》遂把财产权区分为物权和债权,并在"物权"(该法典第三编)这一编名下,规定了443个条文(第854条至第1296条)的物权制度及其规则内容。毋庸置疑,这是人类物权法发展史上的一个里程碑,标志着自罗马法以来,物权(法)在名称上业已完成了它的立法化。

在民法典中设立专门的"物权编"来规定物权制度及其规则体系,这一点对后来制定民法典或物权法的国家产生了直接的影响。效仿其做法,在民法典中设立专门的物权编来规定物权制度及其规则,即成为大陆法系的一些国家,如日本、瑞士、希腊、土耳其、韩国、葡萄牙的一项基本做法。我国2020年通过的《民法典》物权编,对此也有诸多借鉴。

二、物权的定义

自《德国民法典》于立法上采用"物权"的编名并规定系统的近现代与当代意义上的物权制度及其规则以来,"物权"这一概念即成为大陆法系民法立法与理论中的一项重要概念。尽管如此,但对于物权的含义究竟是什么,学者之间仍然没有形成完全一致的认识。自近代以来,各国学者对物权下过很多种定义。将学者们对物权所下的各种定义加以归类,可以看到,对物权的含义的认识主要有三种见解,即"对物关系说""对人关系说"和"折中说"。

1. 对物关系说

该说最早源于中世纪时的注释法学派(注解法学派、疏证法学派)。19世纪德国古典法学时期,学者海因里希·德恩堡(Heinrich Dernburg,1829~1907年)积极倡导之,并将该说的内容进一步加以完善。其认为债权关系是人与人的关系,物权关系是人与物的关系,从而物权的定义应当为:人们直接就物享受其利益的财产权,或人们对物直接支配的财产权。

2. 对人关系说

该说肇端于欧陆近代时期,主要的倡导者为德国民法学者伯恩哈德·温德沙伊得(Bermhard Windscheid,1817~1892年)和弗里德里希·卡尔·冯·萨维尼(Friedrich Carl von Savigny,1779~1861年)。他们以一般权利的通性为论据,认为由法律所规定的各种权利,无论其性质如何,所涉及者莫不为人与人的关系。换言之,在他们看来,无论债权关系抑或物权关系,其都属于人与人的关系,二者的差异,仅在于债权只可对抗特定人,而物权则可对抗一般人。

萨维尼认为:一切法律关系皆为人与人的关系,故物权也为人与人的关系;温德沙伊得认为:权利,系存在于人与人之间,而非存在于人与物之间。基于这些认识,他们将物权的含义界定为:具有禁止任何人侵害的消极作用的财产权或对抗一般人的财产权。

3. 折中说

此为折中上述两种学说而形成的学说。认为物权有对人、对物两方面的关系,权利人支配特定物的方法、范围,不仅为事实问题,且也包含了法定的法律关系。不过,仅有权利人对于特定物的支配关系,还难确保权利的安全,所以还须使社会上的一般人对特定物负担一种不作为的消极义务。只有这样,才能确保物权的安全,进而使物权充分发挥其效用。依此学说,物权的含义应界定为:人们对物可直接支配,且可对抗一般人的财产权。

以上三种学说中,应以采折中说为宜。从物权与债权的性质或特性上的差异看,物权是一种权利人对特定物的权利,其客体主要是物(只有少数的权利可以作为物权的客体),称为"对物权";债权是权利人(债权人)请求债务人为一定行为(给付)或不为一定行为的权利,其客体为行为(多数场合是为一定行为——给付),称为"对人权"。所以,物权的定义中当然应当反映权利人对特定物的支配这一方面。

因此,说物权反映的是一种权利人对物的关系(对物关系说),并无不妥;但与此同时,人对特定物的占有、支配关系要上升为具有权利义务内容的法律关系,又只有在人群共处的人类社会中才有其可能。

综合以上分析,本书认为,物权的定义应当界定为:物权人直接支配特定物并排他性地享受其利益的权利。其中,"直接支配特定物",表明物权是一种对物的关系;"排他性地享受其利益"表明物权又是一种反映人与人之间的对于财产的归属和(物权的)利用关系的法权形式,二者结合起来,即形成物权概念的总体。

根据《民法典》的规定和学理对我国《民法典》的解释,也可以认为,物权是指权利人依法对特定的物享有直接支配和排他的权利,包括所有权、用益物权,辅保物权和占有(《民法典》第114条第2款)。也就是说,我国《民法典》对物权的含义系采折中说,这一立场符合当代物权法对物权制度核心本旨之认识。

第二节 物权法律关系

物权法律关系,是指物权主体之间对特定主体支配的物所产生的权利义务关系。物权法律关系包含主体、内容和客体三个要素。

一、物权法律关系主体

（一）物权法律关系主体的概念和特征

物权法律关系的主体，也可称为物权的主体，就是物权法律关系的权利人和义务人。物权法律关系的主体既可以是自然人，也可以是法人，还可以是非法人组织。

物权法律关系主体的特征是，权利主体总是特定的，而义务主体总是不特定的。这是由物权的绝对权性质决定的。除了权利主体之外的所有的其他不特定的人，相对于特定的物权人都是义务主体，都负有不得侵犯权利人的物权的义务。

（二）三种不同的物权主体

除此之外，在我国，物权的权利主体还存在性质上的差别，表现为国家作为物权主体、集体作为物权主体和个人作为物权主体。

1. 国家作为物权主体

国家作为物权主体，就是指国家对国家所有的财产享有所有权。国家所有权是国家对全民所有的财产进行占有、使用、收益和处分的权利。《民法典》第246条第1款规定，"法律规定属于国家所有的财产，属于国家所有即全民所有"，该规定确定了国家所有权的性质、地位和内容，表明国家所有权是全民所有制在法律上的表现。

2. 集体作为物权主体

集体作为物权主体，就是指集体经济组织作为集体所有权的主体。

集体所有权同国家所有权一样，是建立在生产资料公有制基础上的所有权法律制度，是我国所有权的重要类型之一。这种所有权的主体，就是集体经济组织。

3. 私人作为物权主体

私人作为物权主体，就是私人作为所有权的主体。私人所有权，是指自然人个人对其所有的财产依法进行占有、使用、收益和处分的权利。自然人私人财产所有权是社会主义所有权制度中的一个重要组成部分，是我国自然人的基本财产权之一。

我国《宪法》第13条明确规定，"公民的合法的私有财产不受侵犯"，进一步明确了对个人私有财产所有权的尊重和保护。《民法典》第266条规定："私人对其合法的收入、房屋、生活用品、生产工具、原材料等不动产和动产享有所有权。"

二、物权法律关系内容

物权法律关系的内容，就是物权的权利主体所享有的权利和义务主体所负有的义务。

（一）权利

物权法律关系中的权利，就是权利人对物权客体的支配。物权是绝对权，是对物权客体的绝对支配,权利人行使物权,不受其他任何人的干涉和强制。《民法典》第207条规定:"国家、集体、私人的物权和其他权利人的物权受法律平等保护,任何组织或者个人不得侵犯。"因此,物权的权利是无须通过义务人实施一定的行为即可实现,并可以对抗不特定人的绝对权。

物权权利的特点包括以下几方面。

第一,物权权利的行使无须义务人的积极行为。从物权法律关系的义务人范围看,物权的义务人是不特定的任何人,权利人的权利无须义务人实施一定的行为即可实现。

第二,物权的权利人只享有权利而不承担义务。物权的权利人享有权利,但是并没有相对应的义务;同时,义务人对权利人承担一定的义务,却不因此而享有权利。

第三,物权权利具有排他性。物权在遭受损害时,权利人可以针对任何第三人提出主张和提起诉讼,以保护自己的权利。

第四,物权权利具有公开性。物权必须通过公示方式使第三人知道,才能够产生对抗第三人的效力;同时由于物权的公开性,物权对权利人之外的一切人确立了不得侵害该权利的义务,从而起到行为规则的作用。

(二) 义务

物权法律关系中的义务,就是对物权客体的不得侵犯。这种义务的特点包括以下几方面。

第一,物权义务是法定义务。这种法定义务是法律直接规定的,是不以当事人的意志为转移的义务,不依当事人的约定而改变。

第二,物权义务是物权法律关系中的义务主体承担的义务,而不是物权权利人承担的义务。在民事法律关系中,权利和义务相对应,通常是一个主体既享有权利又承担义务。但是在物权法律关系中,义务人只承担义务,不享有权利。

第三,物权义务是不作为义务。物权法律关系中的义务人履行义务不必实施积极的行为,只需消极不作为,不侵害权利人的权利,就是履行了义务。因此,物权义务是消极义务,而不是积极义务。

第四,物权义务人履行义务并不是为了实现义务人自己的自身利益,而是为了满足权利人的利益。

第五,物权义务具有法律强制力。义务人必须履行其不作为义务,这是强制性的,义务人如果不履行其不作为义务而侵害物权权利人的权利,则应当承担民事责任。

三、物权法律关系客体

(一) 物权客体的概念

物权法律关系的客体,也称物权客体——物,是指凡是存在于人身之外,能够为人力所支配和控制,能够满足人们某种需要的财产。《民法典》第 115 条规定:"物包括不动产和动产。法律规定权利作为物权客体的,依照其规定。"

作为物权客体的物,其本身是不断发展的。在罗马法上,物权的客体主要是土地。工业革命之后,随着工业化的发展和科学的进步,尤其是市场经济的不断繁荣,物的范围有了极大的发展,使动产较之于不动产具有更为重要的价值。在当代,物的范围十分广泛,因为任何物在法律上都具有自己的归属,即使是无主物最终也会找到其归属。因此,无论是生产资料还是生活资料,无论是自然物还是劳动产品,无论是流通物还是限制流通物,都可以作为物权的客体。

(二) 物权客体的特征

作为物权客体的物,必须是单一物、独立物、有体物、特定物。不过,随着社会的发展和科技的进步,物权客体的这些特征也都有了新的变化。

1. 物权的客体必须是单一物

物的单一性,是指物在形态上能够单独地、个别地存在。单一物是相对于集合物而言的。单一物分为人为的单一物(如一栋房屋)与天然的单一物(如树木、牛马等)。集合物包括:事实上的集合物,即物件集合,是指出于当事人的意思和经济上的目的,多数单一物或合成物被集合成一体,例如图书馆中的全部书籍;法律上的集合物,即集合财产,是指多数物和权利在法律上被视为一体,如夫妻共同财产。

单一物可以单独设立物权。传统民法认为集合物难以设立独立的物权。但是随着市场经济的发展,各类物和权利都进入了交易领域,而以集合物作为交易的对象,可以减少交易成本,使交易更为简洁、方便和迅速,例如失踪人的财产、企业财产或者营业财产都可以作为一个整体的财产而为交易或者抵押。因此,集合物在特殊情况下可以成为物权的客体。

2. 物权的客体必须是独立物

物的独立性,是指物在物理上、观念上或者法律上能够与其他的物相区别而独立存在的属性。传统民法认为,物必须具有物理上的独立性,才能够成为独立物。但是,随着社会的发展,独立物的观念正在发生变化,一个物具有物理上的独立性,固然可以作为独立物而存在,但是,如果不具有物理上的独立性,也可以将交易上的观念和法律的规定作为标准,来确定某物的独立性。例如,在交易观念上,一幅土地的某一部分可以通过确定四至的方法予以特定化,成为独立物;在法律上,通过登记的方法,可以将分割的数块土地公示于众,使之特定化而成为独立物。

3. 物权的客体主要是有体物

有体物是指具有一定的物质形体,能够为人们所感觉到的物。相对于有体物而言的是无体物,是指权利,如地役权。随着市场经济的发展,有体物的范围正在扩大,不仅有体物应当包括一般意义上的有体物,而且某些权利也可以成为物权的客体。应当注意的是：第一，所有权的客体一定是有体物，而不能是无体物；第二，无体物作为权利客体，只能是他物权的客体，而且作为他物权客体的无体物只能是债权以外的其他权利；第三，即使将权利作为他物权的客体，权利也只能作为财产或者财产利益而存在，而不能作为单纯的权利形态存在，否则就会出现权利的客体和权利本身的混淆。因而可以说，所谓的无体物不过是财产利益而已。

4. 物权的客体必须是特定物

特定物，就是相对于种类物的物，是指具有单独的特征，不能以其他物代替的物。而种类物是具有共同特征，可以用品种、规格或者数量加以确定的物。物权的客体必须是特定物，而不能是种类物，因为物权是权利人支配特定物的权利，标的物不经特定，则无法交付或者登记。种类物可以特定化，经过特定化的种类物，可以作为物权的客体。

第三节　物权的效力

物权是权利人直接支配其标的物的排他性权利。依物权的这种性质，它当然具有优先的效力和物上请求权。有的学者认为，物权的效力中还包括追及权，即认为物权的标的物不论辗转归于何人之手，都不能妨碍物权的行使，物权人可以向任何占有其物的人主张其权利。例如，甲的所有物被乙偷走后卖给了丙，丙再转让给了丁，甲仍然不丧失其所有权，有权向现在占有其物的丁请求返还。但是多数学者认为，追及权应当包括在优先效力和物上请求权之中，而不必另列。

一、物权的优先效力

物权的优先效力，也称为物权的优先权。其基本含义是指同一标的物上有数个相互矛盾、冲突的权利并存时，具有较强效力的权利排斥具有较弱效力的权利的实现。考察先后成立的物权之间及物权与债权之间的关系，物权的这种优先效力都是存在的。

1. 物权相互间的优先效力

这种优先效力，是以物权成立时间的先后确定物权效力的差异。一般说来，两个在性质上不能共存的物权不能同时存在于一个物上，故而后发生的物权根本不能成立。例如在某人享有所有权的物上，不得再同时成立其他人的所有权。如果物权在性质上可以并存，则后发生的物权仅于不妨碍先发生的物权的范围内得以成立。

在这种情况下，先发生的物权优先于后发生的物权。例如，在同一物上设立数个抵押权，先发生的抵押权优于后发生的抵押权。物权相互之间以成立时间的先后确定其效力的强弱，本质上是对现存的、既得的物之支配权的保护。因为任何人都必须尊重物权人对于其物的支配范围，不得干涉物权的行使也包括在同一标的物上，后成立的物权只有在不侵入、不干涉先成立的物权的支配范围的条件下才能得以成立。否则，成立时间在后的物权根本就不能成立。

关于物权之间依性质可否并存,就一般情形而言,以占有为内容的物权的排他性较强,这类物权大多不可以并存。具体的各类物权依性质是否可以并存,大致可以分为以下几种情况。

(1)用益物权与担保物权。

原则上这两种物权可以同时存在于一物之上,例外的是以占有为要件的质权、留置权与用益物权不能并存。

(2)用益物权与用益物权。

不管其种类是否相同,一般都难以并存。但是地役权有时可以与其他用益物权并存。例如消极地役权以某种不作为,如不得兴建高层建筑,为其内容,可附存于已经设立建设用地使用权的土地上。再如两个通行权可共存于同一供役地上等。

(3)担保物权与担保物权。

一般两担保物权能够并存,例外的是当事人有特别约定时不能并存,以占有为要件的留置权等担保物权之间也不能并存。

关于物权相互之间的优先效力,一般的原则是根据不同种类的物权的排他性不同,并依物权成立时间的先后确定其相互间的优先顺序。例外是限制物权(定限物权)的效力优先于所有权。限制物权是于特定方面支配物的物权,一般是在他人所有之物上设定的权利。所以在同一标的物上,限制物权成立于所有权之后。但是,限制物权是根据所有人的意志设定的物上负担,起着限制所有权的作用,因此限制物权具有优先于所有权的效力。例如在一块土地上设定建设用地使用权之后,建设用地使用权人在建设用地使用权的范围内,得优先于土地所有权人而使用土地。

2. 物权对于债权的优先效力

在同一标的物上物权与债权并存时,物权有优先于债权的效力,主要表现在两个方面。

(1)在同一标的物上,既有物权,又有债权时,物权有优先于债权的效力。

例如甲同意将10吨水泥出卖给乙,乙就取得了请求甲交付该10吨水泥的债权。后来甲又将这10吨水泥出卖给丙,并交付给丙,丙就取得了已交付的10吨水泥的所有权,而乙只能请求甲承担债务不履行的责任。这是因为物权是直接支配物的权利,而债权的实现则要依靠债务人的行为,债权人不能对物进行直接支配。

基于两者在性质上的不同,物权具有这种优先效力。但是这只是一般原则,在法律有特别规定的情况下,也有极少数的例外。例如,不动产租赁使用权在民法上属于债权,如甲将其所有的房屋出租给乙,以后又将该房屋出卖给丙,丙取得该房屋的所有权后,乙仍然可以对丙主张其租赁使用权。这在学理上称为"买卖不破租赁"。又如,抵押人将已经出租的财产抵押的,抵押权实现后,租赁合同在有效期内对抵押物的受让人继续有效。

(2)在债权人依破产程序或强制执行程序行使其债权时,作为债务人财产的物上存在他人的物权时,该物权优先于一般债权人的债权。

例如,在债务人破产时,在债务人的财产上设有担保物权的,担保物权人享有优先受偿的权利,此为别除权;非为债务人所有之物,所有人有取回该物的权利,此为取回权。例如,出卖人已将出卖物发送,买受人尚未收到,也没有付清全部价款而宣告破产时,出卖人可以解除买卖合同,并取回其标的物。

二、物上请求权

物权人在其权利的实现上遇有某种妨害时,有权请求造成妨害事由发生的人排除此等妨害,称为物上请求权,又称为物权请求权。

物权是对物的直接支配权,权利的实现无须他人行为的介入。如果有他人干涉的事实,使物权受到妨害或者有被妨害的危险时,必然妨碍物权人对物的直接支配,法律就赋予物权人请求除去妨害和防止妨害的权利。可见,物上请求权是基于物权的绝对权、对世权,可以对抗任何人的性质而发生的法律效力。它赋予物权人各种请求权,以排除对物权的享有与行使造成的各种妨害,从而恢复物权人对其标的物的原有的支配状态。

1. 物上请求权的性质

物上请求权是以物权为基础的一种独立的请求权,对此定性可以从以几方面说明。

(1)物上请求权是请求权。

所谓请求权,是指权利人请求他人(特定的人)为一定行为或不为一定行为的权利。物上请求权在物权受到妨害时发生,它是物权人请求特定的人(妨害物权的人)为特定行为(除去妨害)的权利,属于请求权。它不以对物权标的物的支配为内容,故不是物权的本体,而是独立于物权的一种请求权。作为请求权,物上请求权与债权有类似的性质,因而在不与物上请求权性质相抵触的范围内,可以适用债权的有关规定,例如过失相抵、给付迟延、债的履行及转让等。

(2)物上请求权是物权的效用。

物权作为一种法律上的权利,受到法律的保护,受到妨害时,物权人即有排除妨害的请求权。因此,物上请求权是物权的效用,它以恢复物权的支配状态为目的,在物权存续期间不断地发生。

(3)物上请求权附属于物权。

这是物上请求权作为物权的效用的必然结果。物上请求权派生于物权,其命运与物权相同,即其发生、移转与消灭均从属于物权,不能与物权分离而单独存在。因而物上请求权不同于债权等请求权。至于让与物上请求权可以作为动产物权的交付方法,例如第三人无权占有某项动产时,出让人转让所享有的返还请求权以代替现实交付,这是因为双方已经有了物权移转的合意,依此等方法而发生物权移转的效力,并非将物上请求权与物权分离而单独让与。

2. 物上请求权的行使

物上请求权的行使,不必非得依诉讼的方式进行,也可以依意思表示的方式为之,即物权受到妨害后,物权人可以直接请求妨害人为一定的行为或不为一定的行为,包括请求妨害人返还原物、排除妨碍、消除危险等。例如,甲的汽车发生故障,停在乙的门口,挡住乙的通道,甲有义务排除妨碍,乙有权直接请求甲排除妨碍。

物权人直接向妨害人提出物上请求权是一种自我保护措施,是物上请求权实现的有效途径。实践中,大部分妨害物权行使的行为,都是在妨害人应物权人的请求停止妨害行为,而使物权恢复完全的支配状态的情况下了结的。尤其是在情况紧急,来不及请求公力救济的情况下,在法律允许的范围内,物权人直接采取一定的自我保护措施,有利于避免或者减轻自己财产遭受的损害。

请求返还原物是指物权人在其所有物被他人非法占有时,可以向非法占有人请求返还原物,或请求法院责令非法占有人返还原物。只要能够返还原物的就必须返还原物,不能用其他的方法如金钱赔偿来代替。

物权人只能向没有法律依据而侵占其物的人即非法占有人请求返还。这里的非法占有是指占有人占有财产没有法律上的依据,并不一定是指占有人取得手段上的违法或主观上的过错。例如,从小偷那里购得赃物的公民,虽然他不知道是赃物(主观上没有过错),但他仍然是非法占有人。

物权人对于合法占有人在合法占有期间不能请求返还原物。例如,房屋所有人与他人签订租赁合同将房屋出租,在承租期限届满以前,他不能请求承租人返还原物。

小贴士

由于返还原物的目的是追回脱离所有人占有的财产,因此要求返还的原物,应当是特定物,即具有单独特征,不能以其他物代替的物,如一幢房屋、一幅名画。如果被非法占有的是种类物,即具有一类共同特征,可以用品种、规格或度量衡加以确定的物,就不能要求返还原物,而只能要求赔偿损失,或者要求返还同种类及同质、同量的物。

例如被小偷偷去了10元钱,就只能请求返还等值的人民币,无论是1张10元的人民币还是10张1元的人民币。当然,若某物品是从种类物中分离出来的,已经具有了特定化的性质,就可以请求返还原物。例如,只要能够证明小偷现在占有的正是被偷窃的10袋水泥,那么,这时的财产就是特定的,失主自然可以请求返还该10袋水泥。

由于财产所有人请求返还的是原物而不是代替物,因此原物必须存在。这是适用这种保护方法的前提。如果原物已经灭失,就只能请求赔偿损失。

请求排除妨碍、消除危险是指物权人虽然占有其物,但由于他人的非法行为,致使物权人无法充分地行使占有、使用、收益、处分权能时,物权人可以请求侵害人排除妨碍,或者请求法院责令侵害人排除妨碍。这种保护方法可以体现为请求侵害人停止侵害行为,如停止往所有人的土地上排注污水;以侵害人的力量或资金排除所造成的侵害,如令侵害人搬走搁置在所有人房屋门口的物品。

物权人不但对于已经发生的妨碍可以请求排除,而且对于尚未发生但确有发生危险的妨碍也可以请求有关的当事人采取预防措施加以防止。例如,房屋有倾倒的危险,威胁邻人房屋的安全,邻人有权请求加固、支撑甚至拆除,这样可以预防可能造成的损失,进一步保护所有人的合法权益。

物权人请求排除的妨碍所有权的行为应是违法行为,对于他人的合法行为产生的妨碍不能请求排除。例如,所有人对于邻人依相邻关系的法律规定在其土地上所为的行为,像通行、埋设管线等,虽然妨碍其所有权的行使,但所有人有容忍的义务,不得请求排除。

物权人只有对于与履行物权人与侵害人之间的合同义务无关的妨碍才可以请求排除。例如,房屋所有人甲与乙签订了承揽合同,约定由乙修缮甲的房屋,但乙无故中途停止已经开始的修缮工作,因而妨碍甲居住房屋。这时甲只能根据承揽合同请求乙履行合同,而不能依其对于房屋的所有权提起排除妨碍的诉讼。

第四节 物权的分类

为巩固社会的所有制关系,物权法实行物权法定原则。这种原则的确立,是由物权的性质决定的。这与债权完全不同。债权实行契约自由原则,当事人在法律允许的范围内,可以自由地创设任何内容的债权,只要其内容不违背法律、法规和社会公共利益,法律就承认其效力。

根据物权法定原则,按照《民法典》和其他有关法律的规定,我国的物权包括所有权、建设用地使用权、土地承包经营权、宅基地使用权、地役权、抵押权、质押权和留置权等。为了了解各种物权的性质和特征,应当对民法规定的各种物权进行科学的分类,从而加深对物权制度的认识。

按照不同的标准,对物权可以进行以下分类。

一、自物权与他物权

根据物权的权利主体是否是财产的所有人,物权可以分为自物权与他物权。这种分类是对物权进行的最基本分类。

自物权,是指权利人依法对自己所有的物享有的占有、使用、收益、处分的权利。所有权是唯一的自物权种类,因此自物权就是所有权。他物权,是指非所有人根据法律或合同的规定,对他人财产享有的物权,也称限制物权。所有权以外的其他物权就是他物权。

自物权与他物权的关系是,自物权是一种完全物权,是最主要、最基本的权利,是他物权的源泉。他物权是一种不完全物权,是以自物权的一定权能为内容而形成的独立权利,是自物权的派生物。从权利存在的期限上看,自物权是无期物权,他物权一般为有期物权。

二、用益物权与担保物权

根据设立的目的不同,他物权还可以进一步分为用益物权和担保物权。这种分类是对他物权的分类,而不是对自物权进行的分类。

用益物权,是以物的使用、收益为目的而设立的他物权,如土地承包经营权、建设用地使用权、宅基地使用权等。担保物权,是以保证债务的履行、债权的实现为目的而设立的物权,如抵押权、质权、留置权等都是担保物权。

区分两者的意义在于,能够明确不同的他物权的设立目的,并以此区别不同的权利内容。

三、主物权与从物权

根据物权是否从属于其他物权而存在,物权可以分为主物权与从物权。

主物权,是指本身能单独存在,不需从属于其他权利的物权,如所有权、建设用地使用权等。从物权,是指从属于其他权利,并为所从属的权利服务的物权,如抵押权、留置权等。

主物权能够独立存在,从物权的存在则须以它所从属的权利的存在为前提,主物权消灭时,从物权也随之消灭。

四、动产物权与不动产物权

根据物权标的物是动产还是不动产,物权可以分为动产物权和不动产物权。

以动产作为标的物的物权是动产物权,如动产所有权、留置权、质权等。标的物是不动产的物权为不动产物权,如不动产所有权、地上权、地役权等。

两者的取得方法、成立要件和效力不同,动产物权一般以标的物的交付为成立要件,不动产物权则是以依法登记为成立要件。

第五节 物权的保护

物权的保护,是指通过法律规定的方法和程序保障物权人在法律许可的范围内对其财产行使占有、使用、收益、处分权利的制度。这是物权法律制度必不可少的组成部分。权利是受国家法律保障的,具有不可侵犯的性质;侵犯他人的权利,就要承担一定的法律责任。物权同一切权利一样,必须要由国家强制力保障其不受侵犯。

保护物权实质是保护被侵犯的权利，物权保护制度就是对被侵犯的物权适用的法律规定。因此，用法律规定的方法和程序保护物权，往往是以侵犯物权的违法行为的存在为前提的。在实际生活中，侵犯物权的行为性质各异；有的是违反民事法律的民事违法行为，有的是违反行政法规的行政违法行为，有的是触犯刑律的犯罪行为。所以保护物权不是某一个法律部门的任务，而是各个法律部门的共同任务。针对侵犯物权的不同行为，各个法律部门从不同的角度适用不同的方法保护物权人的权利。例如，行政法是通过行政程序保护物权，而刑法则是通过刑事诉讼程序用刑罚的方法对严重侵犯物权的行为予以刑事制裁。

物权的民法保护，按是否通过民事诉讼程序可以分为两种：一是物权的自我保护，传统民法上称之为自力救济；二是通过民事诉讼程序对物权的保护，传统民法上称之为公力救济。物权的自我保护，是指所有人行使其物权受到侵害时依法享有的请求权，即物权人在其物权受到侵害后，依据民法的规定，请求侵害人为一定的行为。这时，如果侵害人依物权人的请求为了一定的行为，如返还原物、排除妨碍、消除危险、赔偿损失等，物权人的权利就得到了保护。可见，物权人行使请求权而保护其物权，是保护物权的一个重要方法。

通过民事诉讼程序对物权的保护，是指物权人在其物权受到侵害时，有权向法院提起民事诉讼，请求法院予以保护，恢复其被侵犯的合法权益，包括恢复物权人对其物的占有、使用、收益、处分权能的行使，赔偿物权人因受侵犯而受的损失。物权人在其物权受到侵害时，可以直接向侵害人提出请求；如果侵害人没有依物权人的请求为适当行为，物权人则可以向法院提起民事诉讼；物权人也可以直接向法院提起民事诉讼，请求法院保护其物权。

依据我国物权法及其他民事法律、法规的规定，我国民法对物权的保护，主要有以下几种特殊方法。

1. 请求确认物权

在财产的归属、内容问题发生争议而处于不确定状态的时候，当事人可以向法院提起诉讼，请求确认物权。确认物权只能由当事人向法院提出，并通过民事诉讼程序解决。我国《民法典》第234条规定："因物权的归属、内容发生争议的，利害关系人可以请求确认权利。"在这一点上与物权人享有的其他请求权不同，不能以其他方法代替之；同时，确认物权又是采取其他保护方法的最初步骤。在财产归属问题未得到确定时，其他的保护方法也就无从适用。

例如，甲将一部分财产寄存于乙处，乙死亡后其继承人将这部分财产作为遗产继承，在甲向乙的继承人请求返还其寄存的财产时，乙的继承人认为这部分财产应属于乙所有，在乙死亡后由他继承取得了所有权，因而拒绝返还。这里首先应当确定所有权的归属问题，然后才能确定是否应当返还：如果确定财产属于甲所有，则乙的继承人应当将这部分财产返还给甲；如果不能确认甲的所有权，则甲就无权请求返还。我国司法实践中一般都是首先确定所有权的归属问题,然后再根据所有权的确认,按所有权被侵犯的情况,采取其他的保护方法。

物权作为一种支配权,在其支配范围不明确、支配地位存在争议的时候,物权人当然有权请求法院确认其权利。这是物权作为一种支配权的应有之义。在民事诉讼中,确认物权是确认之诉的一项重要内容。我国物权法将确认物权作为物权保护的一种独立的方法明确予以规定,对于物权的保护具有重要的意义。

2. 物上请求权

物权的权利人在其权利的实现上遇有某种妨害时,有权对造成妨害的人请求排除妨害,这种权利称为物上请求权,也叫作物权请求权。法律为保障物权人对物所享有的充分的支配权,赋予物权人以请求他人返还原物、排除妨害、恢复原状等权利。

物权人在其标的物受到损害时,有请求侵害人赔偿损失的权利,这是一种债权请求权。物上请求权的目的在于恢复权利人对物的支配权,而损害赔偿方法的目的在于使权利人所受的损失得到及时补偿,两种方法都可以用于保护物权,但相对于损害赔偿的方法而言,物上请求权的方法更有利于及时保护物权人的利益。

3. 请求修理、重作、更换或者恢复原状

物权人的财产因受非法侵害遭到损坏时,权利人可以请求修理、重作、更换或者恢复原状。我国《民法典》第 237 条规定:"造成不动产或者动产毁损的,权利人可以请求修理、重作、更换或者恢复原状。"

恢复原状一般是通过修理或其他方法使财产在价值和使用价值上恢复到财产受损害前的状态。例如,甲将乙的汽车损坏了,乙可以请求甲予以修复,其费用由甲承担。

4. 请求赔偿损失

物权人的财产因他人的不法侵害而毁损、灭失时,物权人有权请求侵害人赔偿损失,或者请求人民法院责令侵害人赔偿损失。

赔偿损失是对不法侵害造成的财产的毁损、灭失,依原物的价值折合货币进行赔偿。这里又分为两种情况:一种情况是因侵害人的侵权行为,而致财产不能要求返还或全部毁损的,如财产被侵害人非法转让于受法律保护的善意第三人、房屋被烧毁等。这时侵害人就要依财产的全部价值予以赔偿。另一种情况就是财产受到侵害,但在现有情况下仍有使用的可能,这时侵害人就要按照财产减损的价值进行赔偿。

例如,房屋失火,但消防队及时赶到将火扑灭,房屋虽经修缮仍能居住,但房屋的价值明显减耗,对此,房屋的所有人有权请求侵害人(失火人)对房屋价值减损部分进行赔偿。

物权人在其标的物受到损害时,有权请求侵权人赔偿损失。传统民法理论认为这是一种债权请求权,又称为损害赔偿请求权。这种请求权不是直接以物权的存在为前提,而是以物权受到侵害后产生的物权人与侵权人间的债权关系为前提的。

物上请求权与损害赔偿请求权不可混为一谈。物上请求权旨在恢复物权人对其标的物的支配状态,从而使物权得以实现。损害赔偿请求权的目的在于消除损害,它是在不能恢复物的原状时,以金钱作为赔偿,补偿物权人受到的财产损失。基于侵权行为的损害赔偿,必须是实际上受有损害,即标的物价值的减少或灭失,物上请求权则不以此为要件。

确认所有权、返还原物、排除妨碍、消除危险、恢复原状、赔偿损失,这几种保护方法是物权的最基本的保护方法。在物权受到侵害时,这些保护方法是互相联系、互相补充的,根据物权受到侵害的不同情况,可以采取其中一种保护方法,也可以同时采取几种保护方法。我国《民法典》第239条规定:"本章规定的物权保护方式,可以单独适用,也可以根据权利被侵害的情形合并适用。"

例如,李四将张三存放于己处的电视机据为己有,并损坏了部分零件,这时张三有权请求法院确认其对于电视机的所有权(确认所有权),并请求返还电视机(返还原物),还可要求对损坏的部分予以修复(恢复原状);如果电视机的价值因此而有所减损,张三还可请求赔偿损失。

课后习题

1. 物权的概念是什么?
2. 物权法律关系的三要素是什么?物权客体的范围和特征是什么?
3. 物权具有哪些效力?
4. 把物权分为自物权和他物权的标准是什么?
5. 物权保护中的物权本身的保护方法和债权保护方法的区别及其意义是什么?

第三章 物权变动

【学习目标】
1. 了解物权变动与物权变动的区分原则。
2. 了解物权行为与债权行为的关系。
3. 了解公示方法:不动产登记、动产交付、预告登记。
4. 了解价值较大的特殊动产的物权变动规则:登记对抗主义。

【引导案例】

李某将自己所有的房屋卖给易某后,将房屋和产权证都交给了易某。在这之后的3年里,易某未及时办理权属变更登记。后遇房价上涨,因此,李某主张退钱、退房。

请结合本章内容思考:

(1)李某和易某之间的房屋所有权转移了吗?
(2)如果房屋所有权没有转移,李某还有权请求退钱、退房吗?
(3)按照相关法律规定,应当怎样处理这起案件?

【评析】

在李某和易某的交易行为中,买卖房屋的合同是债权行为,也就是合同行为。而转移买卖房屋的所有权才是物权行为。原因行为是房屋买卖合同,法律后果是房屋所有权的转移。本案双方当事人意思表示一致,因而合同的效力没有问题。

但是,李某将房屋和产权证都交给易某后,易某没有进行物权变更登记,而不动产的物权变动的公示方法是登记,没有登记就没有发生所有权转移的后果,易某尽管占有了房屋,并使用了3年,但是他还是没有取得这栋房子的所有权。李某之所以可以基于物权登记簿上的权利人的身份起诉,就是因为法律仍然承认其为该房屋的所有权人。

处理这起案件,还要看法官如何裁量。由于没有所有权的转移,可以让登记的权利人行使所有权,判决解除买卖合同;也可以责令易某进行登记,使其取得所有权。但有一点是明确的,那就是合同已经履行完毕,想要解除合同存在障碍;同时,李某的行为具有恶意,应当受到法律的谴责。因此,依照后一种思路裁判,更符合民法的基本精神。

第一节 物权变动模式和物权变动区分原则

一、物权变动概说

(一) 物权变动的概念

物权变动,是指物权的动态现象,即物权发生、变更及消灭的运动形态。它是民事权利变更的一种具体现象,是物权法律关系运动的基本形式。物权变动的实质,就是人与人之间关于物权客体的归属和支配法律关系的变化。《民法典》物权编第二章"物权的设立、变更、转让和消灭"规定的就是物权变动规则。

(二) 物权变动的基本形态

物权变动的基本形态包括:物权的发生,是指物权与特定主体相结合,也就是物权的取得。物权的变更,广义的变更是指主体的变更、客体的变更和内容的变更,狭义的变更是指物权的客体和内容的变更。物权的消灭,是指物权的丧失。《民法典》对物权变动的规定是"设立、变更、转让和消灭",其中的转让,是变更的一种形式,应当放在物权的变更中研究。物权变动的原因主要有三种:一是法律行为,二是其他原因,三是某些公法上的原因。

物权变动可以由不同的原因引起,基本的原因为法律行为和非法律行为。在法律行为所引起的物权变动中,主要为基于合同产生的物权变动,这是物权法研究物权变动的核心问题。

二、物权变动的模式选择

(一) 物权变动的不同模式

物权变动是客观的、现实的,但是对物权变动的原因在法律上作出怎样的选择,则是对这个问题争论的焦点。在世界各国的物权立法上,对于如何处理物权变动的原因问题都有不同的意见。

从民法的发展历史看,由于各国立法的历史和传统不同,在民法上规定物权变动的体例也有所不同。在世界各国已经生效的民法立法体例上,关于物权变动的规则大致有以下四种学说。

1. 债权意思主义

法国法的"债权意思主义",是指法律认定由债权法上的当事人的意思表示直接引起物权变动。如《法国民法典》第1583条规定,物权随着当事人的意思表示而变动。《法国民法典》实施50年以后,法国人认为确立这种体例对第三人的利益有所伤害,所以又在

1855年制定了《不动产登记法》，规定物权变动不登记不能对抗第三人。这种立法体例赋予不动产登记对抗的效力，而且规定其只针对不动产，其他财产的物权变动则还依据当事人的债权意思表示。

2. 登记对抗主义

日本法的物权变动模式是"登记对抗主义"。在19世纪末期，日本制定民法典，借鉴了法国的做法，更进一步明确规定，把不动产登记扩大到动产领域。《日本民法典》第176条规定，物权变动以当事人的意思表示一致为生效要件；第178条规定，不动产不登记，动产不交付，不得对抗第三人。日本法的规定创造了第二种物权变动的立法例，以登记作为对抗主义的要件，其实质还是债权意思主义。

3. 公示要件主义

奥地利法的物权变动模式被称作"公示要件主义"，是指物权因法律行为发生变动时，当事人之间除了有债权合意之外，尚需通过登记或者交付的法定方式，即进行公示，方发生效力。如《韩国民法典》第188条规定："在不动产场合，基于法律行为的不动产物权的取得、丧失及变更，非经登记，不生效力。关于动产物权之让与，非将动产交付，不生效力。"这一规定的立法理由书指出，物权基于债权契约和交付或者登记发生变动，这就是公示要件主义，也被称为"债权形式主义"。

4. 物权形式主义

德国法的物权变动模式以物权意思表示作为本质，以登记作为外在形式，也称为"物权形式主义"。从立法模式上看，德国的做法较为理想。因为债权意思主义是以债权的意思作为物权变动的根据，产生了物权与债权划分不清的弊端，也存在两种权利的本质划分不清的问题，登记对抗主义对此也解决得不好。物权形式主义即物权行为的理论也称为"物权行为的无因性"，即物权行为的成立及有效不受债权行为的影响，具有无因性的特点，因此又被称为物权行为的无因构成。

（二）对物权行为理论的评价

1. 物权行为理论的起源

物权行为理论起源于德国17世纪的《实用法律汇编》。为了解决德国法制不统一的问题，学者在该书中提出所有权的有效转移应当具备两个条件：一是"权原"，即所有权转移的原因，如买卖、互易等；二是"态样"，是指物的实际交付或其他代替交付的履行行为。所有权转移的原则是"名义与形式相一致"，强调所有权的取得必须有其合法的根据，形式不是脱离原因的独立法律行为，但其同时也强调了所有权转移的原因和所有权转移的实际区别，认为它们是两个事实。

此后，19世纪，胡果提出了法律行为的概念，海瑟赋予法律行为以意思表示的本质，建立起近现代民法学意义上的法律行为的概念和体系。在此基础上，萨维尼在《现代罗马法体系》一书中进一步将法律行为的概念和理论予以精致化，并创立了物权行为（物权契约)理论。

2. 物权行为理论的内容

在德国物权法中,转移财产所有权的行为事实上包括两个行为:一个是决定债权的合意,另一个是决定物权的合意。决定债权的合意是针对标的物的处分问题,决定物权的合意则是针对处分的物的所有权的处分问题。这两个问题有时候是结合在一起的,即那些即时清结的买卖合同,被德国学者称为物权行为无因性的相对性;有时候是分开的,则为一般的物权行为无因性。

物权行为与债权行为的关系表现为以下三种情况。

第一种情况,在一个合同中,只写明了债权的合意,物权的合意包含在债权的合意之中,物权的合意是在债权的合意中被推定的。

第二种情况,在债权合同中,规定了所有权转移的条款,这个所有权转移的条款就是物权行为,在这里,债权行为和物权行为是分开的,但实际上写在一个合同之中。例如在所有权保留合同中,债权行为和物权行为的区分非常鲜明。

第三种情况,既有一份债权合同,又有一份物权合同,两份合同是分开的,这就是债权合意和物权合意的分立形式,不过在实践中,这样的情况较为少见。

物权行为理论的关键点就在于,在转移所有权的买卖契约或者其他法律行为中,在债权行为之外,还有一个依转移所有权的契约而践行的交付,这个交付并不是单纯的事实行为,而是含有一项以转移所有权为目的的物权契约。物权行为理论认为,交付是一个独立的契约,交付中的意思表示是独立的意思表示,交付必须具备外在的形式。因此,在基于买卖契约而发生的物权交易中,同时包含了两个法律行为,即债权行为和物权行为,后者的效力不受前者的影响。

正是因为物权行为理论认为在基于买卖契约而发生的物权交易中同时包含了债权行为和物权行为,所以,物权行为具有独立性和无因性。

物权行为的独立性也叫作分离原则,是指物权行为与债权行为相互分离,物权行为独立于债权行为之外,在发生物权变动时,物权变动的原因与物权变动的结果作为两个法律事实,它们的成立与生效依据不同的法律。分离原则的法理基础,是请求权与支配权的区分,负担行为与处分行为的区分,债权关系变动与物权关系变动的区分。只是有时这种独立的情形不甚明显而已。

物权行为的无因性,又称为抽象原则,是指物权行为独立于债权行为之外,就大多数情形而言,当事人之间之所以必须为物权行为是因为债权行为的存在,故一方依据债权关系负有给付义务,即债权行为成为物权行为的原因。在形式主义的立法例下,物权行为的效力不受其原因即债权行为的影响,即该物权行为具有无因性。纵使债权行为无效或者被撤销,物权行为也不因此而无效或者不存在。

无因主义与形式主义相互结合,才能各自发挥其功能。物权行为无因性的基本功能,就在于将物权行为的原因从影响物权行为效力的因素中排除,减少在后取得权利存在瑕疵的可能性,从而保护交易安全。例如,一旦买卖契约的交付行为实施,买受人已经取得交付的动产或者已经登记的不动产,物权行为就已经完成,权利即发生变动,即使债权行为无效,受让人取得的物权的效力也不受其影响。

> **小贴士**
>
> **物权行为理论的优势和缺点**
>
> 物权行为理论着重于物权行为的独立性和无因性的应用,使交易的法律关系明晰,有利于保护交易的动态安全。同时,它也为保护善意第三人提供了最切实的理论依据。因物权契约独立于作为其原因的债的关系,第三人获得物权只是依据物权契约而非依据其原因行为,物权转移时前手的法律行为原因不能影响后手,故原物主不能依据债的原因而从第三人处追夺物的所有权。
>
> 但是,物权行为理论也有它的不足之处。一是物权行为与债权行为完全分离,有时违背社会一般观念,简单的动产交易被分为一个债权行为、两个物权行为,比较令人费解。二是物权行为理论过于强调无因性,即强调保护交易的动态安全,而忽视了对交易的静态安全的保护,对于保护原物主的权益不利。正是由于上述原因,德国学说和判例尽量限制物权行为独立性和无因性的适用范围,使其与债权行为相结合,从而使物权行为的独立性和无因性相对化,以克服物权行为理论的弱点。

三、物权变动的区分原则

在起草《物权法》的过程中,民法学界对物权变动的独立性和无因性原则进行了深入讨论,大多数人主张不采用物权行为独立性和无因性的理论,而是采用"物权变动与其原因行为的区分原则",即物权变动的区分原则,认为物权变动的真正原因在于登记和交付,而不在于无因性。确立这种规则的基础是:原因行为是产生物权移转的债权合同;物权变动是物权的取得、变更、设定行为。

我国《物权法》和《民法典》都采用了物权变动的原因与结果的区分原则,规定了物权变动应当具备债权的合意以及物权公示形式即交付或者登记的基本规则。这种做法尽管没有完全借鉴德国法的物权行为无因性原则,但在实际上还是承认了物权行为的概念。至于《民法典》合同编中关于所有权转移的规定,与区分原则是一致的。

这种做法既不同于德国民法和我国台湾地区"民法"的物权形式主义,也不同于法国民法的债权意思主义,而与奥地利民法的折中原则即债权形式主义相似。另外我国又设立了动产的善意取得、公信力原则、善意第三人制度加以配合,完善了物权变动的基本规则。

这种做法,实际上还是把债权行为和物权行为分开了,这也是区分原则的基本含义。在理解和掌握物权变动规则时应当注意这一点,把它作为物权变动的基本方法来理解。

(一) 区分原则的概念

物权变动的区分原则,是指依据法律行为发生物权变动时,把物权变动的原因与物权变动的结果作为两个法律事实,它们的成立和生效依据不同的法律根据的原则。这就是《民法典》第 209 条和第 224 条规定的基本精神。

在市场经济中,任何人都要进行物权变动的交易行为,也都离不开订立合同,交付标的物,也即都会通过订立合同并且实施履行行为,达到物权变动的目的。通过订立合同的法律效果和法律根据,以及履行合同的法律效果和法律根据,从而建立起物权变动的物权理论和裁判的基本原则。区分原则对买卖合同的成立、生效与所有权的转移之间的区分,并不是人为的拟制,而是客观的事实。无论物权变动的原因是什么,原因的成立与物权的变动都不是一个法律事实,而是应区分为两个法律事实。

在原因行为中,当事人享受债权法上的权利,并承担债权法上的义务;而在结果行为中,当事人完成物权的变动,使物权能够产生排他性的后果。区分原则的关键在于,债法上的意思表示不能引起物权的变动,必须按照物权法的规定,才能够产生物权变动的效果。

(二) 区分原则的基本含义

第一,在物权变动上,区分原则所要区分的,是物权变动的原因行为与结果行为(即处分行为),物权变动的原因行为是债法上的意思表示即债权行为,它不直接引起物权变动的结果。理由是原因行为发生时,物的处分行为还不存在,将来有可能不成就,但是无论如何,债权意思表示即合同是可以成立的。

第二,物权变动的原因行为的成立不以物权的变动为必要要件,而是根据该债权行为成立的自身要件予以判断,不能以物权变动是否成立为判断标准。因此,登记行为不是合同生效的要件,而是物权的公示要件。

第三,物权的变动以公示为基本表征,由法律规定的公示方式决定物权变动的效力,即以动产的交付和不动产的登记为必要条件,而不能认为基础关系或者原因关系的成立、生效就必然产生物权变动的结果。要产生物权变动的结果,就必须进行物权变动的公示。物权变动的成就只能是在物权变动的公示之时。如果合同生效后未发生动产的交付和不动产的登记,则权利人取得的只是请求交付的权利,即债权法上的权利,而没有取得对物的支配权。

(三) 实行区分原则的公示效力

1. 物权公示的一般含义和方式

公示作为物权变动的基本原则,首先是指物权变动的基本程序必须进行公示;同时,公示也作为物权变动的确认依据,物权的设立、变更、消灭均须进行公示。这样要求,就是要使物权人对物权具有绝对性的支配效力。公示的方式与《民法典》规定的公示公信原则的要求是一样的,不动产须经过登记,动产须经过交付;占有也是动产物权的公示方式之一,具有权利推定的作用。

2. 公示的法律效力

公示有三个方面的效力。

第一,决定物权变动能否生效的效力。仅仅有作为物权变动原因的债权行为,并不发生物权变动的效果,物权只有依照公示方式进行了变动,才能够发生物权变动的效果。

第二,推定权利的效力。不动产经过登记,就推定登记的不动产物权存在。从法律上讲,登记的权利与实际权利是一致的,但是客观上可能存在不一致的情况,尽管如此,只要经过了登记,就确认物权的真实性。动产经过交付,也发生物权变动,根据占有推定占有人对占有物享有物权,除非有相反的证据。

第三,善意保护与风险告知的效力。受让人相信物权变动的公示而进行交易,即使相对人无权处分,只要受让人是善意取得的,也确认其取得所有权,这样可以更好地对善意第三人进行保护。

第二节 不动产登记

一、不动产登记概要

不动产物权的公示方法为登记。所谓登记,指将土地及其定着物的所有权或他项权利(用益物权与担保物权)的取得、丧失与变更,依法定程序记载于专职机关所掌管的专门的登记簿册上。不动产物权的种类繁多,不动产物权人对土地及其定着物的占有关系十分复杂,通常涉及社会公共利益和第三人的利益,且不动产的直接占有人经常不是不动产的所有人,而系非所有人。非所有人根据建设用地使用权、土地承包经营权、宅基地使用权、地役权等他物权关系,以及租赁、借用等债权关系占有他人的不动产。

正因为不动产占有关系的此种复杂性,和不动产占有关系动辄涉及社会的公共利益或第三人的利益,故为了加强对不动产占有关系的法律调整,使设立在不动产上的各种物权可一目了然,自18世纪末期,各国家或地区即以登记作为不动产物权的享有与变动的公示方法。

依法律规定办理完成的不动产物权登记,通常具有两项重要效力:权利推定力与登记公信力。前者指不动产物权经登记者,推定登记权利人适法有此权利。例如,甲和乙通谋而就某房屋为虚伪的所有权移转表示,而将甲的该房屋登记在乙的名下,则乙虽非该房屋的真正所有人,但仍被推定为所有人,故如该房屋被第三人丙无权占有,甲在未登记为所有人之前,仍不得向法院起诉请求丙返还该房屋。后者即登记公信力,指因信赖不动产登记的善意第三人,已依法律行为为物权变动的登记的,其变动的效力,不因原登记物权之不实而受影响。

例如,在前例中甲的房屋登记为乙所有,即该不动产物权的登记所表彰的物权与实际状态不一致,如信赖不动产登记的善意第三人丁因信赖登记而与乙为交易行为,无论是移转房屋的所有权或就该房屋设立抵押权,即依法律行为再为物权变动的登记时,为确保善意第三人丁的权益,维护交易安全,即认为丁已取得各该权利。

我国迄未制定专门的不动产登记法,关于不动产物权的享有与变动的登记的基本规定主要见于《民法典》中。另外,我国分别于 2015 年、2016 年颁行了《不动产登记暂行条例》《不动产登记暂行条例实施细则》。限于篇幅,以下内容主要依据并结合《民法典》的规定,对我国不动产登记制度中的一些问题展开论述。

二、登记机构

不动产登记的主管机构,各国家或地区的规定不尽一致。如《日本不动产登记法》第 6 条第(1)项规定:"登记事务,以管辖不动产所在地的法务局、地方法务局或其支局派出所为登记所,而予以掌管。"因此,在日本,不动产物权的享有与变动的登记机构,为法务局、地方法务局、支局和派出所。在瑞士,依《瑞士民法典》和各州法的规定,登记机构为各州的地方法院。

在德国,不动产登记机构为地方法院中设立的土地登记局;在我国台湾地区,其"土地法"第 39 条规定,不动产(土地)登记系由直辖市或县(市)地政机关办理;在英国,统一管理城乡土地权属登记的机构,为土地登记局。这一机构是英国现今统一进行不动产所有权的审查、确认、登记、发证和办理过户换证的部门。

在我国香港特别行政区,不动产登记系由专门的田土注册处负责,行政上隶属于香港注册总署。可见,关于不动产登记的机构,各国家或地区主要规定了两种:司法机关和隶属于政府的专门的不动产登记机构。

我国在不动产登记机构的设置上曾长期存在"多头登记"的状况。具体而言,我国长期对不动产物权的享有与变动有权予以登记的机构有:土地管理部门、房产管理部门、农业主管部门、矿产管理部门、水行政主管部门、运输工具登记部门、工商行政管理部门、渔政管理部门和林业主管部门。它们对基于土地、房屋、矿产资源、水资源、森林资源、草原、滩涂、道路等而发生的物权或准物权行使登记管理权。

可见,与各国一般只设立一个统一的不动产登记机构,并依统一的不动产登记法来掌管不动产的登记不同,我国的不动产登记机构一方面不统一,并且进行登记时所依循的法规也多不相同。为改变这种局面,我国自 1998 年正式起草《物权法》时起,即在立法方针上确立了建立我国统一的不动产登记制度的"五统一原则",即统一不动产登记的机构、统一不动产登记的法律依据、统一不动产登记的效力、统一不动产登记的程序及统一不动产登记的权属证书。

为此,2007 年 3 月 16 日通过的《物权法》明确规定:不动产登记由不动产所在地的登记机构办理。国家对不动产实行统一登记制度。统一登记的范围、登记机构和登记办法,由法律、行政法规规定。同时,鉴于建立统一的登记制度,既需要对现行的有关登记体制等作出较大的变革,又需要对已有的众多登记信息作出处理,因此需要一定的时间作前期准备工作。因此,原《物权法》也作出了变通性的规定:法律、行政法规对不动产统一登记的范围、登记机构和登记办法作出规定前,地方性法规可以依照本法有关规定作出规定。

当然,需指出的是,经过数年的努力,我国终于颁布并自2015年3月1日起施行了《不动产登记暂行条例》。该条例重申"国家实行不动产统一登记制度"(第4条第1款),同时于第7条规定:"不动产登记由不动产所在地的县级人民政府不动产登记机构办理;直辖市、设区的市人民政府可以确定本级不动产登记机构统一办理所属各区的不动产登记。跨县级行政区域的不动产登记,由所跨县级行政区域的不动产登记机构分别办理。不能分别办理的,由所跨县级行政区域的不动产登记机构协商办理;协商不成的,由共同的上一级人民政府不动产登记主管部门指定办理。

国务院确定的重点国有林区的森林、林木和林地,国务院批准项目用海、用岛,中央国家机关使用的国有土地等不动产登记,由国务院国土资源主管部门会同有关部门规定。"应当肯定,这是目前我国专门的不动产登记法规对统一不动产登记机构的最清晰、最明确的表达。

三、登记生效时间

不动产登记需遵循一定的程序,其中包括登记申请人的登记申请、登记机构的审查及将登记事项载入登记簿。《民法典》第214条规定:"不动产物权的设立、变更、转让和消灭,依照法律规定应当登记的,自记载于不动产登记簿时发生效力。"

四、登记簿与权属证书

《民法典》第216条第1款规定:"不动产登记簿是物权归属和内容的根据。"据此可知,有关不动产物权的归属与内容,应一律以不动产登记簿的记载为准;同时,在我国现今不动产登记管理的实践中,还实行向不动产登记的权利人发放权利证书(权属证书)的制度。应当说,用权属证书来标明权利人及权利的内容,是一种简便易行且符合我国传统习惯(如"地契")的做法。但是,与不动产登记簿的记载相比,权属证书具有以下两方面的缺陷。

第一是权属证书虽然也是由不动产登记机构制作发放,但是它为权利人所持有,而并非可公开查阅的资料,因此不宜作为公示的手段。

第二是权属证书由私人所持有,其真实性可能会存在问题(有伪造、变造的可能),相反,为不动产登记机构自己管理的不动产登记簿不会存在此类问题,从而更为值得信赖。

正因如此，《民法典》第217条规定："不动产权属证书是权利人享有该不动产物权的证明。不动产权属证书记载的事项，应当与不动产登记簿一致；记载不一致的，除有证据证明不动产登记簿确有错误外，以不动产登记簿为准。"此规定进一步表明，在法律上真正可以信赖的应是不动产登记簿的记载，而非当事人所持有的权属证书。

值得强调的是，为了贯彻在内部关系上依据真实权利状态确定权利人，而非依据登记确定权利归属的法理，《物权法解释（一）》第2条规定，当事人有证据证明不动产登记簿的记载与真实权利状态不符，其为该不动产物权的真实权利人，请求确认其享有物权的，应予支持。

小贴士

《民法典》第218条规定："权利人、利害关系人可以申请查询、复制不动产登记资料，登记机构应当提供。"不动产登记的目的在于向社会公示物权的享有或变动，因此本条规定不动产登记的权利人或利害关系人可以申请查询、复制不动产登记资料，确属得当。

五、登记程序

《民法典》第211条规定，当事人申请登记，应当根据不同登记事项提供权属证明和不动产界址、面积等必要材料。登记机构应当履行下列职责：(1)查验申请人提供的权属证明和其他必要材料；(2)就有关登记事项询问申请人；(3)如实、及时登记有关事项；律、行政法规规定的其他职责。《民法典》第212条规定，申请登记的不动产的有关情况需要进一步证明的，登记机构可以要求申请人补充材料，必要时可以实地查看。

另依《民法典》的规定，登记机构不得有下列行为：(1)要求对不动产进行评估；(2)以年检等名义进行重复登记；(3)超出登记职责范围的其他行为。

六、更正登记

更正登记，即权利人、利害关系人或者登记机构认为不动产登记簿记载的事项有错误时，对错误事项进行更正的登记。《民法典》第220条第1款规定："权利人、利害关系人认为不动产登记簿记载的事项错误的，可以申请更正登记。不动产登记簿记载的权利人书面同意更正或者有证据证明登记确有错误的，登记机构应当予以更正。"

据此规定可知：

(1)权利人发现登记簿记载错误，并在申请更正登记时提供证据加以证实的，不动产登记机构应予以更正。

(2)如系登记簿记载的权利人以外的利害关系人（例如，主张自己才是不动产真正的所有权之人）提出更正登记，则只有在不动产登记簿记载的权利人书面同意之时，登记机构才能予以更正。因为，如果登记簿记载的权利人不同意更正，则说明在当事人之间存在有关不动产权利归属的争议,而此争议属于司法管辖的范围,登记机构并非司法机关,不宜直接对争议作出裁决从而自行决定是否进行更正。

(3)登记机构如果有证据证明登记确有错误的,也可自为更正。此时,不受登记簿记载的权利人是否同意的限制。

七、异议登记

《民法典》第220条第2款规定:"不动产登记簿记载的权利人不同意更正的,利害关系人可以申请异议登记。登记机构予以异议登记,申请人自异议登记之日起15日内不起诉的,异议登记失效。异议登记不当,造成权利人损害的,权利人可以向申请人请求损害赔偿。"据此规定,异议登记发生于利害关系人要求对登记簿进行更正登记而登记簿上的权利人不予同意的情形。

所谓异议登记,是指登记机构将利害关系人对不动产登记簿登记事项的异议记载在登记簿上的行为。异议登记一经完成,即可对抗现时登记的权利的正确性,即中止不动产登记权利正确性推定的效力和公信效力,从而使第三人无从主张根据登记的公信力善意取得不动产物权。

异议登记是一种临时性保护措施。登记机构在进行异议登记之后,申请人应在异议登记之日起15日内向人民法院提起诉讼,要求确认自己在不动产上的物权。逾期不起诉的,异议登记失效。之所以作此限制,是因为申请人在异议登记之日起15日内不起诉,表明他不积极行使其权利,法律没有特别加以保护的必要,也避免进一步影响登记簿记载的权利人的利益和正常的交易秩序。

异议登记申请人在登记机构进行异议登记之日起15日内提起了诉讼,则异议登记将继续保持其效力,直至法院作出生效的判决。如果异议申请人败诉,则申请人或登记簿记载的权利人可申请注销异议登记,权利人因此遭受损失的(如因异议登记丧失了交易机会),可以向异议申请人要求损害赔偿;如果异议申请人胜诉,即法院判决申请人是真正的不动产权利人,则登记机构可根据生效的司法文书或协助执行通知书进行更正登记。

应当注意的是,异议登记失效后的处理。对此,《物权法解释(一)》第3条规定,异议登记的事由失效后,当事人提起民事诉讼,请求确认物权归属的,应当依法受理。异议登记失效不影响人民法院对案件的实体审理。

八、预告登记

《民法典》第221条规定:"当事人签订买卖房屋的协议或者签订其他不动产物权的协议,为保障将来实现物权,按照约定可以向登记机构申请预告登记。预告登记后,未经预告登记的权利人同意,处分该不动产的,不发生物权效力。预告登记后,债权消灭或者自能够进行不动产登记之日起 90 日内未申请登记的,预告登记失效。"

预告登记的功用在于,通过不动产登记簿上的登记,使一项旨在引起不动产物权变动的债权请求权获得某些物权的效力,进而使该债权获得保全;其必要性产生于债权的平等性和非排他性。其效力在于:债权一经预告登记即具有否定其后于债权标的物上成立的物权的效力,未经预告登记的权利人同意,出卖人或转让人处分该不动产的,将不发生物权变动的效力。

例如,买受人甲就其请求开发商乙移转某商品房所有权的债权办理了预告登记之后,开发商乙把该商品房出卖于丙或抵押于丁银行,即使办理了过户登记手续或抵押登记手续,也不发生该商品房所有权的移转,该商品房抵押权也不设立。

预告登记对其保全的债权具有附随性,即随债权状态的改变而变动:当债权转让或消灭时,预告登记随之转让或消灭。并且,自能够进行不动产登记之日起 3 个月内未申请登记的,预告登记也失效。

值得指出的是,为进一步明确预告登记的效力,总结我国实务经验,《物权法解释(一)》第 4 条规定,未经预告登记的权利人同意,转移不动产所有权,或者设定建设用地使用权、地役权、抵押权等其他物权的,应当认定其不发生物权效力。另外,该解释第 5 条还对预告登记后,债权消灭或者自能够进行不动产登记之日起 3 个月内未申请登记的,预告登记失效中"债权消灭"一语所指向的含义予以了明确,即买卖不动产物权的协议被认定无效、被撤销、被解除,或者预告登记的权利人放弃债权的,应当认定为债权消灭。

九、登记机构的赔偿责任

《民法典》第 222 条第 2 款规定:"因登记错误,造成他人损害的,登记机构应当承担赔偿责任。登记机构赔偿后,可以向造成登记错误的人追偿。"这里的"登记错误",既包括该条第 1 款规定的当事人提供虚假的权属证书等证明材料欺骗登记机关的情形,也涵括登记机构的工作人员故意或疏忽大意造成登记错误的情形。前一情形,构成责任竞合。登记机构的赔偿责任不属于国家赔偿责任。

第三节 动 产 交 付

一、动产交付概述

(一) 动产交付的概念

动产物权变动的公示方法,是交付。

动产交付着眼于动态的动产物权变动,交付作为公示方法,公示物权的运动过程,其结果是转移占有和受让占有,最终的占有作为事实状态表示了交付的结果。《民法典》物权编第二章第二节对动产交付作了专门规定,其中第 224 条规定:"动产物权的设立和转让,自交付时发生效力,但法律另有规定的除外。"第 225 条规定:"船舶、航空器和机动车等的物权的设立、变更、转让和消灭,未经登记,不得对抗善意第三人。"

(二)动产交付的发展

在人类早期的民法史上,动产物权变动的公示方法就是交付。不过,由于历史发展和当时的经济形态的限制,交付仅限于现实的转移占有这一种形式,并没有其他的交付形式。罗马法和日耳曼法都是如此。

近代以来,交付形式受到了不动产登记制度的影响。不动产登记制度的迅速发展,促使一部分动产物权的变动也采用了登记制度。然而动产物权变动的整体制度并没有动摇,这是因为动产物权及其交易方式远不及不动产物权及其交易方式那样丰富和复杂,而且动产物权的价值就在于其流通性和便捷性。因此,动产物权变动的公示方式就必须简便明了,便于识别和方便交易。正是由于这个原因,动产物权变动的公示放弃交付的方式而采用登记的方式是不可能和不现实的,主要的动产物权变动的公示方式仍然采用交付方式,只有少数动产物权变动采用登记作为公示方式。

法律确认交付行为为动产物权变动的公示方法,形成的后果就是交付和占有相辅相成地体现动产物权的变动关系。这就是,交付作为公示方式着眼于物权变动的动态形式,表现物权变动的过程,而占有则作为公示方式,体现动产物权变动的结果,表现的是动产物权变动的静态形式。交付与占有分别从动态和静态两个方面来表现动产物权关系。

交付作为动态的物权变动形式,从行为的角度公示物权变动的运动过程,其结果就是转移占有和接受占有,其表现动产物权变动的结果。因此,占有作为事实状态,是交付的结果,作为静态的结果,表现动产物权的现实状态及静止状态,也就形成了"占有之所在即为动产物权之所在"。

(三)动产物权交付的形态体系

当代物权法对动产物权交付制度的完善主要着眼于完善其交付的形态,因而形成了多种多样的动产交付形态,出现了多种简便快捷的交付方式,使动产交易大大地节省了时间和费用,促进了动产物权变动的快捷和便利,促进了动产物权交易的繁荣。

新出现的动产物权变动的交付形态,主要是占有现实转移之外的简易交付、指示交付和占有改定,由此形成了现实交付、简易交付、指示交付和占有改定四种基本的交付形态。

民法理论根据交付的不同形态的性质,将交付形态分为两种不同的类型,这就是现实交付和观念交付,由此构成动产物权变动的交付形态体系。

现实交付是传统的动产物权交易的占有转移,动产物权变动必须由物权让与人将其对动产的直接管领力现实地转移给受让人，使受让人实际接受动产并因此取得动产物权。而观念交付概括的是简易交付、指示交付和占有改定三种交付形态，这种交付存在于观念上，而不是现实地转移占有，即法律为了实现交易的便捷，在特殊情形下采用变通的方法，以观念的占有转移代替现实的占有转移，实现动产物权的变动。因此，观念交付也被称为替代交付。

二、动产交付的具体形态

（一）现实交付

现实交付是最传统的交付方式，是指对动产的事实管领力的移转，使受让人取得标的物的直接占有。动产因交付而取得直接占有，故动产的交付使受让人取得了对物的事实上的管领力。《民法典》第224条和第225条规定的主要内容是现实交付。

现实交付的基本特征，就是现实表现出来的交付，也就是使动产标的物脱离出让人的支配管领范围，而进入买受人的支配管领领域，因而它不是观念形态的交付，而是可以被客观认知的现实形态，能够被人们所识别。动产物权因交付而实现变动，受让人实际取得对动产的现实占有，取得了该动产的所有权。

在市场经济的条件下，现实交付也有了不同的情况，出现了假借他人之手而进行的交付。主要有以下三种情况。

1. 经由占有辅助人为交付

经由占有辅助人为交付，是指不是在交易双方当事人之间进行，而是由占有辅助人执行交付行为的现实交付。例如，甲出售其汽车给乙，由甲的司机将汽车交付给乙的司机，完成交付行为。

2. 经由占有媒介关系为交付

经由占有媒介关系为交付，是指不是在交易双方当事人之间进行，而是由与当事人有占有媒介关系的人进行并完成交付行为的现实交付。例如，甲将其马寄托于乙处，并出售于丙，约定由甲将马交付给经营马场的丁，代为训练。乙依甲的指示将该马交付给丁时，丁与丙之间成立占有媒介关系，丁为直接占有，丙为间接占有，由此完成交付。

3. 经由被指令人为交付

经由被指令人为交付，其形式是，关于甲与乙之间的让与，甲、乙指令丙为交付的受领人，关于乙与丙之间的让与，乙、丙也指令丙为交付的受领人，故于甲将标的物交付丙时，在一个所谓的法学上的瞬间时点，由乙取得所有权，再移转于丙。例如，甲售画作给乙，乙将画作转售给丙，乙请甲径行将该画作交付于丙，甲允诺而为之。该种情况中，并不是甲直接将画作所有权交付给丙，而是甲将该画交付给丙的时候，同时完成了对乙的交付，以及乙对丙的交付。

上述三种形式的特殊的现实交付，必须具备三个要件：一是在让与人方面，须完全丧失其直接占有;二是在受让人方面,须取得直接占有或者与第三人成立间接占有关系;三是此项交付系依让与人的意思而做成。

> **小贴士**
>
> 《民法典》第225条规定:船舶、航空器和机动车等物权的设立、变更、转让和消灭,因其为动产,可以不登记而实现物权变动,但未经登记,不得对抗善意第三人。《物权法司法解释(一)》第6条对此明确解释:"转让人转移船舶、航空器和机动车等所有权,受让人已经支付对价并取得占有,虽未经登记,但转让人的债权人主张其为《物权法》第24条所称的'善意第三人'的,不予支持,法律另有规定的除外。"符合这一要求的,不属于善意第三人,未经登记不是不得对抗该善意第三人的要件。
>
> 转让人的债权人包括:破产债权人、人身损害债权人、强制执行债权人和参与分配债权人。上述船舶、航空器和机动车物权转让人的债权人,在物权受让人已经支付对价并取得占有,只是没有过户登记时,不属于善意第三人,其主张自己是善意债权人而欲对抗该物权转移效力的,其理由不成立,不发生物权对抗效力。

(二) 简易交付

简易交付,是指交易标的物已经为受让人占有,转让人无须进行现实交付的无形交付方式。《民法典》第226条规定:"动产物权设立和转让前,权利人已经依法占有该动产的,物权自民事法律行为生效时发生效力。"这里规定的是简易交付。

简易交付必须是在受让人已经占有了动产的场合才能发生,因而仅需当事人之间就所有权让与达成合意,即产生物权变动的效力。这时候,转让人仅需将自主占有的意思传递给受让人,使受让人从他主占有变为自主占有,以代替现实的交付行为,就实现了动产交付,实现了动产物权的变动。因此,简易交付就是以观念的方式授予占有的一种交付形态,免除了因现实交付带来的手续上的麻烦,以达到简化交易程序、节省交易成本的目的。

(三) 指示交付

指示交付又叫作返还请求权让与,是指在交易标的物被第三人占有的场合,出让人与受让人约定,出让人将其对占有人的返还请求权移转给受让人,由受让人向第三人行使,以代替现实交付的交付方式。《民法典》第227条规定:"动产物权设立和转让前,第三人占有该动产的,负有交付义务的人可以通过转让请求第三人返还原物的权利代替交付。"该条确认指示交付这种观念交付形态。

指示交付也称为返还请求权代位,就是说指示交付是在作为标的物的动产由第三人占有时,让与人将自己对第三人的返还请求权让与受让人以代替交付的支付,实质上就是返还请求权的观念交付。

(四) 占有改定

占有改定,是指在动产交易中出让人与受让人约定,由出让人继续直接占有动产,使受让人取得对动产的间接占有,并取得动产的所有权。这种交付方式是建立在将占有区分为直接占有和间接占有的基础上的交付方式。没有占有的这种区分,就无法确立占有改定这种交付形态。《民法典》第228条规定:"动产物权转让时,当事人又约定由出让人继续占有该动产的,物权自该约定生效时发生效力。"

占有改定属于观念交付,这一点与简易交付和指示交付是相同的。但是,占有改定与简易交付也存在不同:虽然简易交付没有物的现实交付,而是以观念交付代替现实交付,但简易交付作为观念交付的前提是出让人出让标的物的时候,没有实际占有标的物,而是由受让人实际占有,其结果是交易的标的物已经实际被受让人占有,产生了交付的实际后果。而占有改定不论是交付的前提还是交付的结果,都是交易标的物由出让人占有,实际的形态并没有将标的物转由受让人占有,而仅仅是实现了间接占有。

此外,占有改定与指示交付也不同:虽然指示交付也是观念交付,但是交易的标的物既不由让与人占有,也不由受让人占有,而是由第三人占有,让与人交付的只是对第三人占有的标的物的返还请求权,让与人将该返还请求权交付给受让人,使受让人能够依据该返还请求权而取得交易的标的物。而虽然占有改定也是观念交付,但该标的物仍然由出让人占有,只是将出让人对标的物的直接占有改为受让人的间接占有而已。

占有改定应当具备以下三个要件。

1. 认可直接占有和间接占有的区分

这是成立占有改定的前提条件,没有对直接占有和间接占有的认可,就不能确立占有改定。直接占有是指占有人对物直接控制,间接占有是指占有人自己不直接占有物,但是基于一定的法律关系,对直接占有其物的人享有物的返还请求权。

2. 须因某种法律关系的存在使让与人有暂时占有让与物的必要性

占有改定应当具体化,仅仅有抽象的占有改定的约定尚不能发生所有权的转移,法律规定只有在某种情况下,当事人在所有权让与契约之外约定,由让与人作为承租人、受寄人或者借用人等继续占有该动产的,所有权的转移才有效。例如,原所有人出让动产给受让人,约定由出让人租赁该动产,该动产所有权为占有改定,受让人改定为间接占有,取得所有权。

3. 须让与人对物已为直接或间接占有

这是占有改定的必要条件,如果让与人先前并没有就标的物取得任何形式的占有,则不能成立占有改定。例外的情况是,如果构成预定的占有改定,则让与人虽无直接或者间接占有,但是由于让与人对将来可能取得之物,已经有相当的把握,可以成立将来之物的占有改定。例如,在以占有改定的方法将仓库内堆存货物的所有权进行让与之际,当事人之间可以约定,受让人对让与人将来取得的货物,也保有其所有权,则当让与人将该项货物堆存于仓库之时,即为受让人取得所有权之时。

课后习题

1. 物权变动的区分原则的基本内容是什么?
2. 物权公示的法律效力是什么?
3. 动产交付有哪些不同形式?
4. 不动产登记的性质和意义是什么?

第四章 所有权

【学习目标】
1. 了解所有权的概念、权能，了解原始取得、继受取得。
2. 了解善意取得的概念、构成要件和效力。
3. 了解所有权的主要形式：国家所有权、集体所有权和私人所有权。
4. 了解无主财产处理规则。

【引导案例】
甲村和乙村无证据而讼争狗熊岭土地及山林的所有权，但由于历史原因没有登记。丙村持有效的权属证明对该土地和山林主张所有权。

请结合本章内容思考：
(1)本案纠纷的性质是什么？
(2)证明所有权归属的基本证据是什么？
(3)不动产所有权的权能如何表现？
(4)对所有权应当用何种方法进行保护？

【评析】
在本案中，丙村拥有狗熊岭土地和山林的所有权，并不因为没有具体实施管领行为而丧失，丙村仍然享有所有权。本案当事人对土地的所有权归属发生争议，因此，本案纠纷的性质是所有权权属争议。所有权权属的基本证据，应当是物权登记簿上的记载，由于历史原因，本案争执的物权没有登记，丙村证明自己享有所有权的证据就是权属证明和历史档案，法院对其证据力应当肯定。

不动产所有权的权能既有积极权能，即对所有物的占有、使用、收益、处分权能，也有保护自己的权利不受侵害的消极权能。在甲村和乙村争执涉案土地及山林所有权的时候，丙村能够提供证据，证明自己的所有权，以有独立请求权的第三人的身份向法院主张权利，要求确权，是完全正当的。这就是所有权消极权能的体现。

对所有权进行保护，应采取《民法典》物权编第三章规定的物权保护请求权，包括确权请求权、返还原物请求权、停止侵害请求权、排除妨害请求权、消除危险请求权。丙村行使的是确权请求权。

第一节 所有权概述

一、所有权的概念与特征

在人们的一般观念中,所有权是指一切为人们所拥有、控制财产的权利,不仅有体物,如土地、房屋、汽车,甚至无体物,如权利,都归自己所有。但是,在法律观念中,所有权是指对于有体物的所有权。将所有权的客体原则上限于有体物,在立法技术上较为科学,在法理上较为严谨。这是所有权与知识产权、债权等其他财产权相区别的基本界限。

所有权属于物权,是指所有人在法律规定的范围内,对属于自己的特定物全面支配和排他的权利。所有权具有以下的特征。

第一,所有权是绝对权。所有权不需要他人的积极行为,只要他人不加干预,所有人自己便能实现其权利。所有权关系的义务主体是所有权人以外的一切人,其所负的义务是不得非法干涉所有权人行使其权利,是一种特定的不作为义务。

第二,所有权具有排他性。所有权属于物权,具有排他的性质。所有权人有权排除他人对于其行使权利的干涉,并且同一物上只能存在一个所有权,不能并存两个以上的所有权。当然,所有权的排他性并不是绝对的,现代各国法律对所有权有不同程度的限制。

第三,所有权是最完全的物权。所有权是所有人对于其所有物进行一般的、全面的支配,是内容最全面、最充分的物权。它不仅包括对于物的占有、使用、收益,还包括了对于物的最终处分权。所有权作为最完全的物权,是他物权的源泉。与之相比较,建设用地使用权、地役权、抵押权、质权、留置权等他物权,仅仅是就占有、使用、收益某一方面的对于物直接支配的权利,是所有权的部分权能。

第四,所有权具有弹力性。所有人在其所有物上为他人设定地役权、抵押权等权利,虽然占有、使用、收益甚至处分权都能与所有人发生全部或者部分的分离,但只要没有发生使所有权消灭的法律事实(如转让、所有物灭失),所有人仍然保持着对于其财产的支配权,所有权并不消灭。当所有物上设定的其他权利消灭,所有权的负担除去的时候,所有权仍然恢复其圆满的状态,即分离出去的诸权能仍然复归于所有权人,这称为所有权的弹力性。

第五,所有权具有永久性。这是指所有权的存在不能预定其存续期间。例如,当事人不能约定所有权只有 5 年期限,过此期限则所有权消灭。当事人对所有权存续期间的约定是无效的。

二、所有权的内容

所有权的内容,是指所有人在法律规定的范围内,对于其所有物可以行使的权能。权能是指权利人在实现权利时所能实施的行为。我国《民法典》第 240 条规定:"所有权人对自己的不动产或者动产,依法享有占有、使用、收益和处分的权利。"由此可见,所有权的权能包括占有、使用、收益和处分。

(一) 占有

占有是所有权人对于财产实际上的占领、控制。例如,所有人对于自己所有的房屋、家具、生活用品的占有,企业对于厂房、机器的占有等。

(二) 使用

使用是依照物的性能和用途,并不毁损其物或变更其性质而加以利用。使用是为了实现物的使用价值,满足人们的需要。例如,使用机器进行生产,使用电视机收看节目,居住房屋,乘坐汽车,等等。

(三) 收益

收益,是指收取所有物的利益,包括孳息和利润。孳息包括法定孳息和自然孳息。利润是把物投入社会生产过程、流通过程所取得的利益。

(四) 处分

处分决定着物事实上和法律上命运。这是所有权内容的核心,是所有权的最基本的权能。处分可以分为事实上的处分和法律上的处分。事实上的处分是在生产或生活中使物的物质形态发生变更或消灭。例如,粮食被吃掉,原材料经过生产成为产品,把房屋拆除,等等。法律上的处分是指依照所有人的意志,通过某种民事行为对物进行处理。例如,将物转让给他人,在物上设定权利(如质权、抵押权),将物抛弃,等等,都是法律上的处分。

三、所有权与所有制的关系

所有权是所有制在法律上的反映,所有制说明的是所有权反映的经济性质。但是,所有权制度是独立于所有制的法律制度。所有权是所有制在法律上的表现,并不是说所有权的表现形式与所有制的表现形式相同。所有制表现为某个社会的基本经济制度,具体体现在生产、交换、分配和消费过程中;所有权表现为特定的权利主体对特定物的特定权利。

在任何社会,通过一定的社会形式调整对生产资料的占有,除了物权法之外,还有其他手段,包括公司法、合同法、票据法,等等。这说明所有制可以表现为不同的民事法律形式。同时,所有权是所有制的法律表现,也绝不是说所有权与所有制是完全一致的。

所有制是社会物质关系,而物权是社会意识关系,物权并不是对所有制的一种简单的模拟和直观的反映,正如马克思所指出的:"虽然一定所有制关系所持有的法的观念是从这种关系中产生出来的,但另一方面同这种关系又不完全符合,而且也不可能完全符合。"例如,在我国,所有制的形式与所有权的形式是不完全一致的,我国的所有制形式有全民所有制、集体所有制和私人所有制,在法律上则体现为国家所有权、集体所有权和私人所有权。在股份制企业,其经济成分可以有国家的(全民的)、集体的、个人的。其经济性质决定于其内部不同经济成分所占的比例,但在法律上,股份制企业的所有权是法人所有权。

在市场经济中,全民所有制的经济活动,在法律上的表现形式不仅是国家所有权,还有法人财产权、用益物权、担保物权、知识产权、债权以及股权等形式,这些法律形式所反映的经济性质都是全民所有制,但不都是国家所有权。

物权法在生产、交换、分配、消费的社会生产总过程中,确认着生产和交换的前提,体现了分配的结果,并且也决定着消费的范围。所以物权法作为直接体现所有制关系的法律形态,对一个社会的经济、政治有着深远的影响。正如马克思所指出的:"财产问题从来就随着工业发展的不同阶段而成为这个或那个阶级的切身问题。"

例如,对于物权尤其是所有权的充分法律保护,会有力地鼓励增加财富、有效利用资源,从而促进社会经济的发展。再如,古典经济学家认为,只有当人们为了达到自身的目的能够控制并使用他们所发现的东西;只有当他们能够控制自己的劳动所创造的东西;只有当他们能够控制其在现行经济秩序下取得的东西时,社会的安定和发展才有可能。这在一定程度上揭示了社会的安定和发展的内在利益因素。

物权法正是以其特有的法律形式确认着这种利益关系,从而对社会的安定和发展起着极大作用。

第二节 所有权的取得、行使和消灭

一、所有权的取得

(一) 所有权取得的概念

所有权的取得,是指民事主体根据一定法律事实获得某物的所有权,从而在该特定主体与其他人之间发生以该物为客体的所有权法律关系。所有权是法律赋予的权利,没有法律根据或者违反法律规定而取得财产,是非法取得,取得人不能得到财产的所有权。

所有权的取得,有原始取得和继受取得两种方式。善意取得和依取得时效取得,也是原始取得,但其规则较为复杂,因此后文作单独说明。

（二）原始取得

原始取得，也称最初取得，是指不以他人已有的所有权和意志为根据，直接依照法律的规定，通过某种方式或行为取得所有权。原始取得主要有以下几种方法。

1. 劳动生产

劳动生产是人们运用工具来创造各种生产资料和生活资料的过程，由于通过付出体力或脑力，改造、加工或利用原材料而制造出来的产品，无论从形体上，还是从使用价值和价值上，都是与生产劳动前的产品不可相比的，因而这种新产品的所有权当然属于创造出产品的人。通过劳动生产，既增加社会财富，也由财产所有人取得了财产所有权。因此，劳动生产是取得所有权的最基本、最重要的合法方式。

2. 收取孳息

孳息是指由原物滋生、增值、繁衍出来的财产。孳息因产生的原因不同，分为天然孳息和法定孳息。天然孳息是指按照原物的自然规律而自然滋生和繁衍的新的独立的物，如从羊身上剪下的羊毛，牲畜或家禽所产下的幼畜或禽蛋，树上结的果实等。

天然孳息的产生须无损于原物，孳息能与原物通过人工方式或自然方式分离而成为独立的物，如果是用原材料加工制造的产品则不得被视为天然孳息。法定孳息是指根据法律的规定，通过就原物实施一定的法律行为而取得的由原物派生出来的孳息，如租金、利息、股息、红利等。该孳息是因财产交由他人使用而产生的，如果财产由所有人自己运用而产生收益，则不是法定孳息。

孳息的所有权归属，应当按照《民法典》第 321 条的规定确定，"天然孳息，由所有权人取得；既有所有权人又有用益物权人的，由用益物权人取得。当事人另有约定的，按照其约定"，"法定孳息，当事人有约定的，按照约定取得；没有约定或者约定不明确的，按照交易习惯取得"。按照习惯，孳息在没有与原物分离以前，由原物所有人享有，原物所有权转移后，孳息的所有权随之转移。

3. 国家强制

国家强制，是指在法律规定的特定场合下，国家从社会公共利益出发，不顾及所有人的意志和权利，直接采用没收、征收、国有化、税收等强制手段取得所有权的方式。《民法典》第 243 条规定：为了公共利益的需要，依照法律规定的权限和程序可以征收集体所有的土地和组织、个人的房屋及其他不动产。

征收集体所有的土地，应当依法及时足额支付土地补偿费、安置补助费以及农村村民住宅、其他地上附着物和青苗等的补偿费用，并安排被征地农民的社会保障费用，保障被征地农民的生活，维护被征地农民的合法权益。征收组织、个人的房屋以及其他不动产，应当依法给予征收补偿，维护被征收人的合法权益；征收个人住宅的，还应当保障被征收人的居住条件。任何组织或者个人不得贪污、挪用、私分、截留、拖欠征收补偿费等费用。

4. 取得无主财产

无主财产包括以下三种。

(1)无人认领的遗失物。

遗失物是所有人和合法占有人不慎丢失,不为任何人占有的财产。遗失物既不是基于所有人抛弃的意思而产生,也不是因他人侵夺所致,更不是无主财产,只是所有人或合法占有人偶尔丧失了占有,现在又不为任何人占有的动产。《民法典》第314条至第318条对遗失物的取得作了详细的规定。

第一,拾得遗失物,应当返还权利人。拾得人应当及时通知权利人领取,或者送交公安等有关部门。

第二,有关部门收到遗失物,知道权利人的,应当及时通知其领取;不知道的,应当及时发布招领公告。

第三,拾得人在遗失物送交有关部门前,有关部门在遗失物被领取前,应当妥善保管遗失物。因故意或者重大过失致使遗失物毁损、灭失的,应当承担民事责任。

第四,权利人领取遗失物时,应当向拾得人或者有关部门支付保管遗失物等支出的必要费用。权利人悬赏寻找遗失物的,领取遗失物时应当按照承诺履行义务。拾得人侵占遗失物的,无权请求权利人支付保管遗失物等支出的费用,也无权请求权利人按照承诺履行义务。

第五,遗失物自发布招领公告之日起1年内无人认领的,归国家所有。

(2)漂流物、埋藏物和隐藏物。

漂流物是指在河流等水域漂流的无主物或者所有人不明的物。埋藏物是指藏附于土地中的财产。隐藏物是指隐匿于土地之外的其他包藏物中的财产。对于漂流物、埋藏物或者隐藏物的原始取得,应当按照《民法典》第319条的规定处理,即拾得漂流物、发现埋藏物或者隐藏物的,参照拾得遗失物的有关规定。法律另有规定的,依照其规定。

(3)无人继承又无人受遗赠的财产。

这种财产是指自然人死亡后遗留下来的,没有人继承又没有人受遗赠的财产。无人继承又无人受遗赠的财产归国家所有用于公益事业,死者生前为集体所有制组织成员的,归所在集体组织所有。因此,无人继承又无人受遗赠的财产属无主财产,国家或集体取得无人继承又无人受遗赠的财产,是一种原始取得。

5. 先占

无主动产由最先占有者取得所有权,是各国民法一项公认的规则。我国民法虽然没有规定此项原则,但也没有规定一切无主财产均归国家所有。在实际生活中,有些物品是法律所不禁止占有的,同时也不属于法律所调整的无主财产,允许人们取得所有权。例如拾垃圾者可以取得其拾取的被人抛弃的废弃物的所有权。因而对已抛弃的不属于法律调整的无主财产取得所有权,必须建立先占原则。从立法上确认和完善无主动产的先占取得,有利于更好地发挥物的效用,稳定社会经济秩序。

6. 取得添附

添附是指不同所有人的物被结合、混合在一起成为一个新物,或者利用别人之物加工成为新物的事实状态。法律把添附作为取得所有权的一种根据,究其原因在于添附发生后,要恢复各物之原状,在事实上已不可能或经济上不合理,因此有必要使添附物归一方所有或各方共有,以解决双方的争执。

《民法典》第322条规定:"因加工、附合、混合而产生的物的归属,有约定的,按照约定;没有约定或者约定不明确的,依照法律规定;法律没有规定的,按照充分发挥物的效用以及保护无过错当事人的原则确定。因一方当事人的过错或者确定物的归属造成另一方当事人损害的,应当给予赔偿或者补偿。"

> **小贴士**
>
> 添附物的归属因添附情况的不同,分为以下三种情况。
>
> (1)加工。
>
> 加工是指一方使用他人的物,将其加工改造为具有更高价值的物。原物因为加工人的劳动而成为新物。如在他人的木板上作画。加工物的所有权归属,如果当事人有约定的依约定处理;如无约定,加工所增价值未超过原材料价值的,则加工物归原材料所有人;如果加工价值显然大于原物的价值的,新物可以归加工人所有;如果加工价值与原材料价值相当,可由双方共有。除共有外,不论哪种情况,取得加工物所有权的一方均应对对方的加工劳动或原材料价值予以补偿。
>
> (2)附合。
>
> 附合是指不同所有人的物密切结合在一起而成为一种新物。在附合的情况下,各原所有人的物虽可识别,但非经拆毁不能恢复原来的状态。如砖、木的附合构建成房屋。附合物的所有权归属应区分两种情况:当动产附合于不动产之上时,由不动产所有人取得附合物的所有权,原动产所有人则可取得与其原财产价值相当的补偿。当动产与动产附合时,附合的动产有主从之别者,由主物的所有人取得附合物的所有权,同时给对方以价值上的补偿。如无主从之别,则由各动产所有人按其动产附合时的价值共有合成物。
>
> (3)混合。
>
> 混合是指不同所有人的物互相结合在一起,难以分开并形成新的财产,如米与米的混合,酒与酒的混合。混合与附合不同,在混合的情况下,已无法识别原各所有人的财产,而在附合的情况下,原各所有人的财产仍然能够识别。混合物一般应由原物价值量较大的一方取得所有权,给另一方以相当的补偿。如果原物价值量相差不多,也可由各方共有。

添附的所有权归属规则是:

第一,因加工、附合、混合而产生的物的归属,有约定的按照约定;没有约定或者约定不明确的,依照法律规定。

第二,法律没有规定的,按照充分发挥物的效用以及保护无过错当事人的原则确定。发挥物的效用的原则,就是根据物归属于哪一方更能够发挥物的效用,就应归属于哪一方的规则。保护无过错当事人的原则,是指对无过错一方当事人给予更好的保护。两个原则中,应当首先考虑物的效用原则。

第三,因一方当事人的过错或者确定物的归属给另一方当事人造成损害的,应当给予赔偿或者补偿。

7. 取得人体变异物

人体变异物是指脱离人体的器官和组织、人体医疗废物以及尸体。其中脱离人体的器官和组织以及人体医疗废物从脱离人体之时,由身体权人取得其所有权,为原始取得。自然人死亡后,其尸体由其近亲属取得所有权。这些人体变异物的所有权确定后,其权利行使都有严格的限制,必须符合法律以及公序良俗原则的要求。

(三) 继受取得

1. 继受取得的概念和方法

继受取得,也称传来取得,是指财产所有人通过某种法律事实,从原所有人处取得财产所有权。继受取得与原始取得不同,它是以原所有人的所有权和原所有人转让所有权的意志为依据的。继受取得主要有以下几种方式。

(1) 买卖。

买卖是一方出让标的物所有权以换取价金,他方以支付价金为对价换取标的物所有权的双方民事法律行为。买卖是财产所有人出让财产所有权的主要方法,又是非所有人继受取得财产所有权的主要方法。

(2) 互易。

互易是以物易物的双方民事法律行为,是互相继受对方财产所有权的方法。互易是最古老的商品交换形式,至今在国内、国际商品交换中仍经常被采用。因此互易是继受取得财产所有权的重要方法。

(3) 赠与。

赠与是一方无偿转让财产所有权给另一方的双方民事法律行为。虽赠与不是商品交换形式,但随着商品经济的发展,人的社会意识及社会责任感的加强,赠与的社会作用日益得到充分发挥。赠与成为解决救灾、救济等社会问题及发展社会公益事业的重要手段。在这种发展趋势下,赠与不仅是自然人个人继受取得财产所有权的方法,而且日益成为国家、社会公益团体继受取得财产所有权的重要方法。

(4) 继承与遗赠。

自然人死亡后,其遗产依法转归法定继承人。如果死者生前立有合法有效的遗嘱和遗赠,则遗产转归遗嘱继承人或遗赠受领人所有。这些人取得遗产所有权,是以死者生前的财产所有权为根据的。

2. 继受取得的所有权转移

原所有权人的所有权何时转移给继受人,是所有权继受取得中的重要问题。因为它不仅关系到何时完成所有权转移,而且还关系到标的物意外毁损灭失的风险责任由谁负担的问题。对此,《民法典》第 208 条、第 209 条和第 224 条也作了明确规定:动产以交付为继受取得所有权的标志,不动产以登记为继受取得所有权的标志。

(四) 善意取得

1. 善意取得的概念

善意取得,亦称即时取得,是指无权处分他人财产的财产占有人,在不法将其占有的财产转让给第三人以后,受让人如果在取得该财产时出于善意,即依法取得该财产的所有权,原财产所有人不得要求受让人返还财产的制度。

在现代商品经济高度发展的社会,善意取得制度既是适应商品经济发展的一项交易规则,也是现代民法中的一项重要制度。《民法典》第 311 条第 1 款规定:"无处分权人将不动产或者动产转让给受让人的,所有权人有权追回;除法律另有规定外,符合下列情形的,受让人取得该不动产或者动产的所有权:(1)受让人受让该不动产或者动产时是善意的;(2)以合理的价格转让;(3)转让的不动产或者动产依照法律规定应当登记的已经登记,不需要登记的已经交付给受让人。"

2. 善意取得的构成要件

实行善意取得的结果,是物的原所有人丧失其所有权,善意受让人则取得所有权。其构成要件包括以下几方面。

(1)受让人在受让时不知道让与人无处分权,即受让人主观上是善意。

如何确定善意,学说上有"积极观念"和"消极观念"两种主张。积极观念主张受让人必须具有将让与人视为所有人的认识,才为善意;消极观念则主张受让人不知让与人为非所有人,为善意。采用消极观念的国家居多,这对善意受让者有利。我国《物权法司法解释(一)》第 15 条规定:"受让人受让不动产或者动产时,不知道转让人无处分权,且无重大过失的,应当认定受让人为善意。"同时规定,真实权利人主张受让人不构成善意的,应当承担举证证明责任。

这一要件包括以下几点:一是处分财产的出让人须无处分权;二是受让人受让财产时不知情,不知道转让人无处分权;三是受让人不知情为无重大过失。受让人不能证明上述情形的,不构成善意取得。

一般认为以下情形是恶意:一是以不当的低廉价格买受其物;二是让与人属于可疑身份的人,例如由有寄藏赃物嫌疑的旧货店买取其物;三是授受行为,行于近亲属之间,可以确定其让与人为恶意的;四是善意取得人通常对由谁受让及在如何情形之下取得其物,应有记忆,如经原告的要求,被告拒绝为此项陈述,则被告的取得应被推定为恶意;五是取得人确知让与人非为所有人,应推定其为恶意。

《物权法司法解释(一)》对这一要件还作出了如下明确规定。

第一,具有下列情形之一的,应当认定不动产受让人知道转让人无处分权:一是登记簿上存在有效的异议登记;二是预告登记有效期内,未经预告登记的权利人同意;三是登记簿上已经记载司法机关或者行政机关依法裁定、决定查封或者以其他形式限制不动产权利的有关事项;四是受让人知道登记簿上记载的权利主体错误;五是受让人知道他人已经依法享有不动产物权。如果真实权利人有证据证明不动产受让人应当知道转让人无处分权,应当认定受让人具有重大过失。

第二,受让人受让动产时,交易的对象、场所或者时机等不符合交易习惯的,应当认定受让人具有重大过失。

第三,受让人善意的时点,是"受让人受让该不动产或者动产时",这个时点是指依法完成不动产物权转移登记或者动产交付之时。当事人以《民法典》第226条规定的简易交付方式交付动产的,转让动产法律行为生效时为动产交付之时;当事人以《民法典》第227条规定的指示交付方式交付动产的,转让人与受让人之间有关转让返还原物请求权的协议生效时为动产交付之时;法律对不动产、动产物权的设立另有规定的,应当按照法律规定的时间认定权利人是否为善意。

(2)以合理价格有偿受让。

构成善意取得,其财产转移占有必须是通过交换而实现的,且以合理的价格有偿转让。这种交换,是指买卖、互易、债务清偿、出资等具有交换性质的行为。非通过交换而转移占有的,即使受让人已经实际占有该财产,也不发生善意取得效力。

例如继承和遗赠,不是交易性质的法律行为,而且继承和遗赠的财产必须是被继承人或遗赠人生前合法的财产,如果被继承人或遗赠人的财产非其所有,即使继承人或受赠人已经接受了这些财产,也不构成善意取得。对合理价格如何界定,《物权法司法解释(一)》第19条规定,应当根据转让标的物的性质、数量以及付款方式等具体情况,参考转让时交易地市场价格以及交易习惯等因素综合认定。

(3)转让财产依照的法律规定。

转让的财产依照法律规定应当登记的已经登记,不需要登记的已经交付给受让人。构成善意取得,受让人须通过交换而实际占有已取得的财产,只有受让人占有财产,才可能发生善意取得。其标志是不动产经过登记,动产已经交付。

对船舶、航空器、机动车等特殊动产,法律规定了登记对抗主义,交付即发生所有权转移的后果。因此《物权法司法解释(一)》第20条规定:"转让人将《物权法》第24条(现为《民法典》第225条)规定的船舶、航空器和机动车等交付给受让人的,应当认定符合物权法……规定的善意取得的条件。"因而,船舶、航空器和机动车转让的交付,是否登记并不是发生善意取得后果的要件。

(4)转移占有财产的法律规定。

转移占有的财产须是法律允许流通的动产和不动产。善意取得的财产包括动产和不动产,但是一般是指动产。动产的范围,包括除不动产以外的其他一切财产,货币和无记名有价证券也包括在内,但记名有价证券所载财产属于特定的人,因而不适用善意取得制度。不动产构成善意取得的情况较少,主要是不动产的共有人之一擅自处分不动产,未经其他共有人同意的情况。房屋等不动产的分离物一经分离,就不再具有不动产的性质,因而可以适用善意取得制度。善意取得的动产必须是法律允许自由流通的动产,法律禁止流通的财产,如毒品等,不得适用善意取得。

对盗赃和拾得物,处理的规则如下。

第一,对被盗、被抢的财物或者遗失物,所有权人等权利人有权追回。这是物上追及权的效力。

第二,盗赃和拾得物通过转让被他人占有的,所有权人、遗失人等权利人有权选择:或者是向无处分权人请求损害赔偿,这样的结果是承认受让人取得所有权;或者自知道或者应当知道该动产丧失占有之日起两年内向受让人请求返还原物,否定受让人取得所有权。但是,如果受让人是通过拍卖或者向具有经营资格的经营者购得该动产的,尽管法律不承认其构成善意取得,但所有权人等权利人在请求返还原物时,应当支付受让人所付的费用。

第三,法律另有规定的,依照其规定。

3. 善意取得的效力

具备善意取得的构成要件,即发生善意取得的法律效力,受让人即时取得受让财产的所有权,原所有权人对该财产的所有权归于消灭,原所有权人并不得向善意受让人请求返还原物。对此效力,《民法典》第311条第2款规定:"受让人依据前款规定取得不动产或者动产的所有权的,原所有权人有权向无处分权人请求赔偿损失。"第313条规定:"善意受让人取得动产后该动产上的原有权利消灭。但是,善意受让人在受让时知道或者应当知道该权利的除外。"善意取得,保护的是交易的动态安全,但也必须对原所有权人的权益进行适当保护。

原所有权人权利受到侵害的原因,是无处分权人的出让行为。这种行为属于侵害财产权的行为。依据这一法律事实,原所有权人产生侵权损害赔偿请求权,让与人对原所有权人负有损害赔偿义务,赔偿的范围,应包括原物的价值及因此而造成的其他损失。

不构成善意取得的转移占有,则不发生善意取得效力,所有权人依物权请求权,向受让人请求返还,受让人负返还义务。如果原物已经灭失或毁损,则所有权人可以向出让人请求赔偿转让的价金。受让人负返还责任后,可以向出让人请求返还价金。

(五) 取得时效

1. 取得时效的概念

取得时效,是指民事主体公开、持续地占有他人财产或者行使某种他物权,经过一定的期间,取得该物所有权或者他物权的制度。

依据取得时效取得所有权,为原始取得。

《民法典》没有规定取得时效制度,但是在现实生活中,取得时效是存在的。

2. 取得时效的特征

(1)取得时效是物权法律制度。

完整的时效制度应当包括取得时效和消灭时效,但两种时效制度的性质却不同。消灭时效是民法总则的制度,适用于全部民事法律关系;取得时效是物权法的内容,一般规定在民法的物权编,是取得所有权与他物权的方式之一。

(2)取得时效的法律后果是取得所有权和他物权。

这种法律后果恰好与消灭时效相反,消灭时效的法律后果则是消灭某种现存的权利。

(3)取得时效以时间的延续为取得物权的必要条件。

未经时间的延续,不能取得某种物权。善意取得与取得时效的区别,就在于前者无须经过时间的延续而即时取得财产所有权。

(4)取得时效的适用范围以物权取得为限。

很多学者将取得时效限制在所有权的范围内,事实上取得时效适用于所有物权的取得,不仅可以取得所有权,而且能够取得他物权。

3. 取得时效的构成

(1)须有为自己取得权利的主观意思。

这是取得时效构成的主观要件。为自己取得权利的主观意思,包括取得所有权和他物权的主观意思。缺乏这一主观要件,不能构成取得时效。

(2)须有符合条件的占有或权利行使的事实状态。

因时效而取得所有权的占有,必须符合相应的条件。首先,占有人的占有必须为公开占有,即占有人占有该项财产不得带有任何隐秘瑕疵。其次,占有人的占有必须为和平占有,不带有暴力或胁迫。最后,占有人的占有须持续不间断,期间长度应与法律规定的期间长度相一致。符合上述三个条件的占有为无瑕疵占有,构成取得时效的客观要件。因时效而取得他物权,须有事实上的权利行使状态,并且达到法律规定的时间。如不享有地役权之人在他人土地上通行或埋设管线、开挖沟渠,为权利行使的持续状态,亦须具备公然、和平、持续的条件要求。

(3)须以他人的财产或他人财产的用益为取得权利的客体。

因时效取得所有权的财产必须是他人的财产,包括动产和不动产。对自己的物或者本属于自己却误信为他人之物,都不适用取得时效。无主物,可因先占而取得,不适用取得时效。权属不明之物,应确权,亦不适用所有权的时效取得。禁止流通物不适用取得时效。其他财产权因时效取得,应以用益物权为限,须以对他人财产的用益为必要要件,包括对动产和不动产的用益。

(4)占有或权利行使事实状态须经过一定时间。

在司法实践中的判例多数采 20 年。立法上可以考虑的是,对不动产取得所有权或用益物权规定为 20 年,对动产取得所有权规定为 10 年。

4. 取得时效的效力

构成取得时效,即发生占有人取得占有物的所有权,或者用益人取得用益物的用益物权,取得时效的这种法律效力,符合其弥补财产转让方式的不完全,保障对财产的占有和用益的连续性,防止社会财富的损失,避免财产权利的不确定状态,稳定社会经济秩序的目的。

取得时效的效力具体表现在两个方面:第一,占有人取得所有权或某种用益物权。第二,原所有人丧失所有权,不得在取得时效期间完成之后再主张权利。因时效而取得的用益物权的效力,与因协议而取得的用益物权的效力相同。其取得权利的种类与范围,应与实际上存在的事实关系相一致。

取得时效完成的效力应从何时起算,即其效力应否溯及开始占有时发生,有两种不同立法例。一是其效力溯及占有之时发生,如日本立法。二是不动产所有权于登记后始可取得,动产所有权于取得时效完成时发生效力,如我国台湾地区立法。本书认为,采前一种立法例较为稳妥。

二、所有权的行使

(一) 所有权行使的一般规则

所有权的行使,是指物的所有人依照法律规定实现其所有权各项权能的行为。物的所有权人既可以自己行使权利,也可以依照法律规定将所有权的权能转让给他人。在许多情况下,所有人无须借助他人的行为就可以独立地行使其所有权。

所有权的行使体现所有人的意志和利益,物的所有人不仅可以依法独立地进行各种行使其所有权的活动,而且可以通过行使所有权获得经济利益。所有权人还可以根据自己的意志和利益,将所有权的一项或几项权能分离或转让出去,这种权能的分离并不使所有人丧失其所有权,而是所有人正常行使其所有权的具体表现。

我国民法充分保护国家、集体和私人所有权,同时也要求所有人应在法律规定的范围内享有和行使所有权,因此对所有权的内容作了一定的限制。如行使所有权不得妨碍公共利益及其他民事主体的合法权益;不得破坏社会主义经济秩序,不得侵害公私财物,不得违背社会主义道德准则等。所有人滥用所有权,应当依法承担相应的法律责任。对所有权行使的这种限制,是为了保证所有人正确行使所有权,兼顾所有权人和社会的利益,按照"物尽其用"的原则,充分、合理地发挥物的效益,同时也是对财产所有人正确行使财产所有权的一种保护。

(二)《民法典》对行使所有权的具体规定

《民法典》物权编第四章对所有权规定了一些具体规则。

1. 所有权与他物权的关系

所有权又叫作自物权,是物权体系的核心权利。按照《民法典》第241条的规定,所有权人有权在自己的不动产或者动产上设立用益物权和担保物权。

对自己所有的不动产或者动产,所有权人都可以设立他物权,包括设立用益物权和担保物权,这是所有权人行使自己的权利的表现,法律予以保护,任何人不得干涉和强制。

在所有权上设立他物权之后,这个所有权就是设立了负担的所有权,因此叫作受限制的所有权。所有权人要将自己享有的某些权能移交给他物权人享有,因此使自己的权利受到限制。例如,用益物权设立后,所有权人要将自己所有的不动产转移给用益物权人使用、收益;质权设立后,所有权人要将质押财产交付质权人占有。

这是法律对自物权的限制,是合法的限制。但是,用益物权人或者担保物权人在行使自己的他物权的时候,不得损害所有权人的权益。如果用益物权人或者担保物权人行使自己的权利损害了所有权人的权利,例如擅自出卖质押财产或者留置财产等,法律规定了救济的方法,则行为人要承担相应的民事责任。

2. 国家所有的不动产和动产,任何人不能取得所有权

《民法典》特别注意保护国家所有的财产,专设第242条规定:法律规定专属于国家所有的不动产和动产,任何组织或者个人不能取得所有权。以此对国家所有的财产进行特别的保护。

3. 对不动产的征收

征收,是国家取得所有权的一种方式,是将集体或者个人的财产征收为国家所有。征收的后果是集体或者个人消灭所有权。为保护集体和个人的所有权,《民法典》对征收行为给予了严格的限制。

征收的目的必须是公共利益的需要,而不是一般的建设需要。征收的财产应当是土地、房屋及其他不动产。

征收不动产,应当支付补偿费,对丧失所有权的人给予合理的补偿。征收集体所有的土地,应当支付土地补偿费、安置补助费、地上附着物补偿费等费用。同时,要足额安排被征地农民的社会保障费用,维护被征地农民的合法权益,保障被征地农民的生活。征用单位、个人的房屋或者其他不动产的,应当给予拆迁补偿,维护被征收人的合法权益。征收居民住房的,还应当保障被征收人的居住条件。

为了保证补偿费能够足额地发到被征用人的手中,《民法典》第243条第4款专门规定,任何组织或者个人不得贪污、挪用、私分、截留、拖欠征收补偿费等费用。

4. 耕地保护

耕地是重要的财富,对国计民生都具有极为重要的作用。《民法典》第244条专门规定,国家对耕地实行特殊保护,严格限制农用地转为建设用地,控制建设用地总量。不得违反法律规定的权限和程序征收集体所有的土地。

5. 财产征用

《民法典》第 245 条专门规定了财产的征用补偿制度。遇有抢险救灾、疫情防控等紧急需要时,国家可以依照法律规定的权限和程序,征用组织、个人的不动产或者动产。对被征用不动产、动产的所有人的权利保护,应当做到两点:第一,被征用的动产或者不动产在使用后,应当返还被征用人,其条件是被征用的不动产或者动产的价值仍在。第二,组织、个人的不动产或者动产被征用,或者被征用后毁损、灭失的,则应当由国家给予补偿。

三、所有权的消灭

(一) 所有权消灭的概念和种类

所有权的消灭,是指因某种法律事实而使财产所有人丧失其所有权,或者因权利主体的消灭而形成所有权转移。

财产所有权的消灭分为两种:一是所有人失去对物的占有与支配,此时原物尚存,只是由新的所有人取得其所有权,这称为所有权的相对消灭;二是物本身的不存在,此时不会再发生新的所有权,这称为所有权的绝对消灭。

(二) 所有权消灭的原因

1. 所有权的转让

这是财产所有人对其财产行使处分权的一种结果。如买卖、赠与等转让行为,其结果是出让人的财产所有权消灭,而受让人的财产所有权因此产生。

2. 所有权客体的灭失

这是指作为所有权客体的财产改变或消灭了自然状态,致使所有人丧失了所有权。如财产在生产或生活中被消耗或消费,不可抗力导致财产毁损或财产自然消灭,致使权利客体不复存在,产生所有权绝对消灭的后果。

3. 所有权主体的消灭

这是指作为所有权人的自然人死亡,以及法人解散、被撤销等。由于其权利主体资格已经消灭,其财产依法定程序转移给他人所有,因而其原财产所有权也归于消灭。

4. 抛弃

这是指权利主体主动放弃其所有权或者抛弃其某项财产致使其所有权消灭。如所有人丢弃其财产,就会引起所有权消灭。

5. 所有权被强制消灭

这是指国家依法采用强制手段,责令财产所有人交出或转移其财产所有权,致使原所有人的权利消灭,如对某项财产的征购、没收、拍卖、罚款、赔偿损失等。所有权被强制消灭,有的是为了满足公共利益的需要,有的是因所有权人的违法或违约行为。采取强制措施的国家机关,既有行政机关,也有司法机关。

第三节 所有权的主要类型

一、所有权的类型概述

根据不同的标准,可以将所有权划分为不同的类型。根据我国《民法典》的规定,所有权主要有以下三种不同的分类。

(一) 国家所有权、集体所有权与私人所有权

国家在社会主义初级阶段,坚持公有制为主体、多种所有制经济共同发展的基本经济制度。我国存在着三种所有制,即全民所有制、集体所有制和私人所有制,反映在法律上,《民法典》规定了国家所有权、集体所有权和私人所有权。这是以所有制为标准划分的三种类型的所有权。

(二) 自然人所有权、法人所有权与共有

国家实行社会主义市场经济,保障一切市场主体的平等法律地位和发展权利。市场主体在民法上表现为民事主体。根据《民法典》的规定,民事主体包括自然人、法人和非法人组织。以民事主体为标准,可将所有权分为自然人所有权(或者称个人所有权)、法人所有权与共有三种类型。

自然人所有权与法人所有权属于单独所有权。这一分类具有普遍的适用性,除法律另有规定外,适用于物权法的各条规定。

(三) 动产所有权、不动产所有权

1. 动产所有权

动产所有权系以动产为其标的物,它是所有人独占性地支配其所有的动产的权利,所有人在法律规定的范围内有权对其所有的动产占有、使用、收益、处分,并可排除他人的干涉。

动产的范围很广,土地及其定着物之外的财产,都是动产。与不动产所有权相比较,法律对其内容和行使限制较少,即是说所有人有更为充分的支配权。动产具有移动性,且种类繁多,其所有权有较多的取得方法是其特点,另外,一些特殊类型的动产,如有价证券、货币,其内容和行使也与其他财产不同,这些都是动产所有权的特殊问题。

2. 不动产所有权

不动产是指性质上不能移动其位置,或非经破坏变更则不能移动其位置的物。不动产一般指土地及其定着物(主要是房屋)。不动产所有权系以不动产为其标的物,其效力及于不动产的哪些部分,其行使在法律上受哪些限制,是为不动产所有权的特殊问题。

不动产所有权主要是土地所有权和房屋所有权。

土地所有权系以土地为其标的物，它是土地所有人独占性地支配其所有的土地的权利，土地所有人在法律规定的范围内可以对其所有的土地进行占有、使用、收益、处分，并可排除他人的干涉。

土地是人类生存之本，是人类社会重要的、必不可少的物质财富，是一切生产和一切存在的源泉。从法律上来讲，土地是一种物，是一类重要财产，土地所有权是一项重要的民事权利。

关于土地的范围，可以从"横"和"纵"两方面观察。在横的方面，土地本为连绵无垠之物，似乎没有什么范围可言，但人类以人为的方法，划分疆界，以此确定其范围，从而土地所有权的效力在横的方面就以地界为限；在纵的方面，即地面、地面上的空间和地面下的地身。那么土地所有权的效力，是仅及于地面呢？还是不仅及于地面，而且及于地面之上下？这就是一个比较复杂的问题。在古代罗马法，有"土地所有权及于土地之上下"的法谚。后来经过注释法学家将这项原则绝对化，解释土地所有权上穷天空、下尽地心。

小贴士

《法国民法典》第552条规定："土地所有权包括该地上及地下的所有权。"《日本民法典》第207条规定："土地所有权于法令限制的范围内，及于土地的上下。"把土地所有权的效力规定为及于土地上下全体，不得将地面与地上、地下各别所有。《德国民法典》在第905条规定："土地所有人之权利，扩充到地面上之空间与地面以下之地壳。所有人对于他人在高空或地下所为之干涉，无任何利益者，不得禁止。"《瑞士民法典》第667条规定："土地所有权的行使，在其利益范围内，及于地上及地下。"

我国《民法典》以及《土地管理法》等法律确认了土地所有人的独占性支配权，虽然没有明确规定其效力范围，但从法律的意旨及其实践来看，土地所有权的效力范围，在横的方面，是以地界为限；从纵的方面看，不仅包括地面，也包括地上及地下，否则的话无法对土地进行有效的使用，所有权的行使也必然得不到保障。但是，我国土地所有权的这种及于地上及地下的效力，并不是漫无限制的。这种限制主要有两方面。

（1）内在的限制。

民法上的物，以其能够为人力所支配并满足人类某种需要为特征，土地所有权的客体，也以人力所能支配并满足所有人的需要为要件，即土地所有权的支配力，仅限于其行使受到法律保护的利益的范围。对此范围外他人在其地上及地下的干涉，土地所有人不得排除之。例如地下开凿隧道、地上通航飞机。但是依土地使用的目的，土地所有人的地上及地下的利益范围，得有所不同。

例如煤炭企业对土地的支配，比房屋所有人对土地的支配范围及于地下要深得多。田野荒地所有人不得禁止他人在其土地上散步，但耕地所有人得禁止之。随着土地使用目的的变化,土地所有人的这种利益范围也会相应发生变化。

(2)法律的限制。

法律对土地所有权的限制很多,除了相邻关系的规定外,还有国防、电信、交通、自然资源、环境保护、名胜古迹等方面的限制。例如,矿产资源属于国家所有,地表或地下的矿产资源的国家所有权,不因其依附的土地所有权或者使用权的不同而改变。

我国土地所有权分为国家土地所有权和集体土地所有权,自然人不能成为土地所有权的主体。中华人民共和国是国家土地所有权的统一和唯一的主体,由其代表全体人民对国有土地享有独占性支配的权利。在我国《宪法》《民法典》《土地管理法》等法律中,对国家土地所有权作了明确规定。《土地管理法》第8条规定:"城市市区的土地属于国家所有。农村和城市郊区的土地,除法律规定属于国家所有的以外,属于集体所有……"

集体土地所有权是由各个独立的集体组织享有的对其所有的土地的独占性支配权利。根据我国《土地管理法》第8条的规定,属于集体所有的土地,是指除法律规定属于国家所有的农村和城市郊区的土地。集体所有的土地主要是耕地及宅基地、自留地、自留山,还包括法律规定集体所有的森林、山岭、草原、荒地、滩涂等土地。至于法律没有规定为集体所有的森林、山岭、草原、荒地、滩涂等土地,则属于国家所有。

集体土地所有权的主体,即享有土地所有权的集体组织,根据《民法典》第99条、《土地管理法》第10条的规定,有以下三类:(1)村农民集体,村集体经济组织或者村民委员会对土地进行经营、管理;(2)如果村范围内的土地已经分别属于村内两个以上农村集体经济组织的农民集体所有的,由村内各该农村集体经济组织或者村民小组经营、管理;(3)土地已经属于乡(镇)农民集体所有的,由乡(镇)农村集体经济组织经营、管理。

小贴士

集体土地从新中国成立以来到1979年前主要实行集体所有、集体共同使用的模式。在这种主导模式之外,也有部分集体土地实行集体所有、农民个人使用的方式,如农民对宅基地、自留地、自留山的使用。1979年以来,我国对集体土地的使用制度进行了改革,实行了集体所有、个人承包经营(使用),从而在集体土地上形成了一些他物权形式。

房屋所有权系以房屋为其标的物,它是房屋所有人独占性地支配其所有的房屋的权利。房屋所有人在法律规定的范围内可以对其所有的房屋进行占有、使用、收益、处分,并可排除他人的干涉。

房屋属于建筑物,是土地的定着物,它虽然附着于土地,但系土地外的独立之物,因此,房屋与其地基不必同属于一人所有,即两者可以分别成立所有权。例如,房屋为公民某甲所有,但该房屋的地基却是属于某集体经济组织所有。房屋与地基虽然可以各自成立所有权,但毕竟房屋是土地的定着物,所以这两种所有权之间并不是毫无关系的,而是存在着一定的必然联系,这种联系体现在:房屋必然附属于对一定地基的使用权。房屋所有权与地基使用权是主权利与从权利的关系,地基使用权随房屋所有权的成立而成立,并随房屋所有权的变更、消灭而变更、消灭。

二、国家所有权

(一)国家所有权的概念和特征

在我国现阶段,社会主义全民所有制采取国家所有制形式,一切国家财产属于以国家为代表的全体人民所有。因此,《民法典》第246条第1款规定:"法律规定属于国家所有的财产,属于国家所有即全民所有。"由此可见,国家所有权是全民所有制在法律上的表现,它是中华人民共和国享有的对国家财产的占有、使用、收益、处分的权利。

国家所有权具有特殊性,不同于一般意义上的所有权。

第一,国家所有即全民所有,由国家出面代表全民行使所有权。而国家是一个抽象的概念,因此国家需要由国务院和地方各级人民政府出面来代表。

第二,国家所有权的产生、内容和运作程序都是法定的。国家不能凭借其享有的公权力任意规定国家所有权客体的范围。

第三,国家所有权客体具有广泛性、多样性的特点,并且其中有些形态是其他一般所有权不能涉及的,譬如矿藏、野生动物、无线电频谱等只能由国家专有。

(二)国家所有权的主体和国家所有权的行使

1. 国家是国家所有权的主体

《民法典》第246条第2款规定,国家财产由国务院代表国家行使所有权;法律另有规定的除外。由于我国幅员辽阔,经济领域广泛,国家财产数量巨大,种类繁多,遍布全国乃至全世界。因此,国家不可能也没有必要直接或者亲自行使所有权的每项权能。在由国务院代表国家行使所有权的同时,依照法律规定,可以由地方人民政府等部门行使有关权利。

例如,《土地管理法》第5条规定:"国务院土地行政主管部门统一负责全国土地的管理和监督工作。县以上地方人民政府土地行政主管部门的设置及其职责,由省、自治区、直辖市人民政府根据国务院有关规定确定。"又如《矿产资源法》第11条第2款的规定,省、自治区、直辖市人民政府地质矿产主管部门主管本行政区域内矿产资源勘查、开采的监督管理工作。省、自治区、直辖市人民政府有关主管部门协助同级地质矿产主管部门进行矿产资源勘查、开采的监督管理工作。

2. 国家所有权的行使方法

(1)国家机关对其直接支配的不动产和动产享有的权利内容。

依据《民法典》第255条规定,国家机关对其直接支配的不动产和动产,享有占有、使用以及依照法律和国务院的有关规定处分的权利。

第一,国家机关并非其直接支配的不动产或者动产的所有权人,只是因国家的授权而享有这些不动产或者动产所有权人的部分权利。换言之,中央和地方各级国家机关直接支配这部分不动产或者动产的权利来源于国家的授权,国家才是这些不动产或者动产的所有权人。

第二,国家机关对于其直接支配的不动产或者动产,有权代表国家依法行使包括占有、使用、收益、处分在内的物权。

第三,由国家机关直接支配的不动产或者动产,主要是用于维持国家机器的正常运转而非用于经营,因此国家机关对这部分不动产或者动产行使处分权必须有相关法律和国务院有关规定作为依据。对国家机关违反规定擅自处分国家财产的行为,应当认定为无效的民事行为。

(2)国家举办的事业单位对其直接支配的不动产和动产享有的权利内容。

依据《民法典》第 256 条的规定,国家举办的事业单位对其直接支配的不动产和动产,享有占有、使用以及依照法律和国务院的有关规定收益、处分的权利。国家举办的事业单位,是指国家通过财政划拨或者行政划拨的方式动用国有财产开办的事业单位。

譬如国有公办高等院校、幼儿园、小学、中学及卫生部所属医院等,均属于国家举办的事业单位。其对直接支配的不动产或者动产的权利内容包括两层意思:

第一,国家举办的事业单位不是其直接支配的不动产或者动产的所有权人,而是依据国家的授权取得对这些不动产或者动产进行占有和使用的权利,即国家是所有权人。

第二,国家举办的事业单位对其直接支配的不动产或者动产进行收益和处分时须有法律或者国务院的有关规定作为依据。国家举办的事业单位擅自分配基于其直接支配的不动产或者动产而产生的经营收益、科建小金库、瞒报收益、私分奖金等行为都是违反法律规定的。

譬如《高等教育法》第 38 条规定,高等学校对举办者提供的财产、国家财政性资助、受捐赠财产依法自主管理和使用。高等学校不得将用于教学和科学研究活动的财产挪作他用。第 64 条规定,高等学校收取的学费应当按照国家有关规定管理和使用,其他任何组织和个人不得挪用。

(3)国家对其出资的企业享有出资人权益。

依据《民法典》第 257 条的规定,国家出资的企业,由国务院、地方人民政府依照法律、行政法规规定分别代表国家履行出资人职责,享有出资人权益。国家出资的企业,是指国家以各种形式的投资形成的企业,譬如资产完全归国家所有不具有公司形态的企业法人、国有全资公司、国有控股企业、国有参股企业、国有资产投资主体与外商在中国境内共同投资设立的中外合资经营企业,以及国有资产投资主体与外商在中国境内共同投资设立的中外合作经营企业等。

国家对其出资的企业享有出资人权益包括三层意思:

第一,国家出资的企业,由国务院、地方人民政府依照法律、行政法规分别代表国家履行出资人的职责。国家履行出资人的职责,是指在国家出资的企业中,国家股和其他股应当依照公司法及相关的法律法规的规定,按照股权份额享有收益权、重大事项决策权和选择经营管理者等权利,以及履行出资人义务、尊重企业经营者的经营自主权。譬如《煤炭法》第13条规定,煤炭矿务局是国有煤矿企业,具有独立法人资格。矿务局和其他具有独立法人资格的煤矿企业、煤炭经营企业依法实行自主经营、自负盈亏、自我约束、自我发展。

第二,国务院、地方人民政府代表国家在国家出资的企业中履行出资人职责、享有出资人权益。具体到某个国家出资的企业应由哪一地、哪一级人民政府代表国家履行出资人职责、享有出资人权益,应当以国家法律或者行政法规作为依据。目前,由国务院履行出资人职责的企业,由国务院直接确定、公布。由省、自治区、直辖市人民政府分别代表国家履行出资人职责的企业,由省、自治区、直辖市人民政府确定、公布并报国务院国有资产管理机构备案。由设区的市、自治州一级人民政府履行出资人职责的企业,由设市的区、自治州一级人民政府确定、公布并报省、自治区、直辖市的国有资产管理机构备案。

第三,无论国家出资占该企业全部投资的比例有多大,国有出资人的职责和出资人的权益,都应由相应级别的人民政府代表国家行使。

另外,针对在国有企业改制中出现的国有资产流失的情况,我国《民法典》规定,国有财产受法律保护,禁止任何单位和个人侵占、哄抢、私分、截留、破坏。履行国有财产管理、监督职责的机构及其工作人员,应当依法加强对国有财产的管理、监督,促进国有财产保值增值,防止国有财产损失;滥用职权,玩忽职守,造成国有财产损失的,应当依法承担法律责任。违反国有财产管理规定,在企业改制、合并分立、关联交易等过程中,低价转让、合谋私分、擅自担保或者以其他方式造成国有财产损失的,应当依法承担法律责任。

(三) 国家所有权的客体

国家所有权的客体,是指国家所有权所指向的对象。国家所有权的客体具有广泛性,我国《民法典》和相关部门法明文规定属于国家所有的财产有两类。

1. 法律规定属于国家专有的财产

《民法典》第242条规定:"法律规定专属于国家所有的不动产和动产,任何单位和个人不能取得所有权。"即根据宪法和法律的规定,有些财产只能作为国家所有权的客体,即国家专有,而不能成为集体组织、其他单位或个人所有权的客体。这些财产包括以下几种。

(1) 矿藏、水流、海域。

《民法典》第247条规定,矿藏、水流、海域属于国家所有。矿藏只能成为国家所有权的客体,不能成为集体所有权和个人所有权的客体。《矿产资源法》第3条规定,矿产资源属于国家所有,由国务院行使国家对矿产资源的所有权。地表或者地下的矿产资源的国家所有权,不因其所依附的土地的所有权或者使用权的不同而改变。但是,国家以外的组织和个人,可以成为开采矿产资源的主体,即成为矿藏使用权的主体。

《矿产资源法》第4条第2款规定,国有矿石企业是开采矿产资源的主体。《水法》第3条规定,水资源属于国家所有。水资源的所有权由国务院代表国家行使。农村集体经济组织的水塘和农村集体经济组织修建管理的水库中的水,归各该农村集体经济组织使用。可见,水资源的所有权属于国家。

农村集体经济组织对自己的水塘和组织修建的水库,享有所有权。海域是中华人民共和国内水、领海的水面、水体、海床和底土。《海域使用管理法》第3条规定,海域属于国家所有,国务院代表国家行使海域所有权。任何单位或者个人不得侵占、买卖或者以其他形式非法转让海域。单位或者个人使用海域,必须依法取得海域使用权。

(2)城市的土地。

《宪法》第10条规定,城市的土地属于国家所有。《民法典》第249条也规定,城市的土地,属于国家所有。

(3)无线电频谱资源。

《民法典》第252条规定,无线电频谱资源属于国家所有。《无线电管理条例》第4条也规定,无线电频谱资源属于国家所有。国家对无线电频谱实行统一规划、合理开发、科学管理、有偿使用的方针。无线电频谱资源的所有权主体是国家,但是其他组织或者个人在法规规定的一定条件下享有使用权。

(4)国防资产。

《民法典》第254条第1款规定,国防资产属于国家所有。《国防法》第37条第2款也规定,国防资产归国家所有。国防资产是指国家为武装力量建设、国防科研生产和其他国防建设直接投入的资金、划拨使用的土地等资源,以及由此形成的用于国防目的的武器装备和设备设施、物资器材、技术成果等。

2. 法律规定属于国家所有的财产

这些财产包括:法律规定属于国家所有的农村和城市郊区的土地;森林、山岭、草原、荒地、滩涂等自然资源属于国家所有,但法律规定属于集体所有的除外;法律规定属于国家所有的野生动植物资源;法律规定属于国家所有的文物;法律规定属于国家所有的铁路、公路、电力设施、电信设施和油气管道等基础设施。

另外,依现行法规定,农村集体经济组织全部成员转为城镇居民后,原属于集体所有的土地,以及因国家组织移民、自然灾害等原因,农民成建制地集体迁移后不再使用的,原集体所有的土地,属于国家所有。

除此之外,国家为了公共利益的需要,依照法律规定的权限和程序可以征收集体所有的土地和单位、个人的房屋及其他不动产。法律规定,征收集体所有的土地,应当依法足额支付土地补偿费、安置补助费、地上附着物和青苗的补偿费等费用,安排被征地农民的社会保障费用,保障被征地农民的生活,维护被征地农民的合法权益。

征收单位、个人的房屋及其他不动产,应当依法给予拆迁补偿,维护被征收人的合法权益。征收个人住宅的,还应当保障被征收人的居住条件。任何单位和个人不得贪污、挪用、私分、截留、拖欠征收补偿费等费用。征收的土地归国家所有。

《民法典》规定的属于国家所有的客体，只是对重要的国家所有权客体的列举规定，由于国家所有权的客体具有广泛性，不可能也没有必要一一列举。譬如国家依照公权力征收的规费、税收、罚款、罚没财产等，它们不是自然资源，也不是建设成果，而是国家机器依法运行的结果，因为这部分财产的来源在相关基本法和部分法中有明确规定，故在物权法没有作出重复规定。国家所有权客体的广泛性，是指任何物都可以成为国家所有权的客体，但不是说任何物都是国家所有权的客体。国家所有权客体的广泛性特征是与集体所有权和私人所有权相比较而言的。

三、集体所有权

（一）集体所有权的概念和特征

集体所有权又称劳动群众集体组织所有权。是集体组织对其不动产和动产享有的占有、使用、收益、处分的权利。集体组织所有权是劳动群众集体所有制在法律上的表现，其享有者主要是农村集体组织，也包括城镇集体企业。劳动群众集体所有制是我国社会主义公有制的组成部分。集体组织所有权对集体所有制起着巩固和保护的作用，在我国所有权制度中居于重要地位。

集体所有权具有特殊性，不同于一般意义上的所有权。表现在：第一，集体所有权主体是单一的，即集体组织。集体成员不是所有权主体，不能以自己名义行使所有权，也无权擅自处分集体财产。第二，集体所有权的行使具有特殊性，尤其强调对于集体成员利益的保护。集体所有权的行使，必须遵守能够充分反映集体成员共同意志的法定程序，以彰显集体所有权的公有制本质。

（二）集体所有权的主体、行使和保护

1. 集体所有权的主体

集体所有的不动产和动产属于本集体成员集体所有。换句话说，集体组织所有权的主体是集体组织。集体组织的成员个人对集体所有的不动产和动产都不享有所有权。

(1)农民集体所有权的主体。

我国《民法典》第261条第1款规定："农民集体所有的不动产和动产，属于本集体成员集体所有。""本集体成员集体所有"是指集体组织成员依照法律的规定，对依法属于集体所有的财产共同享有占有、使用、收益和处分的权利。在农民集体所有权的形态下，本集体成员的权利主要是通过成员权来体现的。

(2)城镇集体所有权的主体。

《民法典》第263条规定："城镇集体所有的不动产和动产，依照法律、行政法规的规定由本集体享有占有、使用、收益和处分的权利。"

2. 集体所有权的行使

《民法典》对集体所有权的行使从两个方面作了明确规定。

(1)农民集体所有的不动产和动产权利的行使。

为了保护集体成员的利益,对于一些涉及全体成员利益的重大事项规定,应当依照法定程序经本集体成员决定。依照《民法典》第261条第2款规定,这项事项包括:①土地承包方案以及将土地发包给本集体以外的单位或者个人承包;②个别土地承包经营权人之间承包地的调整;③土地补偿费等费用的使用、分配办法;④集体出资的企业的所有权变动等事项;⑤法律规定的其他事项。

需要注意两点:其一是"法定程序",即民主决议程序。在《村民委员会组织法》《土地管理法》《农村土地承包法》《草原法》等中均有具体规定。

如《农村土地承包法》第18条和第48条规定,承保方案应当依法经本集体经济组织成员的村民会议2/3以上成员或者2/3以上村民代表的同意;发包方将农村土地发包给本集体经济组织以外的单位或者个人承包,应当事先经本集体经济组织成员的村民会议2/3以上成员或者2/3以上村民代表的同意,并报乡(镇)人民政府批准。

再如《草原法》第13条第3款规定,集体所有的草原或者依法确定给集体经济组织使用的国家所有的草原由本集体经济组织以外的单位或者个人承包经营的,必须经本集体经济组织成员的村(牧)民会议2/3以上成员或者2/3以上村(牧)民代表的同意,并报乡(镇)人民政府批准。

其二是"土地补偿费等费用"的内涵。征地补偿费用主要包括青苗和地上附着物的补偿、安置补助费和土地补偿费。土地补偿费是对集体土地所有权灭失的补偿。

为杜绝因土地补偿费等费用的使用、分配不公而损害广大农民合法权益情形的发生,《民法典》对于土地补偿费等费用的使用和分配办法,设置了民主决议程序。土地补偿费等费用中的"等费用"的具体内涵如下:如果青苗和地上附着物属于农民集体所有,则该"等费用"包括地上附着物和青苗的补偿;如果承包土地被征收的农户由集体组织统一安置,则该"等费用"包括安置补助费。

(2)集体所有的土地、森林、山岭、草原、荒地和滩涂等不动产所有权的行使。

《民法典》第262条规定,对于农民集体所有的土地和森林、山岭、草原、荒地、滩涂等,依照下列规定行使所有权:①属于村农民集体所有的,由村集体经济组织或者村民委员会代表集体行使所有权;②分别属于村内两个以上农民集体所有的,由村内各该集体经济组织或者村民小组代表集体行使所有权;③属于乡镇农民集体所有的,由乡镇集体经济组织代表集体行使所有权。

3. 集体所有权的保护

集体所有权作为所有权的一种类型,自然受法律保护。《民法典》专门设置了对于集体所有权进行保护的特别规范。

第一,集体成员对于集体财产享有知情权。《民法典》第264条规定,农村集体经济组织或者村民委员会、村民小组应当依照法律、行政法规以及章程、村规民约向本集体成员公布集体财产的状况。集体成员有权查阅、复制相关资料。知情权是集体成员行使各项权利的重要前提,集体组织实行财务信息公开,是保障集体成员知情权行使的有效形式。如《土地管理法》第49条规定,被征地的农村集体经济组织应当将征收土地的补偿费用的收支状况向本集体经济组织的成员公布,接受监督。

第二,集体所有的财产受法律保护,禁止任何单位和个人侵占、哄抢、私分、破坏。集体经济组织、村民委员会或者其负责人作出的决定侵害集体成员合法权益的,受侵害的集体成员可以请求人民法院予以撤销。

(三) 集体所有权的客体

集体所有的不动产和动产包括以下内容。

(1) 法律规定属于集体所有的土地和森林、山岭、草原、荒地、滩涂;
(2) 集体所有的建筑物、生产设施、农田水利设施;
(3) 集体所有的教育、科学、文化、卫生、体育等设施;
(4) 集体所有的其他不动产和动产。

以上前三项是对重要的集体所有权客体的罗列。除属于国家专有的、法律禁止归集体所有的物以外,都可以成为集体所有权的客体。需要注意的是,法律对土地和森林、山岭、草原、荒地、滩涂等不动产所有权的规定存在差异。农村和城市郊区土地,以农民集体所有为一般情形,以法律规定为国家所有为例外;在森林、草原等方面,以国家所有为一般情形,以法律规定为集体所有为例外。

四、私人所有权

私人所有权是私人对其不动产和动产享有占有、使用、收益、处分的权利。私人所有权与过去法律规定的个人所有权存在很大差异。

第一,私人所有权的主体是以所有制为标准划分的,私人所有权的主体不仅是自然人个人,还包括私人投资设立的具有法人资格的独资企业,两个以上的自然人及私有法人企业共同出资设立的合伙企业。

第二,个人所有权的客体限于生活资料,私人所有权客体不限于生活资料。《民法典》第266条规定:"私人对其合法的收入、房屋、生活用品、生产工具、原材料等不动产和动产享有所有权。"

《民法典》不仅规定了私人所有权的客体,还规定了私人财产的其他表现形式和财产来源,包括合法的储蓄、投资及其收益、继承的财产。而且规定了私人依法可以独立出资或者与他人共同出资设立企业,享有出资者权益。除了法律规定属于国家和集体的所有权客体及法律禁止成为私人所有权客体的以外的物,都可以成为私人所有权的客体。国家为了宏观经济调控,对某些领域的经济禁止私人经营,实际上也是对私人所有权客体的限制。

为了提升对私人所有权的保护力度,《民法典》对此作了明确、具体的规定:私人的合法财产受法律保护,禁止任何单位和个人侵占、哄抢、破坏。

五、法人所有权

(一) 企业法人所有权

《民法典》第269条第1款规定:"营利法人对其不动产和动产依照法律、行政法规以及章程享有占有、使用、收益和处分的权利。"营利法人是以营利为目的,从事生产经营活动的法人。营利法人应包括全民所有制企业、集体所有制企业、私营企业、中外合资经营企业、中外合作经营企业和外资企业。根据民法原理,企业的出资人将其财产投入企业后,出资人对其出资丧失了财产权,企业取得了法人财产权。

根据一物一权原则,出资人对其投入企业的不动产和动产,丧失了所有权,企业取得了法人所有权。企业法人所有权是企业法人在法律和其章程规定的范围内,独占性地支配其不动产和动产的权利。出资人对其出资的企业享有出资者权益,包括资产收益、重大决策以及选择经营管理者等权利和义务。

在企业法人所有权问题上,国有企业法人所有权的确定较为重要。国有企业的经营模式主要有公司制和非公司制,他们作为市场主体,应当具有独立的财产,并且能够对自己的民事行为承担法律责任。在确定国有企业法人所有权之后,不能损害国家作为出资人享有的权益。国家作为出资人,享有资产收益、重大决策以及选择经营管理者等权利。

(二) 其他法人所有权

除了企业法人之外,还有机关法人、事业单位法人、社会团体法人等。其中机关法人、国家举办的事业单位法人的不动产和动产属于国家所有,只能在对外关系上适用所有权的有关规定。《民法典》第269条第2款规定:"营利法人以外的法人,对其不动产和动产的权利,适用有关法律、行政法规以及章程的规定。"也即,营利法人以外的法人,其所有权的行使要受到法律、行政法规和章程的限制。

例如,事业单位开展活动取得的合法收入,必须用于符合其宗旨和业务范围的活动;其接受捐赠、资助,必须符合该事业法人的宗旨和业务范围,必须根据与捐赠人、资助人约定的期限、方式和合法用途使用。

《民法典》第270条规定:"社会团体法人、捐助法人依法所有的不动产和动产,受法律保护。"社会团体主要包括人民群众团体(如工会、妇联、共青团)、社会公益团体(如希望工程基金会)、专业团体(如律师协会)、学术团体(如各种研究会)、宗教团体(如佛教协会)。社会团体的财产主要来源于其成员的出资及缴纳的会费、国家拨付的资产和补助、接受捐赠的财产以及积累的财产等。

课后习题

1. 所有权的概念和法律特征是什么?
2. 所有权与所有制的关系应当怎样表述?
3. 所有权包括哪些权能?
4. 财产所有权有哪些取得方法?
5. 善意取得和取得时效的构成要件各有哪些?
6. 以所有制为标准,所有权可以划分为哪几种类型?

第五章 建筑物区分所有权

【学习目标】

1. 了解建筑物区分所有权的概念、特征和权利构成。
2. 了解专有权及专有部分的范围、专有权的权利义务内容。
3. 了解共有权及共用部分的范围。
4. 了解业主对共用部分的权利、义务。
5. 了解管理权及其行使规则。

【引导案例】

李爱和王华二人居住在同一楼层,李爱在区分所有建筑物的楼道向外延伸60厘米安装防盗门,并将王华家的电铃暗盒封了进去。王华诉请李爱拆除其防盗门。

请结合本章内容思考:

(1)王华和李爱取得的不动产权利是业主的建筑物区分所有权吗?
(2)建筑物区分所有权的权利人应当享有哪些权利?负有哪些义务?
(3)李爱的行为违反了哪些业主的义务?
(4)对王华的诉讼请求法官应否支持?

简要分析:在本案中,王华和李爱都居住在区分所有的建筑物中,他们对自己的专有部分享有所有权,对共有部分享有共有权和管理权,因此,他们都是建筑物区分所有权人,都享有建筑物区分所有权。建筑物区分所有权人对于自己的专有部分,享有占有、使用、收益、处分的权利,行使权利不受他人干涉。他们是业主,作为共有权人,对共有部分享有共有的权利,负担共有的义务,其中义务之一,就是不得侵占共有部分。

区分所有建筑物的共有部分归属于全体业主共有,涉及全体业主的共同利益,也涉及各个业主的个人利益。李爱占有楼道的公共空间,用安装防盗门的方式将公共楼道封为自己单独使用的空间,违反了《民法典》第273条的规定,侵占了建筑物的共有部分,侵害了全体业主的合法权益,当然也侵害了本案原告的合法权益,应当承担相应的民事责任。法官审理本案,应当以《民法典》第273条为根据,确认李爱的行为违反法律,侵害了全体业主的权利,使王华对共有部分的使用受到限制,应当判决李爱承担拆除防盗门、将楼道恢复原状的民事责任。

第一节 建筑物区分所有权概述

一、建筑物区分所有权的概念和特征

(一) 建筑物区分所有权的概念

建筑物区分所有权,也可称为业主的建筑物区分所有权。

建筑物区分所有权,是指区分所有建筑物的业主对其专有部分享有专有权,对共同使用部分享有共有权,以及相互之间对建筑物的整体享有管理权而构成的复合共有的建筑物所有权。我国《民法典》第271条规定:"业主对建筑物内的住宅、经营性用房等专有部分享有所有权,对专有部分以外的共有部分享有共有和共同管理的权利。"

(二) 建筑物区分所有权的特征

1. 建筑物区分所有权的客体具有整体性

建筑物区分所有权是城市居民等所有的建筑物的所有权形式,因而与一般的动产所有权和其他不动产所有权不同。这种建筑物首先是指居民住宅,包括高层住宅和一般住宅;其次是指写字楼、办公楼,法人、合伙及其他组织购买部分空间而构成区分所有;最后,还包括可以区分所有的生产用建筑物。当这样的建筑物被其共有人按应有份所有时,就形成了建筑物区分所有。因此,建筑物区分所有权是在整体的建筑物上区分所有的所有权形式。

2. 建筑物区分所有权的内容具有多样性

任何一个区分所有建筑物的业主,对该建筑物都有部分空间的专有权及某些空间和共用设施的共有权,以及对整个建筑物的管理权。专有部分由权利人自己独自占有、使用、收益、处分,任何人不得干预。共有部分,如共有的基地、墙壁、屋顶、门窗、阶梯、楼道、花园、走道等,所有的业主共同使用,共同所有。但是,这种共同所有和共同使用又与共同共有不同,须永久维持其共有关系、永远不准分割,所以,其性质为互有。同时,建筑物区分所有权还包括业主的管理权,每一个业主都是整栋建筑物的成员,对整栋建筑物的管理事宜享有权利,具有决策权。建筑物区分所有权内容的多样性,是指整个权利是由专有权、共有权和管理权这三个部分构成的建筑物所有权。

3. 建筑物区分所有权的本身具有统一性

建筑物区分所有的权利人既按份享有所有权,又共同享有某些设施、空间的共有权,还对全部的权利客体享有管理权。但建筑物区分所有权不是权利的组合,而是一个实实在在的独立、统一、整体的权利,专有权、共有权和管理权不过是这个统一权利的内容和组成部分,离开了建筑物区分所有权,这些权利内容都不会独立存在。

4. 建筑物区分所有权中的专有权具有主导性

在建筑物区分所有权的权利内容结构中,专有权是主导的权利,业主拥有专有权,就必然拥有共有权、管理权,在不动产登记上,只登记专有权即设立了区分所有权,共有权、管理权随此而发生,不必单独进行登记。此外,专有权标的物的大小还决定共有权和管理权的应有份额,处分专有权的效力必然及于包括共有权和管理权在内的整个区分所有权。因此,建筑物区分所有权是专有权与共有权、管理权的复合,是以专有权为主导的共有权。

二、建筑物区分所有权的性质

建筑物区分所有权的性质为复合共有,其理由如下。

第一,建筑物区分所有权的客体是一个统一的独立物,每个业主的权利都无法离开这个统一的独立物。

第二,建筑物区分所有权是一个完整的权利,而不是几个权利的集合。特别是其中的共有权,已经把全体业主统一为一个共有人的整体。

第三,建筑物区分所有权具有不同的权利内容,普通的所有权无法包含。在普通的所有权中,无法涵括建筑物区分所有权,它只能作为别种所有权形式出现,不能作为一个普通所有权的类型。

第四,建筑物区分所有权尽管具有共有的特征,但不是普通共有,而是复合共有。

建筑物区分所有权由整个建筑物的按份共有、专有使用部分的专有和共同使用部分的共有复合构成,是既不同于按份共有,又不同于共同共有的共有形态。我国《民法典》是把建筑物区分所有权作为一种独立的所有权形式来规定的,即规定为复合所有权性质。

三、建筑物区分所有法律关系

(一)整体的建筑物区分所有法律关系

建筑物区分所有法律关系,是就一个建筑物的所有问题所产生的各个业主之间的法律关系。在这个法律关系中,每一个业主都是权利主体,该区分所有建筑物的业主之外的其他任何人为义务主体,负有不得侵害这个所有权的不作为义务。

> **小贴士**
>
> 建筑物区分所有权关系从总体上看,是一个所有权的关系,表明的就是特定建筑物的归属关系和利用关系。这种法律关系是一种对世的法律关系,是一种绝对的法律关系,表明的就是某一座特定建筑物的所有人就是这些业主,他们是这栋建筑物的所有者,享有占有、使用、收益和处分的权利。

其他任何人都是这个法律关系的义务主体,应尊重业主的权利,负有不得侵害的义务。由于建筑物区分所有权是由三个权利构成的,因而建筑物区分所有权法律关系表现为"4+1"的关系。

(二) 具体的建筑物区分所有法律关系

1. 团体关系

建筑物区分所有的团体关系,是指区分所有建筑物的全体业主对该建筑物共有的权利义务关系。建筑物的全体业主作为一个团体,享有建筑物的总体权利,承担总体义务。这些权利义务关系包括共有的内部、外部关系。建筑物的管理问题,只是这个总的权利义务关系的一部分。

2. 区域所有关系

区域所有关系是指建筑物区分所有的专有关系,解决的是特定的业主就其应有部分与他人之间的权利义务关系。这种权利义务关系具有相对的独立性,对外可以独立存在,相当于独立的所有权关系。这正是建筑物区分所有关系作为特殊共有关系与其他共有关系不同的特点。

区域所有关系之所以具有独立性,是因为建筑物区分所有权的专有部分具有主导性,专有权具有主导性,就使它能够带动共有权和管理权,使之成为自己的附属部分。某人享有了建筑物区分所有权中的专有权,成立了区域所有关系,就可以享受区分所有建筑物共有部分的权利和管理权。

3. 相邻关系

相邻关系是各业主因其专有部分相邻而在其相互之间形成的权利的延伸和限制,没有区分所有的专有关系,就不会产生相邻关系。

4. 互有关系

互有关系是指业主之间对建筑物大门、楼梯、走廊、屋顶等共用部分互有的权利义务关系,规定各业主共同使用、共同维护的规则,使各共有人均衡受益。

5. 业主大会与物业服务企业之间的关系

业主大会与物业服务企业之间的关系,是建筑物区分所有权法律关系附带的一个法律关系,其实它是一个独立的法律关系。这个法律关系是一个合同关系。双方要在平等协商的基础上建立合同关系,承担物业服务的内容,确定双方的权利和义务,按照《民法典》关于物业服务合同的规定解决双方的纠纷。

四、建筑物区分所有的构成条件

构成建筑物区分所有,必须具备两个条件:一是物质条件,即建筑物能够区分所有;二是事实条件,即建筑物事实上已经被区分所有。

（一）建筑物能够区分所有

建筑物区分所有的构成，必须具备赖以存在的物质条件，即作为权利客体的物。在建筑物区分所有权中，客体就是指建筑物，而不是其他的物或者财产。构成建筑物区分所有物质条件的建筑物，不仅要客观存在，而且必须能够区分所有。

作为建筑物区分所有客体的建筑物，是指在结构上能区分为两个以上独立部分为不同所有人专有，并须在整体上有供各所有人共同使用部分的公寓、住宅。

建筑物能够区分所有，必须具备以下四个条件。

1. 必须是能够出让给他人所有的住宅、公寓和写字楼等房屋

首先，这种建筑物必须是房屋，而不是桥梁、隧道、水坝等其他构筑物。其次，这种建筑物必须能够出让给他人所有，因此只能是住宅、公寓、写字楼等房屋。

2. 在结构上能够区分为两个以上独立的部分

这种独立的部分应为四周及上下闭合，具有单独居住、使用的基本功能的建筑空间，具体表现为连脊平房、连体别墅等纵割区分的空间，按楼层横割区分的空间和楼房纵横分割区分的空间。

3. 区分的各独立部分能够为业主所专有使用

区分的独立部分应具备相当的使用功能。具有这些基本功能的独立部分能够提供给业主专有使用，为各所有人设置专有权。

4. 除区域专用部分外，还必须有共用部分

区分所有的建筑物必须分成两个系统，即供各业主专有使用部分和全体所有人共有部分。

（二）建筑物事实上已经被区分所有

建筑物仅仅具备可以被区分所有的物质条件，还不能形成建筑物区分所有权，只有建筑物在事实上已经被占有该建筑物的自然人、法人、非法人组织区分所有的，才具备区分所有的事实条件。

建筑物在事实上已经被区分所有，是指由建设该建筑物的投资者将各个独立的专用部分通过法律行为转让给购买者。转让的形式，是投资者与购买者签订买卖合同。该合同须为要式合同，且该转让必须经过物权转让登记，不经登记不发生转让效力。买卖合同只需载明购买专用部分，无须载明共用部分的转让，因共用部分随专用部分一齐转让，登记物权时亦是如此。区分所有的物权登记必须写明区分所有的性质，使其性质具有公示性，明确权利归属，保护权利人以及继受人的合法权益。

（三）区分所有的形式

1. 纵切型区分所有

这种形式成立于纵切型区分所有的建筑物上，指一般连栋式或者双并式分间所有的建筑物。这种建筑物区分所有权的权利人共用部分较为单纯,除共用的境界壁及柱子外,一般的走廊及楼梯均各自独立,外周壁、屋顶及基地等也均以境界壁为线而分别归属于个人所有。因而这种区分所有发生的问题较少。

2. 横切型区分所有

这种形式成立于横切型区分所有的建筑物上,指将一栋建筑物作横的水平分割,使各层分别归由不同区分所有者所有的建筑物。如一层、二层各归属于不同的业主。这种业主间的共用部分除共同壁之外,还有共同的屋顶、楼梯、走廊等,通常发生的法律问题较多。

3. 混合型区分所有

这种形式成立于混合型区分所有的建筑物上,指上下横切、左右纵割分套所有的建筑物。各业主的专有部分是一个由分间墙和地板构筑而成的封闭空间,二层以上的业主与地基并没有直接接触,而是通过走廊、阶梯等与其相通,因而共有部分起着重要的作用。这种建筑物区分所有权的类型是典型的、争议较多的区分所有形式。

第二节 专 有 权

一、专有权的概念和性质

建筑物区分所有权的专有权,是指权利人享有的以区分所有建筑物的独立建筑空间为标的物的专有所有权。我国《民法典》第 272 条规定:"业主对其建筑物专有部分享有占有、使用、收益和处分的权利。业主行使权利不得危及建筑物的安全,不得损害其他业主的合法权益。"

专有权是建筑物区分所有权的核心部分,是区分所有权的单独性灵魂,也是这个权利中的单独所有权的要素。

在建筑物的所有权上,权利人所享有的都是建筑物所构成的建筑空间,即权利人所要利用、享有的不是建筑物的这个物质构成,而是利用、享有这个物质构成所形成的建筑空间。

建筑物区分所有权的专有权性质,是具有单独所有权性质的权利。由于建筑物区分所有权是由几个权利构成的,因而与其他共有权有区别。其中最显著的区别是,这个专有权在其他共有权中是不存在的。因此,专有权是具有独立所有权性质的权利,是复合共有中的独特部分,也就是共有中的单独所有。

二、专有权的客体——专有部分

专有权的客体系建筑物内的住宅、经营性用房等专有部分。此专有部分,即在构造上能够明确区分,具有排他性且可独立使用的建筑物部分。一栋建筑物须区分为数部分,且被区分的各部分须具备构造上的独立性和使用上的独立性,方可成立建筑物区分所有权;一栋建筑物,若无构造上的独立性与使用上的独立性的专有部分,则只能成立单独所有权或共有所有权,而不得成立建筑物区分所有权。故此,专有部分的存在,可谓是建筑物区分所有权成立的基础。

小贴士

构成专有部分,须具备下列三项要件:

1. 具有构造上的独立性,能够明确区分

所谓构造上的独立性,又称物理上的独立性,指各区分所有部分有客观明确的事实区分。换言之,指一专有部分与另一专有部分于建筑构造上能够客观地划分其范围。

2. 具有利用上的独立性,可以排他使用

所谓利用上的独立性,又称功能上的独立性,指各区分部分须与一般独立的建筑物相同,具有能够满足一般生活目的的独立功能。通常而言,区分部分是否具有独立满足一般生活目的的功能,应依下述标准判断:

一是单独使用。即建筑物区分部分无须其他部分的辅助,即可独立使用。区分部分可否单独使用,通常系以该区分部分有无独立的出入门户为判断标准。区分所有部分如有独立门户与公共走廊或共楼梯等公共设施相通,即可单独使用而为建筑物区分所有权的客体;反之,则不得为建筑物区分所有权的客体。

二是独立的经济效用。即一栋建筑物的区分部分须具有与一般建筑物同样的独立经济效用,才可为专有部分,否则不得作为专有部分。

3. 须以建筑物区分所有权客体的形态表现于外部

即一栋建筑物的特定部分虽已具备专有部分的要件,但也仅是观念的、抽象的专有部分,并不必然成立建筑物区分所有权,必待业主将该专有部分作为区分所有权的客体现实化、具体化表现于外部的情况下,方可成为专有部分。此也就是《建筑物区分所有权解释》第2条第1款第3项规定的"能够登记成为特定业主所有权的客体"。

上述第三项要件称为形式上的独立性要件,前两项要件称为实质上的独立性要件。亦即,一栋建筑物区分为数部分,于具备实质的独立性要件后,尚须具备形式的独立性,方可成立区分所有权。所谓形式的独立性,指业主以区分所有的意思办理区分所有权登记。故此,此形式的独立性系由业主的区分所有意思与区分所有登记两要件构成。前者称为形式独立性的主观要件,后者称为形式独立性的客观要件。换言之,区分所有权系依区分所有登记而创设,而区分所有登记,则以有区分所有意思为前提。

应注意的是,承租人经出租人同意而于所承租的房屋上增建房屋,而其增建部分如具备实质的独立性时,可否成立区分所有权?对此,日本判例认为,应推定当事人间有成立区分所有的意思,承租人可取得增建部分的区分所有权。

我国《民法典》规定，不动产物权以登记为公示方法，建筑物区分所有权为不动产物权之一种，因此也须办理登记。换言之，我国建筑物区分所有权系依登记而创设，当事人应依法办理登记，方能取得建筑物区分所有权。

三、专有权人的权利义务

专有权的权利义务关系表现为业主作为专有权人的权利和义务。

（一）业主的权利

专有权包括所有权的一切权能，因而业主对其专有的标的物具有完整的占有、使用、收益、处分的权能。业主在不违反国家法律的情况下，有权对专有部分按照所有权的要求处置，不受他人干涉和妨害。

业主对自己的专有物，可以转让、出租、出借、出典、抵押，可以按自己的意愿对内部进行装饰。但是，在对专有部分进行上述处分的时候，业主不得将其专有部分与建筑物共用部分的应有部分以及基地使用权的应有部分相分离而为转移或者设定负担。

业主享有物上追及权，在其专有物受到侵夺时，有权要求停止侵害，返还原物，赔偿损失。由于专有权具有主导性，业主在处分其专有物时，必须连带处分共有权和管理权。

（二）业主的义务

业主应负的义务主要有以下几点。

1. 不得违反使用目的

按照专有物的使用目的或规约规定使用专有部分，不得违反专有部分的使用目的，不得妨害建筑物的正常使用，不得损害其他业主的共同利益，如在住宅、公寓的专有部分开设餐馆、工厂、小卖部，均违背其专有部分的使用目的，为不当使用。

2. 维护建筑物牢固和完整的义务

业主负有维护建筑物牢固和完整的义务，不得对专有部分加以改造、更换、拆除，也不能增加超出建筑物负担的添附。在维护、修缮专有部分或者行使权利时，不得妨碍其他业主的生活安宁、安全和卫生。

3. 不得侵害专有部分中的共有部分

不得随意变动、撤换、毁损位于专有部分内的共用部分，如对建筑物的梁柱、管道、线路等，应负维护其完好的义务。

4. 准许进入的义务

在其他业主因维护、修缮专有部分或者设置管线，必须进入其专有部分时，以及管理人或者物业管理人员因维护、修缮共用部分或者设置管线，必须进入或者使用其专有部分时，应当准许进入，不得拒绝。

5. 损害赔偿义务

业主超越权利范围而行使自己的权利时，应当停止侵害；造成他人损害的，应当对损害承担赔偿义务。

(三)相邻关系

业主作为专有权人,共居一栋建筑物之内,相邻关系是一种非常重要的权利义务关系,必须严加规范,以保持秩序的协调和生活的安宁,并更好地保护各业主的合法权益。在业主行使专有权时,必须明确处理相邻关系的规则,使自己的专有权得以适当延伸,或者对其加以适当限制。

在必要限度内,业主有权使用其他业主的专有部分,如为使用、保存或改良专有部分而临时使用相邻人的建筑空间。有权要求其他业主停止不当使用而对共同生活环境造成损害的行为。有权要求其他业主对共同生活造成损害的危险采取防范措施。当其他业主采取装修、改良其专有部分而影响自己的通风、采光、排水等时,有权要求其恢复原状。与这些权利相适应,每个业主均应承担与上述权利对应的义务。

第三节 共 有 权

一、共有权的含义与特性

所谓共有权,指业主依照法律、管理规约的规定或业主大会的决定,对区分所有建筑物内的住房或经营性用房的专有部分以外的共用部分所享有的占有、使用和收益的权利。此项由业主享有的共有权,与一般的共有权并不相同,具有其自身的如下特性。

(1)从主体上看,业主的身份具有复合性,其不仅是共有权人,且也是专有权人和业主管理团体的成员;而一般共有权人的身份却是单一的,即只能是共有所有权人。

(2)从客体上看,区分共有权的客体范围较为广泛,其涵括法定共有部分与约定共有部分;而一般共有权的客体通常仅限于一项财产。

(3)从内容上看,区分共有权的权利义务较为广泛:一是全体业主对建筑物整体所共同享有的权利义务;二是对建筑物的一部分所共同享有的权利;三是一部分业主因于一部共有部分上设立专用使用权而产生的权利义务;四是因对建筑物基地的利用而发生的业主与地所有人之间的权利义务。而于一般共有权,共有权人的权利义务较为简单,即各共有权人间因共有某一财产而发生的权利义务。

(4)从种类上看,区分共有权可依不同的标准而作出不同的分类。例如,法定共有权和约定共有权、全体共有权和部分共有权、对建筑物的共有权和对附属建筑物的共有权、无负担的共有权和有负担的共有权等;而一般共有权仅可分为按份共有和共同共有所有权两种类型。

(5)从权利变动上看,区分共有权的设立、移转、消灭决定于专有权的设立、移转和消灭。亦即,前者对后者具有从属性,后者处于主导地位;而一般共有权的设立、移转和消灭,依各共有人的独立的行为为之,并无主从关系。另外,区分共有权在伴随专有权的出让而出让时,其他业主一般无优先购买权;而一般共有权(按份共有)的出让,其他共有权人则有优先购买权。

(6)从标的物的分割上看,区分共有权的标的物不得请求分割,而一般共有权的标的物,共有权人则可请求其应有部分(份额)的量的分割。

二、共用部分

共有权的标的物,是区分所有建筑物中的共用部分。我国《民法典》第274条规定:"建筑区划内的道路,属于业主共有,但属于城镇公共道路的除外。建筑区划内的绿地,属于业主共有,但属于城镇公共绿地或者明示属于个人的除外。建筑区划内的其他公共场所、公用设施和物业服务用房,属于业主共有。"《民法典》第275条第2款规定:"占用业主共有的道路或者其他场地用于停放汽车的车位,属于业主共有。"

(一) 共有部分的一般范围

共用部分的范围包括四个方面。

(1)建筑物的基本构造部分,例如支柱、屋顶、外墙、地下室等。

(2)建筑物的共用部分及其附属物,例如楼梯、消防设备、走廊、水塔、自来水管道、暖气管道等,以及仅为部分业主所共有的部分,例如各层楼之间的楼板、间壁墙等,仅属于相邻部分的业主所共有。

(3)建筑物所占有的地基的使用权,在法律上归属于全体区分所有建筑物的业主所有。

(4)住宅小区的绿地、道路、公共设施、公益性活动场所、围墙、小区大门等地上或地下共有物,以及水电、照明、消防、安保等公用配套设施,还有小区的物业管理用房,除依法应当归属于国家或有关法人所有的以外,应当归属于全体住宅小区的业主所有。

(二) 法定共有和约定共有

互有的共用部分还分为法定共有和约定共有。法定共有是性质上属于业主共同使用的部分和属于维持建筑物本身牢固安全与完整的部分,前者如门、廊、电梯等,后者如地基、楼顶、梁柱等。约定共有部分是指业主之间通过合意约定某些专用部分为共用部分。部分共用、全部共用、法定共用、约定共用的部分分别是部分共有、全部共有、法定共有、约定共有权利的标的物。

(三) 确定的共有部分和不确定的共有部分

1. 确定的共有部分

确定的共有部分,包括绿地、道路、物业管理用房。物业管理用房的性质,应该是全体业主共有。绿地也是确定的共有部分。这些都是《民法典》第274条规定的内容,是确定的共有财产。

2. 不确定的共有部分

不确定的共有部分,是区分所有的建筑物中对于是否是共有,需要予以确定的部分,主要是车位和车库。根据《民法典》第 275 条规定,其分为两个部分:占用业主共有的道路或者其他场地用于停放汽车的车位,属于业主共有,是确定的共有;在建筑区划内规划用于停放汽车的车位、车库,应当根据出售、附赠或者出租等方式确定权属。通过出售或者附赠取得车位、车库,个人取得所有权,而通过出租取得车位、车库,个人只取得使用权;如果约定为共有,则为共有。

三、共有权的内容

共有权的内容,系指建筑物区分所有权人作为共有权人所享有的权利和承担的义务,亦即,区分所有权人对共有部分的权利、义务。

(一)业主作为共有权人的权利

1. 对共有部分的使用权

各共有权人对于共有部分,可按其用法予以使用,涵括共同使用和轮流使用。例如,作为共同设施的电梯、走廊等,依其性质可共同使用;而电话、洗衣机等因使用具有排他性,而仅可轮流使用。需注意的是,无论是共同使用抑或轮流使用,皆应依合理使用的原则使用共有部分。实务中,有关共有部分的使用纷争主要源自业主的私自搭建行为,如搭建雨棚、观景台、封闭露台等。此类行为因侵害了全体业主的公共利益,故通常由物业服务企业依据小区公约或者相关规定提请业主拆除。

2. 共有部分的收益权

共有部分的收益权为业主作为共有权人享有的另一项基本权利。各共有权人可依管理规约或其共有份额,获得因共有部分所生的利益。例如,将共有的外墙面、屋顶平台出租,每个业主皆可按其应有份额获得租金。《民法典》第 282 条规定:"建设单位、物业服务企业或者其他管理人等利用业主的共有部分产生的收入,在扣除合理成本之后,属于业主共有。"至于收入(收益)的分配,则依《民法典》第 283 条的规定,即有约定的,按照约定;没有约定或者约定不明确的,按照业主专有部分面积所占比例确定。

实务中,共有部分收益的纷争,主要是开发商、物业服务企业利用电梯、外墙面做广告,或者是将业主共有的车位出租、出售获利,业主或者业主委员会为此主张归还收益。

3. 对共有部分的保存、单纯的修缮及改良权

业主对共有部分有保存、单纯的修缮及改良的权利。各业主基于居住或其他用途的需要,可对共用部分进行单纯的修缮、改良。所谓单纯的修缮、改良,系与"变更的修缮、改良"相对,指不影响或损及建筑物共有部分的固有性质的修缮、改良行为。当代建筑物区分所有权法认为,业主不得对共有部分进行变更的修缮、改良行为。且各国家或地区法尚认为,即使进行单纯的修缮、改良,也须依一定的程序并于获得相关许可后方可为之。

4. 物权请求权

业主对共有部分享有物的返还请求权、妨害排除请求权及妨害预防请求权。

(二) 业主作为共有权人的义务

1. 按照共有部分的本来用途使用共有部分

共有权人对共有部分的使用,为其一项基本权利。但是,该权利的行使,共有权人须依共有部分的本来用途为之。所谓本来用途,又称固有用途,指须依共有部分的种类、位置、构造、性质,以及依管理规约所定的共有部分的目的或用途而予使用。例如,电梯不得作为专门的运输工具而使用,仅可用于业主上下楼;停车场系用于停放车辆的,不得用作堆放杂物;屋顶系用于遮挡阳光、雨雪的,不得于其上堆放杂物。

当然,对某些非依共有部分的本来用途使用共有部分,但无损于建筑物的保存及不违反业主的共同利益的情形,也准许之。例如,为使走廊美观,允许在其墙壁上悬挂字画或镜架等。

2. 分担共同费用和负担

分担共同费用和负担为业主作为共有权人的一项基本义务。对于建筑物共有部分及其附属设施的保存、管理、修缮、维持、改良等所产生的费用,业主应当承担。因共有部分被划分为全体共有部分与一部共有部分,因此,全体共有部分的费用由全体业主分担,一部共有部分的费用由该部分业主分担。《民法典》第283条规定:建筑物及其附属设施的费用分摊,有约定的,按照约定;没有约定或者约定不明确的,按照业主专有部分面积所占比例确定。

3. 维护与保存共有部分的义务

作为共有权人的业主,其负有维护和保存共有部分的义务。

4. 征得同意的义务

《物业管理条例》第50条规定:业主、物业服务企业不得擅自占用、挖掘物业管理区域内的道路、场地,损害业主的共同利益。因维修物业或者公共利益,业主确需临时占用、挖掘道路、场地的,应当征得业主委员会和物业服务企业的同意;物业服务企业确需临时占用、挖掘道路、场地的,应当征得业主委员会的同意。业主、物业服务企业应当将临时占用、挖掘的道路、场地,在约定期限内恢复原状。

该条例第54条规定:利用物业共用部位、共用设施设备进行经营的,应当在征得相关业主、业主大会、物业服务企业的同意后,按照规定办理有关手续。

5. 恢复原状的义务

《物业管理条例》第50条规定:业主、物业服务企业应当将临时占用、挖掘的道路、场地,于约定期限内恢复原状。

6. 协助义务

《物业管理条例》第55条规定：物业存在安全隐患，危及公共利益及他人合法权益时，责任人应当及时维修养护，有关业主应当给予配合。

第四节 管 理 权

一、管理权概述

(一) 管理权的概念和特征

1. 管理权的概念

管理权，也叫作管理（成员）权，是区分所有建筑物的业主作为整栋建筑物所有人团体成员之一所享有的权利。

对整栋建筑物的所有权而言，它实际上是一种特殊的按份共有，每个业主都按其份额对专有部分享有专有权，对共用部分享有共有权。与按份共有关系一样，各业主之间是共有关系，因此，各国立法均规定一栋建筑物的全体业主必须组成一个团体，整体享有地上权以及其他共同的权利，管理共用设施及其他事务，解决纠纷。每一个成员作为团体成员之一，享有权利，承担义务。

2. 管理权的特征

管理权具有以下几个特征。

(1) 管理权基于业主的团体性而产生。

在区分所有建筑物上的权利人是一个团体，而不是一个一个的个人。尽管这个团体不具有法人资格，但是这个团体的团体性是很强的。每个业主都是这个团体中的一个成员，享有管理权。基于管理权，业主对整个建筑物行使权利，承担义务。

(2) 管理权与专有权、共有权相并列，处于同等地位。

建筑物区分所有权的三项权利地位平等，相互依存，密不可分，不能缺少任何一项。由此可见，在三项权利中，各项权利又都具有相对独立性。

(3) 管理权是永续性的权利

正因为在建筑物区分所有权中有三项权利密不可分，相互依存，体现了建筑物区分所有的共有性质，所以管理权是永远存续的，随着区分所有建筑物的存在而存在。即使是专有部分转移，管理权也随之转移给新的业主，并不会消灭。

(二) 管理权的团体形式

既然业主享有管理权，那么就一定要有一个团体，使管理权有所依附，这就是业主团体。体现管理权的团体，是区分所有建筑物的所有权人大会。我国的建筑物区分所有的团体形式是业主大会，在业主大会之下设立业主委员会。《民法典》第277条规定："业主可以设立业主大会,选举业主委员会。业主大会、业主委员会成立的具体条件和程序,依照法律、法规的规定。""地方人民政府有关部门、居民委员会应当对设立业主大会和选举业主委员会给予指导和协助。"

二、管理权的内容

(一) 表决权

业主有权参加业主大会,参与制定规约,参与讨论、表决业主的共同事务。每一个业主都有权提议召开业主大会,提出讨论的议题,对重大事务进行表决。对某些业主实施违反共同利益的行为,其他业主可以提出动议,召开会议决议制止或者责令其赔偿。

(二) 选举权和被选举权

业主大会的任何成员都有业主大会组成人员的选举权和被选举权,通过选举,推选适当的业主或者自己担任负责工作,或者委派其他人担任相当的工作。对不尽职的人员可以请求罢免或者解除其职务。

(三) 监督权

业主对业主大会委派的管理人或者物业管理机构,有权进行监督,对不尽职的管理人有权提出批评、改进意见,建议业主大会决议更换管理人。

《民法典》第280条规定,业主大会或者业主委员会的决定,对业主具有约束力。业主大会或者业主委员会作出的决定侵害业主合法权益的,受侵害的业主可以请求人民法院予以撤销。对于如何保障业主的这一权利,最高人民法院《关于审理建筑物区分所有权纠纷案件具体应用法律若干问题的解释》第12条和第13条规定:业主以业主大会或者业主委员会作出的决定侵害其合法权益或者违反了法律规定的程序为由,请求人民法院撤销该决定的,应当在知道或者应当知道业主大会或者业主委员会作出决定之日起1年内行使。

同时业主请求公布、查阅下列应当向业主公开的情况和资料的,人民法院应予支持:
(1)建筑物及其附属设施的维修资金的筹集、使用情况;
(2)管理规约、业主大会议事规则,以及业主大会或者业主委员会的决定及会议记录;
(3)物业服务合同、共有部分的使用和收益情况;
(4)建筑区划内规划用于停放汽车的车位、车库的处分情况;
(5)其他应当向业主公开的情况和资料。

(四) 遵守业主大会决议的义务

业主作为业主大会的成员,除了享有以上权利之外,还要承担相应的团体义务。业主要承认业主大会通过的协议、章程,有参加会议,服从业主大会多数成员作出的决议,遵守规约,服从管理人管理的义务,以及要承担按规约应当承担的工作。

三、区分所有建筑物的管理

区分所有建筑物的管理,是指为维持区分所有建筑物的物理机能,并充分发挥其社会的经济的机能,对其所进行的一切经营活动。凡是有关建筑物的保存、改良、利用、处分,乃至业主共同生活秩序的维持等,均属于区分建筑物的管理活动。

区分所有建筑物的管理分为两个系统,一是行政机关基于行政权,对建筑物进行的行政管理,二是业主自行订立管理规约,组织管理委员会或设置管理人员的自治管理。民法上所称区分所有建筑物的管理,指的是后者。

(一) 管理组织

依照《民法典》第277条的规定,区分所有建筑物的管理组织分为两级:一是业主大会,二是业主委员会。业主大会是区分所有建筑物管理的最高决策机构,业主委员会是其执行机构。业主大会或者业主委员会可以聘任物业服务企业对区分所有建筑物进行管理。物业服务企业是受业主大会及其委员会委托执行管理建筑物事务的单位。

1. 业主大会的性质

业主大会由全体业主组成。我国《民法典》第286条第2款规定:"业主大会或者业主委员会,对任意弃置垃圾、排放污染物或者噪声、违反规定饲养动物、违章搭建、侵占通道、拒付物业费等损害他人合法权益的行为,有权依照法律、法规以及管理规约,请求行为人停止侵害、排除妨害、消除危险、恢复原状、赔偿损失。""业主或其他行为人拒不履行相关义务的,有关当事人可以向有关行政主管部门报告或者投诉,有关行政主管部门应当依法处理。"

2. 业主大会的组织及活动方式

业主大会,由全体业主组成,每个业主都有选举权和被选举权,有决定事项的投票权。业主委员会由业主大会选举若干人组成,选任主任、委员等职。业主委员会主任对外代表业主大会。业主委员会在诉讼中具有当事人资格。

业主大会的活动方式是举行会议,作出决议。其职责主要包括:对外,代表该建筑物的全体业主,其性质为非法人团体性质的管理团体,可以代表全体业主为民事法律行为和诉讼行为,具有其他组织的功能;对内,对建筑物的管理工作作出决策,对共同事务进行决议,如制定管理规约,选任、解任管理人,共用部分的变更,建筑物一部毁损的修建,等等。《民法典》第278条规定了业主大会的职责:

(1)制定和修改业主大会议事规则;

(2)制定和修改管理规约;

(3)选举业主委员会或者更换业主委员会成员;

(4)选聘和解聘物业服务企业或者其他管理人;
(5)使用建筑物及其附属设施的维修资金;
(6)筹集建筑物及其附属设施的维修资金;
(7)改建、重建建筑物及其附属设施;
(8)改变共有部分的用途或者利用共有部分从事经营活动;
(9)有关共有和共同管理权利的其他重大事项。

至于什么样的事项为其他重大事项,最高人民法院《关于审理建筑物区分所有权纠纷案件具体应用法律若干问题的解释》第7条规定,改变共有部分的用途、利用共有部分从事经营性活动、处分共有部分,以及业主大会依法决定或者管理规约依法确定应由业主共同决定的事项,应当认定为"其他重大事项"。

业主大会应当定期召开,每年至少召开一次至两次。业主大会对于上列事项进行决议,应当经专有部分占建筑面积2/3以上的业主且占总人数2/3以上的业主同意,作出决议。决定重大事项,如上述第(6)项和第(8)项规定的事项,应当经参与表决专有部分占建筑物总面积3/4以上的业主且占参与表决人数3/4以上的业主同意。决定其他事项,应当经参与表决专有部分建筑物总面积过半数的业主且占参与表决人数过半数的业主同意。

小贴士

关于如何计算业主大会表决中的建筑面积数和业主人数,最高人民法院《关于审理建筑物区分所有权纠纷案件具体应用法律若干问题的解释》第8条和第9条规定:专有部分面积和建筑物总面积,按照下列方法认定:专有部分面积,按照不动产登记簿记载的面积计算;尚未进行物权登记的,暂按测绘机构的实测面积计算;尚未进行实测的,暂按房屋买卖合同记载的面积计算;建筑物总面积,按照前项的统计总和计算。

业主人数和总人数,可以按照下列方法认定:业主人数,按照专有部分的数量计算,一个专有部分按一人计算。但建设单位尚未出售和虽已出售但尚未交付的部分,以及同一买受人拥有一个以上专有部分的,按一人计算;总人数,按照前项的统计总和计算。

业主大会在发生重大事宜时须即时处理,经业主委员会请求,应当召开临时会议,进行讨论,作出决策。

《民法典》第280条规定:"业主大会或者业主委员会的决定,对业主具有法律约束力。"业主必须执行业主大会、业主委员会的决议、决定,即使是没有经过自己同意或者自己反对的决议和决定,也应当执行。

3. 管理机构

管理机构是建筑物管理的具体执行机构,负责执行管理规约所定事项以及业主大会决议事项。我国《民法典》第284条规定:"业主可以自行管理建筑物及其附属设施,也可以委托物业服务企业或者其他管理人管理。""对建设单位聘请的物业服务企业或者其他管理人，业主有权依法更换。"

物业服务企业接受委托之后，应当按照《民法典》第285条规定的要求，执行规约和决议，负责日常管理工作，如对共用部分的清洁、维护、修缮和一般改良，管理经费的动支，管理人的雇用和考核，调解住户纠纷，对业主和专有部分占有人违规行为的制止等。管理人也应当执行以上职责。物业服务企业应当接受业主的监督。

（二）管理规约

管理规约是业主大会制定的区分所有建筑物管理的自治规则，内容是业主为了增进共同利益，确保良好的生活环境，经业主大会决议的共同遵守事项。

管理规约的订立、变更或废止，都必须经过业主大会决议。订立、变更、废止规约为特别事项，应当由业主2/3多数议决，即规约须得业主大会2/3多数同意，始得订立、变更或废止。

管理规约的内容主要包括：一是业主之间的权利义务关系；二是关于业主之间的共同事务；三是业主之间利益协调的事项；四是对违反义务的业主的处理办法。

规约的效力在于约束全体业主的行为。因此，规约只对该建筑物的业主有效，同时及于业主的特定继受人。物业服务企业不得违反该规约而另行处置管理事务，与规约相抵触的管理行为不具有效力。管理规约定有效力起止时间的，应依其规定生效、失效。

（三）管理内容

区分所有建筑物的管理内容，分为物的管理和人的管理。

1. 物的管理

物的管理，包括对建筑物、地基以及附属设施的保存、改良、利用乃至处分等。管理的范围，原则上限于建筑物的共用部分。专用部分的管理，由业主承担，但相邻的墙壁、楼板的修缮等，因其为相邻双方互有，故应在共同管理范围内。

管理的费用，包括两方面内容。

第一，维修基金。建筑物及其附属设施的维修资金，属于业主共有。经业主共同决定，可以用于电梯、水箱等共有部分的维修。维修资金的筹集、使用情况应当公布。

第二，共有部分的费用及收益。建筑物共有部分以及附属设施的费用分摊和收益分配，应当依照约定分担和享有；如果没有费用分摊和收益分配的约定，或者约定不明确，按照业主专有部分所占比例确定。

管理的基本事项，主要包括以下内容：一是火警防范，加强消防设备和防火措施；二是维护公用部分及建筑物清洁，定期清除垃圾，清理水沟，清洗外墙，擦洗共用门窗玻璃等；三是维修公共设施，如水、电、汽、暖的维修、公共电梯定期检查等；四是保护、美化建筑物的环境，在建筑物的庭院中植花种草，管理车辆停放秩序等。

2. 人的管理

人的管理，不仅指对业主的管理，还包括对出入该建筑物的所有的人进行管理。《民法典》第286条规定了业主自律、业主大会以及业主委员会的管理。

具体的管理内容如下。

(1)对建筑物不当毁损行为的管理。

这种行为,可以是对专有部分进行影响整个建筑物安全或外观的改建或扩建,如拆除梁柱、支撑墙等;也可以是将共用部分改为自用,如将楼道自用,将公用阳台自用;还可以是擅自对专用部分以外的部分进行改变等。

(2)对建筑物不当使用行为的管理。

对专有部分,各业主可以自由使用,但不得滥用权利进行不当使用。如在住宅、公寓的专有部分开设工厂、舞厅、饭馆以及进行其他非法营业,带来噪声、震动,影响他人生活安宁等。业主或者其他行为人违反法律、法规、国家相关强制性标准、管理规约,或者违反业主大会、业主委员会依法作出的决定,实施下列行为的,可以认定为"损害他人合法权益的行为"。

一是损害房屋承重结构,损害或者违章使用电力、燃气、消防设施,在建筑物内放置危险、放射性物品等危及建筑物安全或者妨碍建筑物正常使用。

二是违反规定破坏、改变建筑物外墙面的形状、颜色等损害建筑物外观。

三是违反规定进行房屋装饰装修。

四是违章加建、改建,侵占、挖掘公共通道、道路、场地或者其他共有部分。

《民法典》第279条规定:"业主不得违反法律、法规以及管理规约,将住宅改变为经营性用房。业主将住宅改变为经营性用房的,除遵守法律、法规以及管理规约外,应当经有利害关系的业主一致同意。"否则不得改变。如果需要住改商,按照最高人民法院《关于审理建筑物区分所有权纠纷案件具体应用法律若干问题的解释》第10条和第11条的规定,利害关系人的范围为本栋业主,如果其他业主认为有利害关系,应当举证证明,证明的标准是"证明其房屋价值、生活质量受到或者可能受到不利影响"。

对未经有利害关系的业主同意进行住改商的,有利害关系的业主可以向法院请求排除妨害、消除危险、恢复原状或者赔偿损失,对此,人民法院应予支持,住改商的业主以多数有利害关系的业主同意其行为进行抗辩的,人民法院不支持。

(3)对生活妨害行为的管理。

此种行为,是指业主因生活习惯、嗜好不同,对建筑物使用方法不尽一致,而对他人生活有妨害的行为,如饲养动物、深夜播放音响、任意堆放垃圾、乱泼污水等。

(4)行政管理机关的管理。

建设规划、环境卫生、公安等行政主管部门应当依照有关法律、法规,对建筑区划内损害他人合法权益的行为予以处理。

对于上述违反建筑物公共生活规则的行为,应通过管理组织进行管理,禁止其继续作为对情节较重违反管理规约的,可以依照规约进行处罚,如令其支付违约金;对情节严重,造成建筑物毁损的,应令其赔偿;对不服管理的,可以由业主委员会代表全体业主向人民法院起诉。

(四) 物业管理

业主可以自行管理建筑物及其附属设施,也可以委托物业服务企业或者其他管理人管理对建设单位聘请的物业服务企业或者其他管理人,业主有权依法更换。物业服务企业或者其他管理人根据业主的委托管理建筑区划内的建筑物及其附属设施,并接受业主的监督。

有关物业服务合同的问题,《民法典》合同编专门设置了"物业服务合同"一章,应当按照该章规定确定物业服务合同的主体、内容等事项。

课后习题

1. 建筑物区分所有权的概念是什么？有哪些特征？
2. 建筑物区分所有权是由哪些权利构成的？
3. 什么是建筑物区分所有权中的共有权？
4. 建筑物区分所有权的管理内容有哪些？
5. 业主大会和业主委员会的性质和地位是什么？与物业管理机构是什么关系？
6. 业主对共有部分享有的权利和应履行的义务有哪些？

第六章 相邻关系

【学习目标】
1. 了解相邻关系的概念、性质和法律特征。
2. 了解相邻关系的基本种类。
3. 了解处理相邻关系的原则。

【引导案例】

贾某和甄某的住宅东西相邻。贾某院中有一棵百年古树,根系延伸到甄某房屋地基下,将甄某的墙壁和火炕拱裂,危及房屋和人身安全。甄某要求贾某砍掉古树,贾某不同意;甄某要求贾某切断树根,贾某仍不同意。甄某诉请法院判决贾某切断树根,不得影响自己的人身、财产安全。请结合本章内容思考:

(1)双方当事人之间是否构成相邻关系?
(2)贾某和甄某之间的纠纷是如何体现相邻关系的实质的?
(3)双方当事人争议的相邻关系的种类是什么?
(4)处理这类相邻关系争议的具体规则是什么?

【评析】

贾某和甄某的住宅东西相邻,是邻居。所谓邻居,是相邻关系的事实根据,即不动产相毗邻。贾某和甄某相邻而居,宅基地和房屋相毗邻,当然构成相邻关系。相邻关系的实质,是相邻方给予相邻他方以必要的方便,以保证其不动产物权的行使。

贾某院中的古树根系越界,如果不妨害对方的权利行使,相邻他方应当给予方便,予以容忍。这就是相邻权的实质。但是,根系越界达到严重程度,并且造成了对方的损害,超出了应当容忍的程度,那就不是行使权利的必要限度,而是构成了对相邻他方的权利的侵害。

按照处理相邻关系的一般规则,本案涉及的相邻关系是越界古树根系的问题,其内容是,相邻一方在地界一侧栽培竹木时,应与地界线保持适当距离,以预防竹木根枝越界侵入对方土地。

相邻一方种植的竹木根系或者枝丫越界,如果不影响他人,相邻另一方应当容忍;如果影响他人生活和生产,他方有权请求竹木所有人或管理人砍除越界的根系和枝丫;如果所有人或者管理人拒绝砍除,相邻他方有权砍除越界的根系、枝丫,如果砍除根枝花费过巨,则有权请求赔偿。超越地界在他方土地上种植的竹木,应依法归他方所有,种植人无权取得该竹木的所有权。

对本案涉及的这种相邻关系,《民法典》没有作出明确规定,但是第289条规定了一个基本原则,就是处理相邻关系没有法律、法规明确规定的,可以适用当地习惯。上述关于相邻关系的处理规则,可以视为习惯,法官可以据此作出判决。

第一节 相邻关系概述

一、相邻关系

(一) 相邻关系的概念

相邻关系,又称不动产相邻关系,是指相邻不动产的权利人之间,因行使不动产权利而需要相邻各方给以便利和接受限制,法律为调和此种冲突以谋求相邻各方之间的共同利益而直接规定的权利义务关系。相邻权利义务关系也可以从权利的角度称为相邻权,它并不是一种独立的物权。

(二) 相邻关系的主体

相邻关系的主体是相邻不动产的权利人,包括土地所有权人、建筑物的所有权人、建设用地使用权人、宅基地使用权人、土地承包经营权人,但不包括租赁权人和借用权人。

(三) 相邻关系的客体

相邻关系的客体是行使不动产权利所引起的与相邻方有关的利益。不动产权利人在享有并行使其权利时,既要实现自己的利益,又须为相邻他方行使不动产权利提供便利,因而相邻关系指向的对象并非不动产本身,而是行使不动产权利所引起的与相邻方有关的利益。这种利益可能是经济利益,如将肥料通过他地运入自己承包的农田;也可能是非经济利益,如相邻他方只容忍低于法定限度的噪声、空气污染等。

(四) 相邻关系的内容

相邻关系的内容是,相邻一方行使不动产权利时要求相邻他方容忍甚至提供必要的便利,相邻他方负有容忍甚至提供便利的义务。所谓必要便利,是指相邻一方若不从相邻他方获得这种便利,就不能正常行使其不动产权利。相邻一方于其可以正常行使其权利时还要求相邻他方进一步提供便利,以达锦上添花的效果,就不再是权利的行使,而是权利的滥用,相邻他方有权拒绝。

二、相邻关系的性质

相邻关系的实质,是对不动产所有人、用益物权人以及占有人行使所有权、用益物权或占有的合理延伸和必要限制,而不是一种独立的物权。

相邻关系对不动产财产权的合理延伸和必要限制,集中表现在相邻的不动产权利人一方对另一方行使权利提供必要的便利。提供必要的便利,是指非从相邻一方获得这种便利,便无法行使其权利;而相邻一方获得此种便利后,就使其权利得到延伸,也能够使其顺利地行使自权利,相邻的另一方则因提供此种便利而使其权利受到限制。

相邻关系对不动产财产权的合理延伸和必要限制,既不损害所有权人、用益物权人或者占有人的正当权益,同时也满足了对方的合理需要。因此相邻关系对于充分发挥财产的效用,减少纠纷,稳定社会经济秩序,加强人们之间的协作,都具有不可忽视的重要意义。

三、相邻关系的法律特征

1. 相邻关系的主体是相邻不动产的所有人、用益人或占有人

不动产相邻的含义是不同权利主体所享有的不动产相邻,只有相邻的不动产分属于不同主体所有、用益和占有时,才可能产生相邻关系,如果不动产尽管相邻但由同一主体所有、用或者占有,则不发生相邻关系。相邻关系可以发生在自然人之间、法人之间或非法人组织之间,但他们都必须是财产的所有人、用益人或者占有人。

2. 相邻关系只能基于不动产相邻的事实而发生

相邻关系只能发生在不同主体所有、用益或者占有的不动产相邻的情况下,没有不动产相邻就不能发生相邻关系。如房屋相邻而产生通风、采光的相邻关系,土地相邻而发生通行的相邻关系。应当注意的是,相邻关系的发生经常与自然环境有关。如甲、乙两个村处于一条河流的上下两个相连的地段,于是构成了甲、乙两个村互相利用水流灌溉和水力资源的相邻关系。

3. 相邻关系的客体是行使不动产权利时互相给予方便所追求的利益

相邻关系的客体,是行使不动产权利时,一方给予对方方便时所追求的利益。这种利益可能是经济利益,例如相邻取水关系一方给予对方的方便追求的就是经济利益;也可能是非经济利益,例如城市相邻关系中的空调器设置关系,相邻方给予对方的方便,追求的就是非经济利益。这种利益与行使不动产所有权或用益权以及占有相关,但需要在相邻方给予必要方便的条件下才能实现。

4. 相邻关系的核心内容是给予相邻他方以必要方便

相邻关系的基本内容是相邻一方要求他方为自己行使不动产所有权或使用权给予必要方便的权利,以及他方应当给予必要方便的义务。因此,其核心是给予相邻方行使权利的方便,因为只有这样,才能够保证不动产权利的行使。应当特别强调的是,相邻各方在行使权利时不得损害他方的合法权益。

第二节　相邻关系的基本种类

一、相邻用水、排水关系

《民法典》第 290 条规定:"不动产权利人应当为相邻权利人用水、排水提供必要的便利。对自然流水的利用,应当在不动产的相邻权利人之间合理分配。对自然流水的排放,应当尊重自然流向。"

(一) 相邻用水关系

所谓相邻用水关系,是指相邻权利人(相邻用水人)依法引取定量之水、存蓄定量之水场合,需要利用相邻他方的不动产时,相邻他方负有容忍义务甚至提供必要便利而形成的相邻关系。

水流可分为地上水与地下水两种。无论是地上水抑或地下水,水源地、井、沟渠或者其他水流地的权利人,都可以自由使用其土地上的水。水源地等的所有人或利用人不得垄断对水的使用权,应允许相邻各方使用,并不得因自己利用水流而致邻人用水利益遭受妨害。并且,相邻各方不得为自己的利益而乱开凿水井、破坏原有水源。因开凿水井致邻人水井的水位下降或干涸的,应恢复原状,造成损害的应予赔偿。

另外,相邻各方利用同一自然水流时,应尊重其自然形成的流向,按由近至远、由高至低的原则,共同使用,依次灌溉。任何一方都不可以为自身利益而任意改变水路、截阻水流、独占水流。一方擅自改变、堵截或独占自然水流而影响他方正常生产活动的,他方有权请求排除妨碍,造成损害的,他方有权请求赔偿。

(二) 相邻排水关系

所谓相邻排水关系,是指相邻不动产权利人(相邻排水人)排水,需要利用相邻他方的不动产时,相邻他方负有容忍义务甚至提供必要便利而形成的相邻关系。相邻排水关系,主要包括相邻自然排水和人工排水两种。

1. 自然排水

所谓自然排水,是指自然流水按照自然规律由高地向低地排放。在这种情况下,低地段的不动产权利人有承水的义务。在水流丰沛时,低地段的不动产权利人不得擅自筑坝设阻,以减缓水流的下泻速度甚至使水流倒灌,影响高地段的相邻排水人的排水。

2. 人工排水

所谓人工排水,是指自然流水借助人工设施排放水流。按照许多立法例及其学说,相邻排水人为人工排水,原则上无使用邻地的权利,也不得设置屋檐或其他构筑物,使其不动产上的雨水直接注于相邻他方的不动产上。

二、通风、采光和日照的相邻关系

《民法典》第 293 条规定:"建造建筑物,不得违反国家有关工程建设标准,不得妨碍相邻建筑物的通风、采光和日照。"就建筑物的所有人而言,获得适当的通风、光线和日照是其在不动产上的重要利益,而且也是保持其生活品质的必要因素。在当代城市土地资源日益稀缺,高层建筑日益增多,建筑物之间的距离较以往缩小的情况下,确保建筑物的所有人获得适当的通风、采光和日照,实具重要价值与意义。

通风、采光和日照的相邻关系的内容主要包括两个方面。

第一,不动产权利人建造建筑物时,不得妨碍相邻建筑物的通风、采光和日照。若邻近的土地权利人因建筑等原因影响其建筑物的通风、采光和日照,则其有权予以禁止。

第二,不动产权利人建造建筑物时,不得违反国家有关工程建设标准,例如住房和城乡建设部分别于 2001 年、2002 年颁布的《建筑采光设计标准》《城市居住区规划设计规范》和《工程建设标准强制性条文》等所定的标准。

违反这些法律文件所定的标准建造建筑物,致妨碍相邻建筑物的通风、采光和日照的,相邻他方有权请求停止侵害、恢复原状,造成损失的,还可以请求损害赔偿;如建筑物还在建造中的,相邻不动产权利人有权主张停止建造或予以拆除。

当然,为充分利用稀缺的土地资源,建筑物所有人获得通风、采光和日照的权利也仅被局限于适当和必要的限度内。若建筑物所有人需要获得更佳的居住条件,可与邻近不动产权利人订立地役权(不动产役权)合同,设立以通风、采光或者日照等为内容的地役权(不动产役权)。

三、相邻土地通行、利用关系

1. 概述

所谓相邻土地通行关系,是指相邻权利人因通行而必须利用相邻他方的不动产的情况下,该相邻他方应当容忍其通行的权利义务关系。

2. 法律效果

相邻不动产通行权利人必须通行于相邻他方的不动产时,相邻他方应当提供必要的便利,即在满足通行所必需的条件方面提供便利。在他人不动产上通行,应当选择造成损失最小的线路,对于造成的损失,应当予以赔偿。

四、相邻地界关系

(一) 土地的分界墙、分界篱、分界沟和分界石

相邻不动产权利人可以共同或单方在土地边界修建分界墙、分界篱、分界沟或安设分界石等界标。共同修建的,为双方共有,并由相邻双方共同维护;单方修建的,为修建

方所有,且应在自己一侧的土地上进行,不得越界而侵占另一方的土地。

(二) 越界建筑物

相邻各方修建建筑物时,应与地界保持适当距离,不得紧贴边界,更不准越界侵占对方的土地。对越界建筑,相邻另一方有权提出停止侵害、恢复原状、赔偿损失的请求;相邻人如果明知对方越界修建而不提出异议,在建筑完工后则不能请求停止侵害、恢复原状,只能要求赔偿损失。

相邻双方还可以采取协商的方式,就越界的建筑物由土地权利人予以购买,或者就越界的建筑物所占用的土地由建筑物所有权人进行租赁,在一般情况下,对方不应当予以拒绝。

五、相邻环保关系

相邻环保关系是相邻关系中的重要关系,关系到相邻各方的生活和生产安全。则是我国《民法典》第294条规定:"不动产权利人不得违反国家规定弃置固体废物,排放大气污染物、水污染物、土壤污染物、噪声、光辐射、电磁辐射等有害物质。"

(一) 排放污染物的限制

相邻各方应当按照《环境保护法》的有关规定,排放废水、废气、废渣、粉尘以及其他污染物,注意保护环境,防止造成污染。如果排放的污染物造成了损害,即使是排放的污染物并没有超过标准,相邻方也有权要求治理并请求赔偿损失。相邻一方产生的粉尘、光、噪声、电磁波辐射等超过国家规定标准,或者散发有害异味的,对方有权请求其停止侵害、赔偿损失。

(二) 修建、堆放污染物

相邻一方修建厕所、粪池、污水池、牲畜栏厩,或堆放垃圾、有毒物、腐烂物、放射性物质等,应当与相邻人不动产保持一定距离,并采取防污措施,防止对相邻方的人身和财产造成损害。如果上述污染物侵入相邻不动产一方从而影响其生产、生活,受害人有权请求其排除妨碍、消除危险或赔偿损失。

(三) 有害物质侵入

有害物质包括煤气、蒸汽、臭气、烟气、煤烟、热气、噪声、震动和其他来自他人土地的类似干扰的侵入。除上述列举的物质以外,在环境保护法规中经常提到的废气、废渣、废水、垃圾、粉尘、放射性物质等,均应包括在内。

有害物质侵入的防免关系内容,主要是权利人享有请求排放一方的相邻人停止排放的权利,排放一方的相邻人负有停止有害物质侵入的义务,须"按照环境保护法和有关规定处理,不得妨碍或损害相邻人的正常生产与生活"。

六、相邻防险关系

(一)相邻防险关系的概念

相邻防险关系也叫作相邻防险权,是指相邻一方当事人因使用、挖掘土地,或其所建建筑物有倾倒危险,给相邻当事人造成损害的危险时,在该相邻双方当事人间产生的一方享有请求他方预防损害,他方负有预防邻地损害的权利义务关系。我国《民法典》第295条规定:"不动产权利人挖掘土地、建造建筑物、铺设管线以及安装设备等,不得危及相邻不动产的安全。"

(二)相邻防险关系的主要种类及其内容

1. 挖掘土地或建筑的防险关系

这是最典型的相邻防险关系,其主要内容是相邻的一方在自己使用的土地上挖掘地下工作物,如挖掘沟渠、水池、地窖、水井,或者向地下挖掘寻找埋藏物,以及施工建筑等,必须注意保护相邻方不动产的安全,不得因此使相邻方的地基动摇或发生危险,或者使相邻方土地上的工作物受其损害。

行使这种相邻防险权利,主要是禁止相邻方在界线附近从事有侵害危险的上述行为,具体的要求是,相邻一方在界线附近挖掘或建筑,必须留出适当距离。已留出适当距离的挖掘或建筑,仍给相邻方造成损害的,应依据科学鉴定,予以免责或减轻责任。

2. 建筑物及其他设施倒塌危险的防险关系

此种防险关系的产生,在于相邻一方的建筑物或者其他设施的全部或一部分有倒塌的危险,威胁相邻另一方的人身、财产安全。对此,相邻的另一方即受该危险威胁的相邻人有权请求必要的预防。

这种必要预防的请求权,不以被告有过失为必要,只需有危险的存在即可。具体的预防措施,应依其具体情形决定。

3. 放置或使用危险物品的防险关系

危险物品,包括易燃品、易爆品、剧毒性物品等具有危险性的物品。放置或使用这些物品,必须严格按有关法规的规定办理,并应当与邻人的建筑物等保持适当距离,或采取必要的防范措施,使邻人免遭人身和财产损失。防险权利的内容,是要求危险来源的所有人将危险物品转移至安全地带或者采取其他适当的防险措施。

七、不可量物侵入的相邻关系

(一)概述

在相邻关系中,大量发生的是相互排放不可量物,基于不动产权利人之间的相互平均思想,法律规定了不可量物侵入的处理规则。与不可量物相对的是可量物,所谓可量物,主要是指固体物,如折断的树干、碎石块等。不动产权利人对于可量物不承担容忍义务。而不可量物主要是大气污染物、水污染物、固体废物以及施放噪声、光、磁波辐射等。

对不可量物的侵入,法律并非整齐划一地绝对禁止,而是区分情况,关键看它是否违反了国家规定。如此,国家调整不可量物的法律便处于重要的位置。这方面的法律,在我国主要有《环境保护法》《大气污染防治法》《环境噪声污染防治法》及《广播电视设施保护条例》等,各地方人大及其常务委员会、地方人民政府也制定了许多相应的实施办法。

(二) 法律后果

对不可量物的侵入,不可量物的酿造者或控制者应否承担法律责任,首先要看是否违反了国家规定,若违反了,则产生法律责任;反之,则不成立法律责任。承担法律责任的方式有停止侵害、排除妨害、消除危险以及损害赔偿。

第三节 处理相邻关系的原则

一、处理相邻关系的意义

相邻关系涉及面广,种类繁多,涉及自然人和法人的切身利益,因此,极易引起纠纷。在法院处理的民事案件中,有很多都是由相邻关系处理不好而引起的,甚至导致严重的后果,影响社会的安宁和稳定。正确处理相邻关系,在界定不动产的权利边界的基础上,解决权利冲突,对相邻各方的利益关系进行合理的协调,有利于解决纠纷,使人民团结,社会安定。因此,相邻关系纠纷中尽管大多不是重大的争论,但它是关系到社会秩序稳定的大问题。

处理相邻关系的原则是,不动产的相邻权利人应当按照有利生产、方便生活、团结互助、公平合理的原则,正确处理相邻关系。

二、处理相邻关系的原则

(一) 有利生产、方便生活

相邻关系是人们在生产和生活中,于相互毗邻的不动产占有、使用、收益、处分中发生的权利义务关系,它直接关系到人们的生产和生活的正常进行。因此,正确处理好相邻关系,对社会生产的发展和人民生活的安定都具有重要意义。

正因为如此,处理相邻关系时应当从有利生产、方便生活出发,充分发挥不动产的使用效益,最大限度地维护各方的利益,以实现法律调整相邻关系所追求的社会目的。

(二) 团结互助、公平合理

在现实社会中,民事主体的诸多利益关系是相互依赖、相互关联的,因此,并没有一个绝对的界限,尤其是不动产的权利之间,尽管可以将界限确定清楚,但仍然无法解决具体的、细微的利益冲突。如果过于强调某一方面的利益而忽视另一方面的利益,就会使社会的共同利益无法实现。因此,团结互助、公平合理是处理相邻关系相辅相成的原则。

这一原则要求,相邻各方在行使其权利时,应互相协作,团结互助,互相尊重对方的合法权益,不能以邻为壑,损人利己。发生争议时,应在相互协商的基础上,以团结为重,强调互助,公平合理地处理相邻纠纷,解决存在的问题,避免矛盾激化,影响安定团结。

(三)尊重历史和习惯

在处理相邻关系纠纷时,要特别注意尊重历史和习惯。这是因为,历史上形成的相邻状况,以及在处理当地的相邻关系中的习惯,有很多被相邻各方和公众所接受。相邻各方发生纠纷,可以依照历史的情况和当地的习惯来处理。因此,《民法典》第289条规定:"法律、法规对处理相邻关系有规定的,依照其规定;法律、法规没有规定的,可以按照当地习惯。"

课后习题

1. 相邻关系的概念是什么?
2. 如何认识相邻关系的实质?
3. 处理相邻关系的基本规则是什么?

第七章 共 有 权

【学习目标】
1. 了解共有权的概念、特征以及分类。
2. 了解按份共有的概念、特征、内部关系以及外部关系。
3. 了解共同共有的概念、发生以及共同共有人的权利和义务。
4. 了解准共有的概念、特征、发生及终止。

【引导案例】

宋某和李某系继母女关系。宋夫即李父去世时留下夫妻共有房屋5间,一直由李某和宋某共同居住,宋某居东二间,李某居西三间。宋某去国外居住后,5间房均由李某居住。李某未经宋某同意,擅自通过熟人将产权变更登记为自己所有。宋某得知后要求析产,李某不同意并否认宋某为其继母。宋某诉请法院析产、确权,并制裁李某的侵权行为。宋某认为,李某对其生父留下的、为其生父与继母宋某共有的房产,只对部分享有继承权,却全部据为己有。

请结合本章内容思考:
(1)本案争议的房产中,宋某应当享有多少单独所有权?
(2)宋某和李某共有的房产应当是多少?宋某和李某依据何种原因取得共有权?
(3)李某作为宋某所有权的义务人和共有权的权利人,应当负有何种义务?
(4)李某行为的性质是什么?
(5)本案应当如何处理?

【评析】

分析本案应当从以下几个方面着手:

第一,在本案中,先后有两个不同的共同共有关系。在宋某与李某父亲共同生活期间,该5间房屋为夫妻共同财产,由夫妻双方共同共有。这一部分财产不是家庭共有财产,李某不是这一财产的权利主体。5间房屋在李某父亲死后没有进行析产,由宋某和李某共同使用,应当视其为共同共有的家庭共有财产,其中有共同继承的财产。后一个共同共有关系中,宋某和李某为共同共有人。

第二,李某在宋某出国期间,将全部共有财产变更登记,据为己有,违反了共同共有财产处分必须经过全体共有人一致决定的原则,构成了对其他共有人共有财产权的侵害,应当承担侵权责任。

第三,在李某侵占全部共同财产的情况下,宋某提出析产的请求,要求终止共同共有关系,分割共同财产,是应当获得支持的。

第四,在确定分割这一家庭共有财产时,首先应当弄清这一共同共有财产形成的状况,确定分割财产的基础。该5间房屋为宋某和李某父亲双方共同共有。在李某父亲死亡时,该5间房应先分割2.5间归宋某所有,另外2.5间房由宋某与李某继承。双方同为第一顺序继承人,继承份额应当平均,因而每人可分得1.25间房。按照这样的共同财产形成的基础,实际上宋某可分得3.75间房,李某只能分得1.25间房。

基于以上分析,宋某和李某共有的房屋只是从李某父亲处继承的2.5间房,取得共有权的法律基础是共同继承。其中,宋某享有所有权的房屋是1.25间房,另外的2.5间房,则为宋某自己单独所有。作为义务人,李某应当尊重宋某的所有权,履行不可侵害的义务。作为共有权人,李某应当共同行使权利,共同负担义务。李某的行为,既侵害了宋某的私人所有权,又侵害了作为共有人之一的宋某的共有权。

对于李某侵占全部他人所有的财产以及共同共有财产的行为,可予以民事制裁。

第一节 共有权概述

一、共有权

(一) 共有权的概念

共有权是指两个或两个以上的民事主体对同一项财产所共同享有的所有权。我国《民法典》确认了共有权的概念,在第297条前段规定:"不动产或者动产可以由两个以上组织、个人共有。"

(二) 与共有相关的概念

与共有相关的概念有公有、总有和互有。这三个概念既与共有有关,相互之间也存在区别。

1. 共有与公有

公有,是与共有权完全不同的概念。公有既指公有制,也指一种财产权形式。国家所有是一种公有,集体所有也是一种公有。在公有制的体制下,共有既可以由公有的主体构成,也可以由私有的主体构成。公有是一种所有权形式,是单一制的所有权;共有也是一种所有权形式,却是多数主体共同享有所有权的所有权形式。公有可以复合成共有,即公有可以与其他所有权的主体构成共有。

2. 共有与总有

总有是指不具有法律人格的团体,以团体资格对财产享有所有权。它既不是公有,也不是共有,只是法律从其更相似的角度将其认作共有,以特殊的形态来对待它。在总有的体制下,其财产的管理处分机能属于共同体自身,其使用、收益的权能属于各团体成员。

各团体成员不具有份额权,也不能请求分割。各团体成员并不伴随团体成员的资格得失而独立处分其权利。在近代法上,总有或者向法人单独所有发展,或者向共同共有发展,难以保留其独立的所有权形态。典型的总有如族人对祠堂的所有。

3. 共有与互有

互有是共有的一种形态,但有其自己的特点。它是指相邻者对在境界线上的界标、围障、墙壁、沟渠等财产,以及在建筑物内各所有人共同使用的部分财产,所享有的无分割请求权的共同共有。在互有关系中,对互有标的物必须永久维持其共同共有的关系,其共有人不享有分割共有财产的请求权。互有财产永远不准分割。

二、共有权的特征

(一) 共有权的主体具有非单一性

共有权的主体必须由两个或两个以上的自然人、法人或其他组织构成,单一的主体不能构成共有权的主体。共有权因此而与一般的财产所有权相区别。

(二) 共有物的所有权具有单一性

共有物的所有权的单一性表现在两个方面。

首先,共有权的客体即共有物指的是同一项财产。这个同一项财产既可以是独立的一件财产,也可以是具有同一性质的一类财产。

其次,共有权是一个所有权,即无论共有的标的物是独立物还是集合物,其所有权都只有一个。共有权在其存续期间,既不能被分割,也不能由各个共有人分别对共有物的某一部分行使所有权,每个共有人的权利都及于整个共同财产。因此,共有权是一个权利,各共有人只能共同行使这一个所有权。

(三) 共有权的内容具有双重性

共有权的内容,不仅包括其作为所有权所具有的与非所有权人所构成的对世性的权利义务关系,还包括其内部共有人之间的权利义务关系。共有权这种既有绝对性又有相对性的双重性,即具有相对性的绝对权,是共有权的重要特征。

(四) 共有权具有意志或目的的共同性

共有权的形成具有主观因素。这就是,或者是由共有人共同创造的,或者是由某种财产随着数个主体的意志而转化的,或者是由不同财产所有权出于共同的意志和目的联合而成的。这些共同主观因素一般都是基于共同的生活、生产和经营目的,或者基于共同的意志。当共有的目的或意志不复存在时,可以对共有财产进行分割,共有权就解体、消灭,形成不同的单独所有权。

三、共有法律关系的发生及类型

(一) 共有法律关系的发生

共有法律关系的发生,是指共有法律关系基于何种事实或者行为而发生。于当代物权法上,共有法律关系的发生,通常系出于下列原因。

1. 基于当事人的意志而发生

基于当事人的意志而发生的共有,称为协议共有,是指两个以上的人就一项财产的所有权,协议约定由这些人共同所有,共同享有所有权,因此产生共有权法律关系。协议产生共有关系,是典型的共有发生原因,多数共有关系的发生是基于这个原因。

2. 基于法律的直接规定而发生

在很多场合,共有的发生不是基于当事人的协议,而是基于法律规定。这种共有关系的发生不必由当事人协议,而是符合了法律规定的条件,就依据法律而自然发生共有关系。

3. 基于财产的性质而发生

基于财产的性质而发生的共有关系,称为强制共有。这些财产的性质具有不可分割性,不实行共有就没有办法解决所有权的问题,因而发生了共有关系。

4. 基于共同行为而发生

在普通的共同共有和准共有中,很多是基于共同行为而发生的。在这些共同行为中,很难说行为人是否有发生共有关系的意志,但还是因共同行为而发生了共有关系。这种共有可以称为取得共有,以区别于基于共同意志而发生的协议共有。

(二) 共有关系的类型

《民法典》第297条后段规定:"共有包括按份共有和共同共有。"第310条规定:"两个以上组织、个人共同享有用益物权、担保物权的,参照适用本章的有关规定。"这里规定的是准共有。因此,共有权包括以下三种类型。

1. 按份共有

按份共有是共有权的基本类型,其基本特征是数个所有人对一项财产按照既定的份额,享有权利,负担义务。在按份共有关系存续期间,尽管所有权是一个,但是各个共有人的权利是分为份额的,权利的份额是既定的。

2. 共同共有

共同共有也称为公同共有,是共有权的基本类型,其基本特征是对一项财产,数个所有人不分份额地享有权利,承担义务。在共有关系存续期间,所有权是一个,各个共有人之间不分份额,只是享有一个总的所有权,个人在其中不具有自己的部分,只要共有关系不解除,这种关系就永远不能分出份额。

3. 准共有

准共有是共有权中的一种特殊类型。其特殊之处就在于,其共有的权利不是所有权,而是所有权之外的他物权和知识产权。

小贴士

共同共有与按份共有的界分

共同共有与按份共有,为两种不同性质的共有,存在下列差异:

1. 成立的原因不同。共同共有的成立,须以存在共同关系为前提,按份共有则无此种限制。由此,共同共有人间存在着人的结合关系,而按份共有人间则否。

2. 权利享有和义务承担上的不同。在按份共有中,共有人依其应有部分享有权利、承担义务;而在共同共有,共有人的权利及于共有物的全部而非仅限于某一部分,各个共有人对共有物不分份额地共同享有权利,承担义务。

3. 处分应有部分的不同。在按份共有中,各共有人可自由处分其应有部分(份额);而于共同共有,则无应有部分处分之可言。

4. 分割的限制上的不同。在共同共有关系中,各共有人不得请求分割共有物,除非共有基础丧失或有重大理由确需分割共有物。而于按份共有关系中,共有人则可随时请求分割共有物,唯共有人约定不得分割共有物,以维持共有关系的,应依其约定;共有人若有重大理由需要分割的,可以请求分割。[1]

5. 共有物管理的不同。在按份共有中,除非法律另有规定或合同另有约定,对共有物的简易修缮和保存行为,共有人可以单独实施,改良行为则于获得共有人过半数或应有部分合计过半数的同意后,方可为之;对共有的不动产或动产作重大修缮的,应当经占份额 2/3 以上的按份共有人或全体共有人的同意(《民法典》第 301 条);而于共同共有,除法律另有规定或合同另有约定外,对共有物的管理,应获得全体共有人的同意。

6. 存续期间的不同。共同共有的存在通常具有共同的目的,故通常而言,共同共有关系的存续期间较长;而按份共有关系,就其本旨而言,具暂时性。

按份共有与共同共有既然具有如上差异,由此,实务上判定共有人的共有究为何种共有即具重要价值。为此,《民法典》第 308 条规定:共有人对共有的不动产或者动产没有约定为按份共有或者共同共有,或者约定不明确的,除共有人具有家庭关系等外,视为按份共有。

之所以如此,其最主要的考量是,按份共有实质上系单独所有权的一种,各按份共有人对自己的应有部分享有相当于单独所有权的权利,各权利人的权利义务关系清晰、明确,不易滋生纷争,从而可以使共有财产获得最大限度的利用或增值。

---

[1] 崔建远:《物权法》,235 页,北京,中国人民大学出版社,2014。

第二节 按份共有

一、按份共有概述

（一）按份共有的概念

按份共有亦称分别共有、通常共有，是共有的基本类型，是指两个或两个以上的权利主体，对同一项财产按照应有部分，共同享有权利、分担义务的共有关系。《民法典》第298条规定："按份共有人对共有的不动产或者动产按照其份额享有所有权。"

（二）按份共有的特征

1. 各个共有人对共有物按份额享有不同的权利

份额，是按份共有的基本特征，也是产生按份共有关系的客观基础，是指共有人对共有物全体所享有的比例，即按份共有的应有部分。这种份额是根据共有关系的发生原因，由法律或共有人之间的合同来确定的。在份额不明确的场合，则推定各共有人持均等份额。

2. 各个共有人对共有财产享有权利和承担义务依据其不同的份额确定

份额权，也是按份共有的基本特征。在按份共有关系中，各共有人享有份额权。份额权是指在按份共有的条件下，各共有人对共有物所享有的权利和承担的义务。份额权首先表现为所有权，是指按份共有人不是享有整个共有物的所有权，而是对属于自己的那一部分份额享有所有权。其次，份额权表现为各共有人对共有财产按照份额享有权利和承担义务。

3. 共有人的权利及于共有财产的全部

在按份共有的情况下，尽管各个共有人要依据其份额享有权利并承担义务，但按份共有并不是分别所有。[1] 因此，按份共有的每一个共有人的权利不限于共有物的某一个具体部分，而是适用于整个物；既然其他共有人也对全部财产享有权利，那么按份共有就是许多主体享有的一个所有权；因为每一个共有人的权利都表现在份额上，所以份额权就成了按份共有的最主要特征。

（三）按份共有产生的具体原因

1. 共同购置

当两个以上的民事主体按份额出资共同购买一项财产时，即在该数个民事主体之间发生按份共有关系，该数个民事主体成为按份共有人。

---

[1] 王利明：《物权法研究》，327页，北京，中国人民大学出版社，2002。

2. 共同投资

两个以上的自然人共同投资,组建合伙,共同投资的财产为按份共有,发生按份共有关系。

3. 其他约定

当事人采取其他形式约定按份共有的,产生按份共有关系。例如继承人约定按份共同继承遗产的,产生按份共有关系;夫妻约定按份共有夫妻财产的,按照《民法典》第1065条关于夫妻约定财产的规定,排斥夫妻财产共同共有的适用效力,可以产生按份共有关系。

4. 按份共有也可依法定的事实而发生

一是动产与他人动产附合,非毁损不能分离,或分离花费过巨者,各动产所有人按其动产附合时的价值共有合成物;二是动产与他人的动产混合,不能识别,或识别花费过巨者,各动产所有人亦按其动产混合时的价值共有合成物。

5. 共有关系不明确的推定按份共有

《民法典》第308条规定:"共有人对共有的不动产或者动产没有约定为按份共有或者共同共有,或者约定不明确的,除共有人具有家庭关系等外,视为按份共有。"这是推定的按份共有。

二、按份共有的内部关系

按份共有的内部关系,系指共有人行使共有物的权利时,与其他共有人间的权利义务关系,通常包括各共有人对共有物的使用收益、对共有物的处分及于共有物上设立负担、对共有物的管理以及各共有人对共有物的费用分担。

(一)对共有财产的使用收益

按份共有既然是两人或两人以上按其份额对于一物共同享有所有权的状态,则各共有人本于其所有权,自可对共有物的全部,有使用、收益的权利。按份共有人对共有财产的使用收益,应当遵守下述规则。

第一,按份共有人对共有财产的使用收益,是其所有权的权能,按份共有人对共有财产的全部享有使用收益权。在具体行使权利时,按其应有部分的份额,及于自己所享有的部分。

第二,该种使用收益权可以占有为前提,也可不以占有为前提,依按份共有人的份额决定使用收益的权利范围。使用应以占有为前提,是为自己需要而利用,或者对物进行直接取得,收益则无须占有,可直接收取共有物的孳息、租金、地租等。

第三,各按份共有人的使用,虽就共有财产的全部来行使,但应依其份额公平分配。共有财产可以共同使用,也可以分别使用。共有物可以按份额分配使用的,应按份额分配使用;无法按份额分配使用的,如数人共有一间房无法在空间上按份分配使用,可以依时间按份分配使用。协议约定有份额,但约定共同使用的,可以共同使用。

第四,各按份共有人对共有财产的收益,可以就共有财产的全部行使,但就收益本身,应按照份额进行分配。换言之,共有财产产生的收益,在没有按照份额分配之前,是总体的收益,由全体共有人享有,但按份共有的收益最终必须按照份额的比例进行分配。

(二) 对共有财产的管理

《民法典》第 300 条规定:"共有人按照约定管理共有的不动产或者动产;没有约定或者约定不明确的,各共有人都有管理的权利和义务。"该条规定了共同财产的管理规则。

1. 约定管理

按照这一规定,对共有财产的管理的基本原则是约定管理,共有人有约定管理协议的,依照协议的约定进行管理。

约定管理主要是分别管理。实行分别管理,可以订立分管协议。分管协议也称为专属管理、分别管理约定,是在按份共有关系中的一种特别法律现象,是指共有人之间约定某个人或各自分别占有共有财产的特定部分,并对该部分进行管理的约定。当事人进行协商,订立分管协议,约定分管的范围与内容的,按照协议进行管理。

2. 共同管理

没有约定的,应当是共同管理。在共同管理的基本原则之下,对共同财产的普通管理行为中符合共有财产使用目的和用途的行为,各共有人可以单独进行,以使共有财产保值增值,保护全体共有人的利益。

共同管理依据不同的管理方法,分为以下三种具体行为。

(1)保存行为。

对共有财产的保存行为,是指以保全共有财产或在共有财产上设置的其他权利为目的的行为,如为防止共有财产的灭失,或者为防止共有财产上设置的其他权利的消灭等行为。该行为可以由各共有人单独进行,共有人单独行为的均为有效,其后果应当由全体共有人承担。

(2)改良行为。

改良行为也称为更新或改建行为,是指以对共有物或物上其他权利的利用或改善为目的的行为,属于以增加共有物的收益或效用为目的的行为。按照《民法典》第 301 条的规定,对共有的不动产或者动产作重大修缮、变更性质或者用途的,应当经占份额 2/3 以上的共有人同意,但共有人之间另有约定的除外。

(3)利用行为。

共有财产的利用行为,是指以满足共有人共同需要为目的,不变更共有物的性质,决定其使用收益方法的行为。这种行为与保存行为不同,它不以防止共有财产的毁损、灭失为目的;而它在不增加共有财产的效用或者价值这一点上,与改良行为也不相同。因此,利用行为实际上是重要的管理行为,应得全体共有人的同意。

（三）对共有财产的处分

处分共有财产的权利,包括部分按份共有人处分自己的份额和全体共有人处分全部共有财产。

1. 部分共有人处分自己的份额与其他共有人的优先购买权

共有人处分自己的份额是共有人的权利。《民法典》第305条规定:"按份共有人可以转让其享有的共有的不动产或者动产份额。其他共有人在同等条件下享有优先购买的权利。"共有人就共有物自己的部分可以作法律上的处分,可以分出、转让、抛弃以至提供担保。该处分包括以下情形:一是转让共有财产的应有份额;二是在应有份额上设定负担;三是应有份额的抛弃;四是应有份额的事实处分。

对其他按份共有人的优先购买权,在法律适用中存在较多的争议。对此,《物权法司法解释（一）》第9条至第14条对有关问题作出了以下具体规定。

第一,在按份共有中,如果是共有份额的权利主体因继承、遗赠等原因发生变化时,不符合关于"转让"共有份额规定的要求,其他按份共有人主张优先购买的,理由不成立,不发生优先购买权。但是,如果按份共有人之间对此另有约定,例如约定准许此时产生优先购买权,该约定有效,可以主张优先购买权。

第二,对"同等条件",应当综合共有份额的转让价格、价款履行方式及期限等因素,予以确定。这些因素都相同的,才为同等条件。

第三,对于优先购买权的行使期间应当如何确定,司法解释确定:首先,按份共有人之间有约定的,按照约定处理。其次,没有约定或者约定不明的,按照下列情形确定:

（1）转让人向其他按份共有人发出的包含同等条件内容的通知中载明行使期间的,以该期间为准;

（2）通知中未载明行使期间,或者载明的期间短于通知送达之日起15日的,为15日;

（3）转让人未通知的,为其他按份共有人知道或者应当知道最终确定的同等条件之日起15日;

（4）转让人未通知,且无法确定其他按份共有人知道或者应当知道最终确定的同等条件的,为共有份额权属转移之日起6个月。

第四,按份共有人向共有人之外的人转让其份额,其他按份共有人根据法律、司法解释规定,请求按照同等条件购买该共有份额的,符合优先购买权行使的条件,法院应予支持。其他按份共有人的请求具有下列情形之一的,其行使优先购买权为无理由,法院不予支持:

（1）未在前项所述的期间内主张优先购买,或者虽主张优先购买,但提出减少转让价款、增加转让人负担等实质性变更要求;

（2）以其优先购买权受到侵害为由,仅请求撤销共有份额转让合同或者认定该合同无效。这些情形中都不得主张行使优先购买权。

第五,共有份额的转让,是指共有人向按份共有人以外的人进行转让。因此,按份共有人之间转让共有份额,其他按份共有人主张根据该条规定优先购买的,不符合该条规定的条件,法院不予支持。但是按份共有人之间对于共有人之间转让共有份额也适用优先购买权另有约定的,该约定有效,可以依照约定主张优先购买权。

第六,两个以上按份共有人都主张优先购买权,究竟由谁购买协商不成的,如果请求按照转让时各自份额比例,行使优先购买权,购买所转让的共有份额,则符合法律规定,法院应予支持。

2. 全体共有人处分全部共有财产

处分全部共有财产,是全体共有人的权利。《民法典》第301条规定:"处分共有的不动产或者动产以及对共有的不动产或者动产作重大修缮、变更性质或者用途的,应当经占份额2/3以上的按份共有人或者全体共同共有人同意,但共有人之间另有约定的除外。"没有达到这一规定的份额的部分共有人处分全部共有财产者,为无效。

如果全体共有人一致同意共有财产的全部处分权由一人或数人决定,则依其约定,拥有处分权的共有人可以处分该共有物的全部,但该处分权的决定必须经全体同意。如果共有人对是否处分共有财产无法协议,则应当由多数共有人或者应由部分占多数的共有人决定。

(四) 对份额的处分

1. 份额的分出

共有人有权要求分出自己的应有部分。所谓分出,指按份共有人退出共有关系,将自己的应有部分自共有财产中分割出来。通常而言,于法律或共有人的协议对分出定有限制时,按份共有人应遵守其限制。另外,各共有人为了实现一定的共同目的,也可约定一定期限内限制分出。

对于分出,《民法典》第303条规定了三点:(1)共有人约定不得分割共有的不动产或者动产,以维持共有关系的,应当依其约定,但共有人有重大理由需要分割的,可以请求分割;(2)没有约定或者约定不明确的,按份共有人可以随时请求分割共有物;(3)因分割对其他共有人造成损害的,请求分割的共有人应当给予赔偿。

2. 以应有部分设定负担

按份共有中的共有人既然可以分出、转让其应有部分,基于举重以明轻(分出、转让是位次较负担的设立更高的行为)的原则,就应有部分设立负担也就无不许之理,故现今通说认为共有人可就其份额设立抵押权、质权。而且,《担保法解释》第54条第1款也规定:按份共有人以其共有物中享有的份额设定抵押的,抵押有效。设立质权时,须使质权人与其他共有人共同占有共有物。在以份额设立抵押权时,共有物即使分割,对抵押权也不产生影响。

3. 份额的出租

按份共有人将其依份额对共有物所享有的使用权和收益权出租给他人。份额本身具有一定的财产价值,按份共有人将其出租,不违反法律的禁止性规定,也不违反公序良俗,应予准许,可沿袭原《合同法》而适用《民法典》合同编有关租赁合同的规定。

4. 份额的抛弃

按份共有人抛弃其份额,性质上属于处分行为,共有人可自由行使。

对于共有人抛弃的份额,其他共有人可否取得,我国多数学说与实务采否定立场,认为按份共有人抛弃的应有部分,应归国家所有。本书认为,份额的抛弃,若为动产,其抛弃后该份额的归属,应依先占或时效取得而定;若为不动产,则归属国库。

三、按份共有的外部关系

按份共有的外部关系,是指按份共有人与第三人间的法律关系。主要包括如下内容。

1. 各个按份共有人基于其份额可向第三人提出的各种请求

在按份共有中,各共有人基于其份额,可以向第三人行使的请求权,学理上称为份额权的对外扩张。份额权,指各共有人对其应有部分享有的权利,或共有人基于其应有部分,可以对共有物行使的权利。因应有部分权与所有权具同样的性质,故各共有人就其份额权可对第三人单独主张下列权利。

(1)第三人对自己所享有的份额权主张权利时,可以提起份额权确认之诉,请求确认自己对应有部分的权利,这是份额权的确认请求权。

(2)第三人妨害共有物时,可请求除去对共有物的妨害,这是份额权的妨害除去(排除)请求权。

(3)共有物有被妨害之虞时,可提起妨害防止(预防)请求权。

(4)共有物被他人非法侵夺时,共有人基于其份额权,可为全体共有人的利益提起共有物返还请求权。

(5)各共有人基于自己的份额权,有权提起旨在中断消灭时效与取得时效的完成的请求,这是基于份额权的时效中断请求权。

(6)对第三人的债权请求权。因共有物产生的对于第三人的债权,无论各个共有人之间约定按份享有或连带享有,于对第三人的关系方面,各个按份共有人享有连带债权,除非法律另有规定或第三人知道共有人不具连带债权债务关系(《民法典》第307条)。按照共有债权(且为连带债权)的行使规则,各个按份共有人可单独提起债权请求权的诉讼。

2. 各个按份共有人的对外责任

因共有物所生的对第三人的债务,如委托第三人保管共有物所生的保管费债务、委托第三人修缮共有物所生的报酬债务等,无论债务可分与否,依《民法典》第 307 条的规定,在对该第三人的关系方面,各个按份共有人连带承担,除非法律另有规定或第三人知道共有人之间不具有连带债务关系。

四、按份共有关系终止和共有物分割

(一) 分割按份共有财产的请求权

分割按份共有财产请求权也称解除共有关系请求权,或者分割请求权,是指在按份共有关系中,共有人享有的提出终止共有关系,分割共有财产的权利。这种共有人享有的权利是按份共有人的权利,即各共有人可以随时请求分割共有物,以消灭共有关系。

分割共有财产的权利性质是形成权,且其权利存在于共有关系的存续期间。在此期间共有人可以随时提出共有财产分割的请求权,只是要受以下三种因素的限制:一是受共有财产目的限制而不得请求分割;二是因共有财产继续供他物使用而不能分割;三是受约定共有关系存续期间不可分割期限的限制而不得分割。

(二) 按份共有关系的消灭

按份共有关系消灭的原因,最主要的是各共有人提出分割共有物的请求。除此之外,按份共有关系消灭还存在下列原因。

1. 共有物灭失

共有物因使用、意外原因而灭失的,共有关系因失去标的物而终止。

2. 共有物归共有人中一人所有

其他共有人将份额转归同一个共有人,该共有人取得全部其他共有人的所有份额,共有变成一般的个人所有,共有关系不复存在。

3. 共有人之间终止共有关系的协议

全体共有人协商一致,终止共有关系的,当然发生共有关系消灭的效力。

(三) 按份共有财产的分割

共有关系终止并非一律要分割共有财产,如共有物灭失和共有物归共有人中的一人所有,都不存在共有物的分割。只有协议终止共有关系和共有人提出分割共有物请求的,才产生分割共有物的效力。

共有物分割的方法:一是实物分割;二是变价分割;三是作价补偿。分割的效果是,各共有人分别取得单独所有权。

共有物分割效力的发生时间,即共有关系消灭,单独所有权产生的时间。各共有人在分完成时,取得分得物的所有权。各共有人经过分割共有财产,取得共有财产的单独所有权,共有关系终止,单独所有关系产生。

第三节 共同共有

一、共同共有的概念

共同共有也称为公同共有,狭义的共同共有是指合有,即各共有人依据法律或合同的效力,共同结合在一起,不分份额地共同所有某项财产。广义的共同共有包括合有和总有,由合有和总有两部分组成。现代民法所使用的共同共有是狭义的共同共有的概念,是指两个或两个以上的民事主体基于某种共同关系,对同一项财产不分份额地共同享有权利、承担义务的共有关系。《民法典》第299条规定:"共同共有人对共有的不动产或者动产共同享有所有权。"

二、共同共有的法律特征

(一)共同共有依据共同关系而发生

共同共有与按份共有不同,主要不是基于共有人的共同意志而发生,而是必须以某种共同关系的存在作为发生的必要条件。没有这种共同关系的存在,就不能发生共同共有关系。

(二)共同共有人在共有关系中不分份额

在共同共有关系中,共有人共同享有共有财产的所有权,不像按份共有那样区分应有部分的份额,享有份额权。只要共同共有关系存在,共有人对共有财产就无法划分各人的份额。

(三)共同共有人平等地享有权利和承担义务

在共同共有存续期间,各共有人对全部共有财产平等地享有占有、使用、收益和处分权,共同承担义务。与按份共有相比,共同共有人的权利及于整个共有财产,共同共有人行使整个共有权。

(四)共同共有人对共有财产享有连带权利,承担连带义务

在共同共有中,基于共有财产而设定的权利,使每个共同共有人都是权利人,该权利为连带权利。基于共有关系发生的债务亦为连带债务,每个共同共有人都是连带债务人。基于共有关系发生的民事责任,为连带民事责任,每个共有人都是连带责任人。

三、共同共有的性质

共同共有的性质是不分割的共有权。

首先,共同共有不分份额,因而是没有应有部分即份额的共有权,以此与按份共有相区别。

其次,共同共有人中的每个人都享有共有权,却不享有所有权,这就意味着,每个共有人并不是对全部共有财产全部所有,而只是共有,因而在实际上存在潜在的应有部分,存在潜在的份额。当然,这种潜在的份额在共同共有关系存续期间无法分析,也无法表现出来。

最后,在共同共有关系终止时,共有财产才可以分割,形成按份额分割出来的单独所有权。这时,共同共有潜在的应有部分或份额就显现出来,变成了实际的应有部分,但是,这种显现出来的份额此时已经没有意义了,因为共有财产和共有关系已经消灭了。然而,这正说明共同共有应有部分的潜在性,共同共有是不分割的共同所有权。

四、共同共有的类型

(一) 夫妻共有财产

夫妻财产共同共有为我国财产共同共有的基本类型。《民法典》第1062条规定:夫妻在婚姻关系存续期间所得的财产,归夫妻共同所有,双方另有约定的除外,夫妻对共同所有的财产,有平等的处理权。至于夫妻婚前的财产为个人财产的,则不属于夫妻共同财产的范围。婚姻关系存续期间,下列财产通常为夫妻共同财产。

(1)婚后夫妻一方或双方劳动所得的财产。无论夫妻在家庭中的分工如何、收入高低,夫妻婚后一方或双方劳动所得的财产,均由夫妻双方共同所有。

(2)婚后夫妻双方继承和接受赠与的财产。即夫妻双方通过继承遗产、接受赠与或接受遗赠所取得的财产,均为夫妻共有财产。

(3)夫妻以双方的合法收入购置的财产,除长期由一方使用的衣物、书籍外,属于夫妻共有财产。

(4)夫妻在婚姻关系存续期间取得的其他合法收入,以及其他无法确定为个人财产抑或共有财产的财产,推定为共有财产。

(二) 家庭共同财产

对于家庭共同财产,我国现行法未作明确规定,但学理与实务均认为,家庭共有财产是共同共有的一种形式。所谓家庭共有财产,指家庭成员于家庭共同生活关系存续期间共同创造、共同劳动所得的财产。

家庭共有财产的主体是对家庭共有财产的形成作出过贡献的家庭成员。它主要是家庭成员于共同生活期间的共同劳动收入、共同购置和积累起来的财产。但家庭共同经营收入中用作家庭成员各自消费的财产和家庭成员间已作了分配的财产应视为家庭成员各自所有的财产。

另外,家庭成员各自的工资收入和经营收入,除依《民法典》规定可认为属于夫妻共有财产的以外,也应归家庭成员各自所有。家庭共有财产人的权利义务,是指每个家庭成员对于家庭共有财产均享有平等的权利,承担相同的义务。

除法律另有规定或家庭成员间另有约定外,对于家庭共有财产的使用、处分或分割,均应取得全体家庭成员的同意,任何家庭成员不得随意处分属于家庭所有的共有财产。分家析产时,家庭共有关系终结,家庭成员可要求对共有财产进行分割。

(三) 遗产分割前的共有

根据我国《民法典》的规定,被继承人死亡后遗产分割前,各继承人对遗产的共有为共同共有,继承自被继承人死亡时开始。但在继承开始后,如继承人有数人时,其中任何继承人均不能单独地取得遗产的所有权,而只能为全体继承人所共有。此种共有形态是一种典型的共同共有。

(四) 合伙共同共有

因合伙合同的缔结,合伙人之间产生合伙关系。合伙不具备独立人格,其财产由全体合伙人共同共有,由合伙所生的债务由全体合伙人承担连带清偿责任。

五、共同共有的效力

共同共有的效力,即共同共有人之间的内部关系与外部关系。

(一) 共同共有人之间的内部关系

共同共有人对共有物共同享有所有权,故各个共有人的权利基于共有物的全部。共同共有人对于共有物的全部享有平等的使用、收益权,共同共有人不得主张就共同共有物享有特定的部分。因此,在共同共有关系存续期间,部分共有人擅自划分份额,处分共有财产的,应认定为无效。实务中,共有人对共有物进行具体的管理,通常依约定为之,如无约定或约定不明,各个共同共有人均有管理的权利和义务。

基于共同共有的特性,共同共有人就共有物享有的权利,须受产生该共同关系的法律的限制。当事人不得随意变更法律关于共同共有关系的成立的规定。例如,不得随意变更《民法典》关于夫妻关系存续期间,夫妻财产为共同所有的规定。只有如此,才能真正达到法律规定共同共有的目的。至于共同共有关系中的各共有人如何行使权利、承担义务,则通常依产生该共同共有关系的法律的直接规定解决。在法律无规定时,可由共同共有人全体以协议的方式解决。

在共同共有关系存续中,或在共同共有的基础丧失前,或未出现重大理由时,共同共有人不得请求分割共有物(《民法典》第303条)。共同共有基于共同关系而生,具共同的目的,所以在共同关系终止前,各共有人原则上不得请求分割乃至转让共有物,以求退出或消灭共同共有关系。

对共有物的处分和重大修缮,原则上须获得全体共有人的同意。由于共同共有人对共有物享有平等的权利,因此《民法典》第301条规定,除非共有人另有约定,在共同共有关系存续期间,对共有物的处分和重大修缮应当得到全体共有人的同意。当然,如果是对共有物进行保存或简单的修缮,一般无须经过全体共同共有人的同意。

另外,依照婚姻法的规定,夫妻为了日常生活的需要而处分价值额不大的共有物时,无须征得另一方的同意,但处分房产(如出卖夫妻共同共有的房屋)等价值额较高的共有物时,则须有配偶另一方的书面授权或同意处分的意思表示。

共有人侵害共有物时,其他共有人享有救济权。当共同共有中一共有人侵害共有物时,其他共有人可分情形而行使所有物返还请求权、妨害排除请求权及妨害预防请求权。

(二) 共同共有人之间的外部关系

1. 共同共有人的物权请求权

在共同共有关系存续期间,当共有物被他人非法占有、受到他人非法侵害或有被妨害的危险时,任何共有人均可行使基于所有权的请求权,以保全共有物所有权的圆满状态。

2. 共同共有人的连带债权、连带债务

因共有物而使共同共有人与第三人产生的债权,各个共同共有人享有连带债权,共同共有人对因共有物所产生的各类债务,承担连带责任(《民法典》第307条)。例如,因对共有物管理不善而造成他人损害的,全体共同共有人应承担赔偿责任。再如,在家庭共有和夫妻共有关系中,饲养的动物致人损害、共有的房屋坍塌致人损害等,都应由共有财产予以赔偿。

六、共同共有的消灭

共同共有消灭的原因,适用一般所有权消灭的原因,此外,还有其独特的消灭原因。

(一) 共同共有的基础法律关系消灭

共同共有的基础法律关系消灭,共同共有失去存续的基础,应当归于消灭。例如,夫妻关系因离婚而归于消灭,该共同共有不复存在。再如,合伙关系因合伙解散而归于终止,该共同共有随之消灭。

(二) 共有物被转让、被征收

共有物转让于他人,或被征收,共同共有权因失去标的物而归于消灭。不过,共有物转让所换取的对价,成立新的共同共有权,除非当事人有相反的约定。

(三) 共有物灭失

共有物灭失,共同共有权因丧失标的物而归于消灭。但在共有物已被保险,且因保

险事故而灭失的情况下,共有人获取的保险金上成立新的共同共有权,除非当事人有相反的约定。

七、共同共有物的分割

共同共有物的分割,包括两个方面:分割原则与分割方法。我国学理上通常认为,共同共有物的分割,应坚持的总原则是:遵守法律规定的原则,遵守约定的原则和平等协商、和睦团结的原则。

在上述原则下,对夫妻共同共有财产,原则上应坚持均等分割原则,每人各分得共有财产的一半;对于家庭共同财产,在坚持均等分割原则的同时,还应考虑共同共有人对共有财产的贡献大小,以及依各共有人生产、生活的实际情况具体确定分配财产的数量。至于共同继承的遗产的分割,则应依《民法典》的规定分割;合伙共同财产的份额,按各共有人投资比例分割。

根据《民法典》第 304 条第 1 款的规定,共有人可以协商确定共有物的分割方式。达不成协议,共有物可以分割并且不会因分割减损价值的,应当对实物予以分割;难以分割或者因分割会减损价值的,应当对折价或者拍卖、变卖取得的价款予以分割。此外,该条第 2 款还规定:共有人分割所得的不动产或者动产有瑕疵的,其他共有人应当分担损失。

第四节 准 共 有

一、准共有概述

(一) 准共有的概念和特征

准共有,是指两个或两个以上民事主体对所有权以外的财产权共同享有权利的共有。它与普通的共有既有联系,又有区别,共同组成完整的共有法律制度。我国《民法典》虽然没有明确使用准共有的概念,但是,在第 310 条规定:"两个以上组织、个人共同享有用益物权、担保物权的,参照适用本章的有关规定。"这里规定的就是准共有。事实上,知识产权和债权也可以构成准共有,不过《民法典》只规定了他物权的准共有。

准共有具有以下法律特征。

1. 准共有的权利是所有权以外的其他财产权

这里的其他财产权,不是仅仅包括《民法典》物权编中他物权的概念,而是一个广义上的概念,为广义的财产权,是指具有财产利益内容的民事权利,包括他物权和知识产权。

2. 准共有适用共有的基本原理

准共有是共有的一种特殊类型,除了共有的权利有所不同外,在其他方面与一般共有适用同样的基本原理。

3. 准共有优先适用关于该权利立法的特别规定

准共有是物权法的制度,规定在《民法典》物权编的所有权内容之中。关于准共有的财产权利,法律有专门的规定,如共有他物权规定在《民法典》物权编的他物权部分,其中用益物权规定在用益物权当中;担保物权规定在《民法典》担保物权分编或者担保物权当中;共有知识产权规定在著作权法、商标法或者专利法中。

(二) 准共有的分类

按照共有的权利的不同内容划分,准共有可以分成以下四种类型。

1. 用益物权的准共有

用益物权的准共有是最主要的准共有。其共有的权利就是用益物权,包括地上权即国有土地使用权、宅基地使用权的共有,地役权的共有,土地承包经营权的共有。

2. 担保物权的准共有

担保物权也可以共有,共有的担保物权就是担保物权的准共有,包括抵押权共有,质权共有,留置权共有。

3. 特许物权的准共有

特许物权也可以形成准共有。在取得采矿权、取水权和养殖权等特许物权时,如果是两个以上的民事主体共同享有,或者按份共有,或者共同共有,也是准共有性质的权利,为准共有的一种类型。

4. 知识产权准共有

共有知识产权是常见现象。一般是指数个主体依据共同的创造性劳动,共同取得了一个著作权、商标权或者专利权,形成准共有。知识产权的准共有包括著作权共有、专利权共有和商标权共有。

二、准共有的发生及其效力

(一) 准共有的发生

准共有基于两个或两个以上民事主体的共同行为,取得所有权以外的财产权而发生。该种所有权以外的财产权一经取得,即在共有人之间发生准共有关系,数个共有人对共有的他物权、知识产权和债权享有共同的权利,承担共同的义务。

两个或两个以上的民事主体共同取得所有权以外的财产权,是准共有发生的原因。对其他财产权的取得,分为原始取得和继受取得。

准共有的原始取得,是准共有人对其他财产权的最初取得,是依据法律规定和当事人之间的法律行为而取得。其具体的形式有:依法取得,批准取得,登记取得,合意取得。

准共有的继受取得是其他财产权的共有人通过某种法律行为或原因事实,从他人处取得这些权利并共同享有。其具体的形式有:转让取得和继承取得。

(二) 准共有的效力

准共有发生以后,基本的效力是发生准共有的权利义务关系。

1. 准共有的权利

准共有的基本权利,是共有人共享该权利的共有权,每个共有人都对共有的客体享有按份的或者平等的权利。每个人都可以依照规定占有、用益、处分该客体,以此获得收益。

共同行使准共有权的内容包括:共同的使用收益权,共同的处分权,行使准共同财产产生的物上请求权等权利,设置准共有财产物上权的权利,代表权。

按份行使准共有权的内容包括:按份额行使权利,请求分割的权利,使用收益权,应有部分的处分权。

2. 准共有的义务

准共有的义务主要包括:对共有物(或者权利标的)进行维修、保管、改良的义务,共同准共有的不得分割共有的义务,对外的连带义务或者按份义务。

三、准共有的终止及分割

准共有基于准共有的其他财产权消灭和其他财产权的共同关系的消灭而终止。准共有终止的效力,是消灭准共有的权利义务关系,分割共有的权利或分割共有的财产利益。

(一) 准共有关系的消灭

无论是按份共有还是共同共有,在准共有关系存续期间,共有人之间都存在一种共同的关系。当这种共同关系消灭之后,准共有终止。

在共同共有的准共有中,共有关系终止是因为产生这种共有关系的共同关系消灭。在按份共有的准共有中,终止共有关系的事由主要有四种情形:一是准共有人协商一致终止准共有关系,准共有关系当然消灭。二是约定准共有关系存续的期限已经届满,准共有关系随着期限的届满而消灭。三是部分准共有人要求分割准共有,准共有关系随着准共有财产权的分割而消灭。四是准共有权归属准共有人中的一人享有时,准共有关系即终止。

(二) 准共有权利以及形成的共有财产的分割

对准共有的财产权进行分割,如果是共同准共有,应当平均分割;按份共有的,应当按照份额进行分割。

在分割准共有财产权的同时,对准共有财产权已经取得的财产利益,即形成的共有财产,一并进行分割,并按照一般共有财产分割的办法,均等分割或者按份分割。

(三)准共有基于财产权利消灭而终止

准共有人准共有的财产权消灭,是准共有消灭的另一类重要原因。共有人准共有的财产权消灭,类似于一般共有中的共有财产灭失,都是共有的标的灭失,使共有关系失去共有的标的而归于终止,所不同的是前者为权利,后者为财产。具体原因,一是准共有权利的存续期限届满;二是准共有财产权利已经实现;三是设置该财产权的目的实现;四是准共有财产权的标的物灭失;五是准共有财产权被抛弃或撤销。

(四)财产利益分割

准共有基于共有的财产权利消灭而终止以后,因该种财产权利已终止,所以不发生分割权利的后果,只发生分割因该项权利的存续而取得的财产利益的后果。这种情况只发生在用益物权、知识产权和债权的准共有关系终止的场合,在担保物权的场合不发生分割财产利益的问题,因为担保物权的目的是保证债务履行,不存在获益的问题。

对准共有的财产权所产生的财产利益进行分割,应按照共同共有和按份共有分割的一般规则进行。对共同准共有的财产利益,应均等分割,有时也要适当考虑准共有人的贡献大小;对按份准共有的财产利益,应按各准共有人的份额进行分割。

课后习题

1. 共有权的概念是什么?有哪些特征?
2. 共有关系的产生有哪些原因?
3. 按份共有的对内、对外关系有哪些?
4. 共同共有人的权利和义务是什么?
5. 准共有有哪些类型?具体内容是什么?

第八章 用益物权及特许物权

【学习目标】

1.了解用益物权的概念、特征。

2.了解我国《民法典》中规定的用益物权及特许物权的类型。

【引导案例】

陶某3年前与村委会签订了为期30年的土地承包合同。但近两年陶某一直在县城做生意,没有时间管理土地。2022年春天陶某与邻居李某协商后,签订了土地转包协议,将承包土地转包给李某经营。村委会得知后,以此事没有征得村委会同意为由,认定转包协议无效,并说陶某如果不承包土地,村委会就要提前收回承包土地地。双方争执不下,陶某起诉到法院,请求法院保护其承包土地的转包权。

请思考:

1.陶某与李某签订的土地转包协议是否有效,为什么?

2.本案应当如何处理?

【评析】

1.可以明确,陶某与李某签订的土地转包协议是有效的。《农村土地承包法》第10条规定:"国家保护承包方依法、自愿、有偿地进行土地承包经营权流转。"第32条规定:"通过家庭承包取得的土地承包经营权可以依法采取转包、出租、互换、转让或者其他方式流转。"第34条规定:"土地承包经营权流转的主体是承包方。承包方有权依法自主决定土地承包经营权是否流转和流转的方式。"第37条:"土地承包经营权采取转包、出租、互换、转让或者其他方式流转,当事人双方应当签订书面合同。采取转让方式流转的,应当经发包方同意;采取转包、出租、互换或者其他方式流转的,应当报发包方备案。"根据上述规定,陶某与邻居李某签订的是土地转包协议,不必经原发包方即村委会同意,只要报村委会备案即可。村委会以陶某不承包土地就要提前收回承包地的说法没有法律依据。

2.依据《农村土地承包法》第37条规定,陶某与李某已经签订了土地转包协议,报村委会备案即可。

第一节 用益物权概述

一、用益物权的概念和意义

（一）用益物权的概念

用益物权，是指对他人所有的动产和不动产，依法享有的占有、使用和收益的权利。《民法典》第323条规定："用益物权人对他人所有的不动产或者动产，依法享有占有、使用和收益的权利。"

1. 用益物权是他物权

用益物权是权利人对他人所有之物享有占有、使用和收益的权利。根据物权分类，所有权是自物权，用益物权和担保物权为他物权、定限物权。用益物权是在所有权之上设立的一个新的物权，因此所有权人行使所有权不能妨害用益物权人的权利。另外，用益物权作为定限物权，其权利内容没有所有权丰富，用益物权人仅能在一定的限度内对标的物进行占有、使用和收益。

2. 用益物权是以使用和收益为内容的定限物权

用益物权是权利人对标的物的使用价值进行利用的权利，设置用益物权的目的就是对他人所有的不动产进行使用和收益。用益物权的这个特点恰与担保物权人支配标的物的交换价值形成对照。

3. 用益物权的标的物通常为不动产

《民法典》规定用益物权的客体为动产和不动产，但《民法典》列举的土地承包经营权、建设用地使用权、宅基地使用权、居住权、地役权均是以不动产为其客体。即使作为准物权的海域使用权、探矿权、采矿权、取水权等权利也都是以自然资源为客体，而不是动产。

一般认为用益物权以不动产为主是基于不动产以登记为公示方法，可以表现较为复杂的法律关系，且不动产因其位置固定、价值较大，在其上设立用益物权得以发挥其物的使用价值。动产以占有为公示方法，仅能表示较为简单的法律关系，且动产种类繁多，价值通常低于不动产，人们更倾向于购买、租赁或者借用。

4. 用益物权的享有和行使以占有为前提

用益物权以对他人之物的使用、收益为目的，若不占有则无法实现使用、收益的目的。

5. 用益物权为独立物权

用益物权人享有用益物权不以享有其他财产权为前提条件。在权利存续期间，用益物权独立存在，不受其他权利的影响。与此相反，担保物权是主债权的从权利，主债权消灭，担保物权消灭。

（二）用益物权的意义

1. 用益物权是物的使用价值的实现方式

所有权兼具使用价值和交换价值,用益物权则在于对发挥物的使用价值。虽然通过对物的租赁、借用等方式也可以在一定程度上发挥物的使用价值,但其毕竟属于债法上的制度,对于物的使用人保护不够周延,且不适于物的长久利用关系。而用益物权制度使物的利用关系物权化,有利于物的长久利用,稳定当事人之间的关系,得以对抗第三人,可以更好地促进社会经济的发展。特别是我国实行生产资料社会主义公有制,土地、矿藏等资源的所有权皆属国家,通过用益物权制度可以有效地发挥公有财产的使用价值,促进社会生产力的发展。

2. 用益物权增进物尽其用的使用价值

所有权人虽拥有物的所有权,但其未必能完全、充分发挥物的使用价值。用益物权制度得以调节人的支配需求与资源有限性之间的矛盾,以达到物尽其用,满足非所有权人利用他人之物的需要,所有权人也可以通过设定用益物权取得对价。

二、用益物权的内容

（一）我国的用益物内容

《民法典》第十一章至第十五章分别规定了土地承包经营权、建设用地使用权、宅基地使用权、居住权、地役权五种用益物权。同时在第328条中规定了海域使用权,在第329条中规定了探矿权、采矿权、取水权、养殖权、捕捞权等准物权。

（二）比较法上的用益物权

用益物权因法制历史和各国国情的不同,在当今不同国家表现有不同的种类。《法国民法典》规定了四种用益物权:用益权、使用权、居住权和地役权;《德国民法典》规定了地上权、物权的先买权、役权(含地役权、用益权和限制的役权)、物上负担等用益物权;日本法规定了地上权、永小作权(永佃权)、地役权和入会权等用益物权;瑞士法上规定了地役权、用益权及他役权、土地负担。

三、用益物权的取得、变更和消灭

（一）用益物权的取得

1. 基于法律行为而取得

我国《民法典》所规定的用益物权均可通过当事人订立合同的方式取得,可以通过创设取得,如建设用地使用权人与政府通过签订国有土地使用权出让合同取得建设用地使用权。《民法典》第333条、第348条、第367条的规定均为创设取得用益物权。用益物权也可通过转移取得,如建设用地使用权人将权利转让给他人。

由于《民法典》规定的用益物权客体均为不动产,故除订立合同之外还应适用《民法典》第209条的规定设立用益物权。但只有建设用地使用权、居住权为登记生效主义,地役权、土地承包经营权为登记对抗主义。宅基地使用权目前不依登记设立。

2. 基于法律规定而取得

当事人基于继承的方式取得用益物权是依据继承的法律规定而取得用益物权的方式,属于依法律规定而取得的方式。

(二) 用益物权的变更

用益物权存续期间,可发生权利内容的变更,如地役权的权利期限变化、有偿无偿的变化等。用益物权的变更同样应遵循《民法典》第209条的规定,否则不发生物权变动的效力或不能对抗善意第三人。

(三) 用益物权的消灭

用益物权消灭的原因主要有以下几种。

(1) 标的物的灭失,如宅基地因自然灾害等原因灭失的,宅基地使用权消灭(《民法典》第364条)。

(2) 标的物被征收,如宅基地被征收的,被征收土地上的宅基地使用权消灭。需注意的是,用益物权消灭亦应办理注销登记。

第二节 特许物权概述

一、特许物权的概念

特许物权,是指民事主体依法定程序,经有关行政主管机关许可后而享有的对自然资源进行占有、使用、收益及一定处分的权利。由于其标的为自然资源,故也称自然资源使用权。[1]

《民法典》第325条规定:"国家实行自然资源有偿使用制度,但是法律另有规定的除外。"

《民法典》所规定的自然资源使用权主要有海域使用权、探矿权、采矿权、取水权、养殖权、捕捞权。

除《民法典》对自然资源使用权进行了规定,自然资源使用权更多地规定于特别法之中,如《矿产资源法》《渔业法》《海域使用管理法》。特别法未规定时,适用《民法典》的规定。

二、特许物权的特征

1. 特许物权的标的是自然资源而不是土地本身

特许物权设立于土地以外的其他自然资源之上,因此,特许物权的标的物在法律

---

[1] 江平主编:《中国物权法教程》,304页,北京,知识产权出版社,2007。

上属于消耗物。尽管自然资源附着于土地,其权属界定一般与土地的权属界定密切相关,但这既不会影响特许物权的存在,也不会影响其他不动产用益物权的行使。所以,特许物权的权利标的并非表现为不动产的形态,而是表现为实施行政特别许可的某种行为。

2. 特许物权的权利行使方式是对自然资源的取得和开发行为

特许物权的行使方式是在特定的土地上对自然资源的取得和开发,如对自然资源的检测(如探矿权)、独立利用(如养殖权和捕捞权)和取得(如取水权、采矿权)等,其行使的对象是具体的资源。这与不动产用益物权对不动产长期占有、使用、收益不同。实践中,虽然一些特许物权人也需要对自然资源所在的土地取得土地使用权,但其土地使用权仅为实施特许物权而设立,如在矿产所在地上修建办公区和厂房、设立巷道口,而许可开采的矿脉可能已经远远超出了土地使用权的范围。

3. 特许物权的取得方式是行政许可

《民法典》规定的特许物权的取得必须经过自然资源的行政主管部门的行政许可,非依行政许可当事人不能取得特许物权。在特许物权中,主管部门是公共管理者的身份,这与建设用地使用权的设立中,政府是以国有土地所有者代表的身份与相对人订立合同,双方的身份地位是平等的并不相同。

4. 《民法典》规定的自然资源使用以有偿使用为原则,无偿使用为例外

根据《民法典》第325条的规定和相关特别法的规定,我国实行自然资源有偿使用制度,以确保自然资源所有权在经济上更充分地得到实现,充分发挥市场对经济发展的积极作用。如《土地管理法》第2条第5款规定:"国家依法实行国有土地有偿使用制度。但是,国家在法律规定的范围内划拨国有土地使用权的除外。"《矿产资源法》第5条规定:"国家对矿产资源实行有偿开采。开采矿产资源,必须按照国家有关规定缴纳资源税和资源补偿费。"

《水法》第7条规定:"国家对水资源依法实行取水许可制度和有偿使用制度。但是,农村集体经济组织及其成员使用本集体经济组织的水塘、水库中的水除外。国务院水行政主管部门负责全国取水许可制度和水资源有偿使用制度的组织实施。"作为例外的自然资源无偿使用制度中,其范围和适用条件均有严格的限制。

第三节 特许物权的种类及其内容

一、海域使用权

(一) 海域使用权的概念和特征

1. 海域使用权的概念

海域使用权,是指组织或者个人依法取得对国家所有的特定海域排他性使用权。

《民法典》第 328 条规定:"依法取得的海域使用权受法律保护。"

2. 海域使用权的特征

(1)海域使用权的客体是海域。

根据《海域使用管理法》第 2 条的规定,海域是指我国的内水、领海的水面、水体、海底和底土。范围从海岸线开始至领海外部界线为止。海域使用权就是依法使用上述海域的特许物权。

(2)海域使用权是排他性使用权。

海域使用权人取得相关海域的使用权后,其他组织或个人不得在该海域内实施与海域使用权人相同的用海行为。《海域使用管理法》第 23 条第 2 款规定,海域使用权人有依法保护和合理使用海域的义务;海域使用权人对不妨害其依法使用海域的非排他性用海活动,不得阻挠。

(二)海域使用权的取得

海域使用权的取得方式有以下三种。

1. 依法申请取得

单位或者个人可以向县级以上人民政府海洋行政主管部门申请使用海域,得到批准后,经过登记,取得海域使用权。

2. 招标取得

依法享有海域使用权审批权限的行政主管部门发布招标公告,根据投标结果确定海域使用权人。

3. 拍卖

依法享有海域使用权审批权限的行政主管部门自己或者委托代理人组织符合条件的海域使用权申请人公开叫价竞投,由叫价最高者获得海域使用权。

单位或者个人申请海域使用权被批准或者通过招标、拍卖方式取得海域使用权后,海域使用权人应当办理登记手续。依照规定由国务院批准的,由国务院登记造册,向海域使用权人颁发海域使用权证书;属于地方人民政府批准用海的,由地方人民政府登记造册,向海域使用权人颁发海域使用权证书。海域使用申请人自领取海域使用权证书之日起,取得海域使用权。

(三)海域使用权的期限

海域使用权的最高期限,按照不同用途进行确定:养殖用海为 15 年,拆船用海为 20 年,旅游、娱乐用海为 25 年,盐业、矿业用海为 30 年,公益事业用海为 40 年,港口、修造船厂等建设工程用海为 50 年。

(四)海域使用权的效力

1. 海域使用权人的权利

(1)占有海域的权利。海域使用权人有权对特定海域进行排他性的占有,他人不得干涉。

(2)使用、收益的权利。权利人有权依法使用海域并且获得收益,任何单位和个人都不得非法侵犯。

(3)处分海域使用权的权利。权利人有权依法将海域使用权进行转让、继承和设定抵押。

2. 海域使用权人的义务

(1)海域使用权人在使用海域期间,未经依法批准,不得从事海洋基础测绘。

(2)海域使用权人发现所使用的海域的自然资源和自然条件发生重大变化时,应当及时报告海洋行政主管部门。

(3)海域使用权人不得擅自改变批准的海域用途,确需改变的,应当在符合海洋功能区划的前提下,报原批准用海的人民政府批准。

(4)海域使用权人负有依法保护和合理使用海域的义务。

(5)海域使用权人对不妨害其依法使用海域的非排他性用海活动不得阻挠。

(6)海域使用权终止后,原海域使用权人应当拆除可能造成海洋环境污染或者影响其他用海项目的用海设施和构筑物。

二、探矿权、采矿权

(一) 探矿权、采矿权的概念

探矿权,是指在依法取得的勘查许可证规定的范围内,勘查矿产资源的权利。取得勘查许可证的单位或者个人称为探矿权人。

采矿权,是指在依法取得的采矿许可证规定的范围内,开采矿产资源,获得所开采的矿产品的权利。取得采矿许可证的单位或个人称为采矿权人。

(二) 探矿权、采矿权的具体规则

1. 探矿权、采矿权的取得须经行政许可

《矿产资源法》第3条第3款规定,勘查矿产资源,必须依法登记。开采矿产资源,必须依法申请取得采矿权。探矿权、采矿权是两个独立的权利,应当分别申请登记,只取得探矿权的,不能开采矿藏。

2. 探矿权、采矿权是有偿取得的权利

根据《矿产资源法》第5条的规定,国家实行探矿权、采矿权有偿使用制度。但是国家对探矿权、采矿权有偿取得的费用,可以根据不同的情况减缴、免缴。开采矿产资源必须按照国家有关规定缴纳资源税和资源补偿费。

3. 探矿权、采矿权流转受到限制

根据《矿产资源法》第6条的规定,探矿权、采矿权原则上不得倒卖牟利,但在符合以

下条件下可以转让。

(1)探矿权人有权在划定的勘查作业区内进行规定的勘查作业,有权优先取得勘查作业区内矿产资源的采矿权。探矿权人在完成规定的最低勘查投入后,经依法批准,可以将探矿权转让他人。

(2)已取得采矿权的矿山企业,因企业合并、分立,与他人合资、合作经营,或者因企业资产出售以及有其他变更企业资产产权的情形而需要变更采矿权主体的,经依法批准可以将采矿权转让他人。

(三)探矿权人的权利和义务

1. 探矿权人的权利

《矿产资源法实施细则》第16条规定,探矿权人享有下列权利。

(1)按照勘查许可证规定的区域、期限、工作对象进行勘查;

(2)在勘查作业区及相邻区域架设供电、供水、通讯管线,但是不得影响或者损害原有的供电、供水设施和通讯管线;

(3)在勘查作业区及相邻区域通行;

(4)根据工程需要临时使用土地;

(5)优先取得勘查作业区内新发现矿种的探矿权;

(6)优先取得勘查作业区内矿产资源的采矿权;

(7)自行销售勘查中按照批准的工程设计施工回收的矿产品,但是国务院规定由指定单位统一收购的矿产品除外。

探矿权人行使前款所列权利时,有关法律、法规规定应当经过批准或者履行其他手续的,应当遵守有关法律、法规的规定。

2. 探矿权人的义务

《矿产资源法实施细则》第17条规定:探矿权人应当履行下列义务:

(1)在规定的期限内开始施工,并在勘查许可证规定的期限内完成勘查工作;

(2)向勘查登记管理机关报告开工等情况;

(3)按照探矿工程设计施工,不得擅自进行采矿活动;

(4)在查明主要矿种的同时,对共生、伴生矿产资源进行综合勘查、综合评价;

(5)编写矿产资源勘查报告,提交有关部门审批;

(6)按照国务院有关规定汇交矿产资源勘查成果档案资料;

(7)遵守有关法律、法规关于劳动安全、土地复垦和环境保护的规定;

(8)勘查作业完毕,及时封、填探矿作业遗留的井、硐或者采取其他措施,消除安全隐患。

(四)采矿权人的权利和义务

1. 采矿权人的权利

《矿产资源法实施细则》第30条规定,采矿权人享有下列权利:

(1)按照采矿许可证规定的开采范围和期限从事开采活动;
(2)自行销售矿产品,但是国务院规定由指定的单位统一收购的矿产品除外;
(3)在矿区范围内建设采矿所需的生产和生活设施;
(4)根据生产建设的需要依法取得土地使用权;
(5)法律、法规规定的其他权利。

采矿权人行使前款所列权利时,法律、法规规定应当经过批准或者履行其他手续的,依照有关法律、法规的规定办理。

2. 采矿权人的义务

《矿产资源法实施细则》第31条规定,采矿权人应当履行下列义务:
(1)在批准的期限内进行矿山建设或者开采;
(2)有效保护、合理开采、综合利用矿产资源;
(3)依法缴纳资源税和矿产资源补偿费;
(4)遵守国家有关劳动安全、水土保持、土地复垦和环境保护的法律、法规;
(5)接受地质矿产主管部门和有关主管部门的监督管理,按照规定填报矿产储量表和矿产资源开发利用情况统计报告。

《矿产资源法实施细则》第32条规定,采矿权人在采矿许可证有效期满或者在有效期内,停办矿山而矿产资源尚未采完的,必须采取措施将资源保持在能够继续开采的状态,并事先完成下列工作。
(1)编制矿山开采现状报告及实测图件;
(2)按照有关规定报销所消耗的储量;
(3)按照原设计实际完成相应的有关劳动安全、水土保持、土地复垦和环境保护工作,或者缴清土地复垦和环境保护的有关费用。

采矿权人停办矿山的申请,须经原批准开办矿山的主管部门批准、原颁发采矿许可证的机关验收合格后,方可办理有关证、照注销手续。

三、取水权

(一) 取水权的概念和特征

取水权,是指组织或个人依法经批准直接从江河、湖泊或者地下获取水资源的权利。水资源包括地表水和地下水。

(二) 取水权的取得

根据《水法》的规定,水资源属于国家所有。水资源的所有权由国务院代表国家行使。农村集体经济组织的水塘和由农村集体经济组织修建管理的水库中的水,归各该农村集体经济组织使用。国家对水资源依法实行取水许可制度和有偿使用制度。但是,农村集体经济组织及其成员使用本集体经济组织的水塘、水库中的水的除外。国务院水行政主管部门负责全国取水许可制度和水资源有偿使用制度的组织实施。因此,水资源的取得主要有以下三种方式。

(1)直接从江河、湖泊、地下取用水资源的组织或个人,应当按照水资源有偿使用的规定,向水行政主管部门或流域管理机构申请领取取水证,并缴纳水资源费。

取水权许可证有效期限一般为5年,最长不超过10年。有效期届满,需要延续的,取水单位或个人应当在有效期届满45日前向原审批机关提出申请,原审批机关应当在有效期届满前,作出是否延续的决定。

(2)农村集体经济组织及其成员使用本集体经济组织的水塘、水库中的水,不需要申请取水许可。

(3)家庭生活和零星散养、圈养畜禽饮用等少量取水,不需要申请取水许可。

四、从事养殖、捕捞的权利

(一)概述

从事养殖、捕捞的权利在《渔业法》中已作出了具体的规定。《渔业法》第11条规定,国家对水域利用进行统一规划,确定可以用于养殖业的水域和滩涂。单位和个人使用国家规划确定用于养殖业的全民所有的水域、滩涂的,使用者应当向县级以上地方人民政府渔业行政主管部门提出申请,由本级人民政府核发养殖证,许可其使用该水域、滩涂从事养殖生产。核发养殖证的具体办法由国务院规定。

(二)养殖权

养殖权,是指经批准在国家或者集体所有的海面、河道、湖泊以及水库的水面从事养殖、经营的权利。

养殖权的取得须经过行政许可,单位和个人使用国家规划确定用于养殖业的全民所有的水域、滩涂的,使用者应当向县级以上地方人民政府渔业行政主管部门提出申请,由本级人民政府核发养殖证,许可其使用该水域、滩涂从事养殖生产。核发养殖证的具体办法由国务院规定。

养殖权须在特定的水域行使,进行养殖经营。

养殖权可以依法转让、出租、设定抵押,也可以由其继承人继承。

(三)捕捞权

捕捞权,是指经依法批准获得的在我国管辖的内水、滩涂、领海、专属经济区以及我国管辖的一切海域内从事捕捞水生动物、水生植物等活动的权利。

我国对于捕捞业实行捕捞许可证制度。渔业捕捞许可证是国家批准从事捕捞生产的证书。从事捕捞生产的组织和个人,必须向县级以上主管部门提出申请,取得渔业捕捞许可证后,方可进行作业。县级以上渔业行政主管部门,按不同作业水域、作业类型、捕捞品种和渔船马力大小,实行分级审批发放。捕捞许可证也有一定的期限,比如,内陆水域捕捞许可证的有效期限为5年。

课后习题

1. 简述用益物权的概念、特征?
2. 简述特许物权的概念、特征,《民法典》规定的特许物权的种类?

第九章　土地承包经营权

【学习目标】

1. 掌握土地承包经营权的性质、概念、法律特征。
2. 了解土地承包经营权的取得方式。
3. 了解土地承包经营权的效力,土地经营权流转制度。

【引导案例】

甲与村委会于1999年签订《果园承包合同》,承包本村的果园20亩,承包期30年。甲承包果园10年后,将果园出租给乙经营。后甲全家搬入县城居住。乙为了增加收入,依托果园开展休闲采摘经营。2019年,村委会决定在村里兴建农业观光园,甲承包的果园处于农业观光园的规划范围之内。

村委会经研究认为,村集体兴建农业观光园是村集体的公益项目,甲全家已经搬入县城居住,甲不应再享有承包经营权,应当将其承包的果园交还给村委会。对于果园的经营人乙,村委会认为其搞休闲采摘经营是在农用地上从事商业开发,改变了土地承包经营性质,也应当收回承包的土地。对于果园内的地上物,村委会决定给予适当的补偿。该意见经全体村民代表同意,后村委会作出终止《果园承包合同》的决定。

请思考:村委会的做法是否符合法律规定?

【评析】

本案中,甲与村委会因签订《果园承包合同》而取得土地承包经营权。甲通过出租的方式将果园交给乙经营,这是一种流转经营权的行为。根据《民法典》339条的规定,土地承包经营权人可以自主决定依法采取出租、入股或者其他方式向他人流转土地经营权。乙作为土地经营权人,享有对甲承包土地的占有、使用、收益的权利,乙在果园内开展休闲采摘的经营是行使收益权的行为,该行为并没有改变承包地的农业用途。

甲全家虽然搬入县城居住,该行为并不导致甲丧失土地承包经营权。《农村土地承包法》第27条第3款规定,承包期内,承包农户进城落户的,引导支持其按照自愿有偿原则依法在本集体经济组织内转让土地承包经营权或者将承包地交回发包方,也可以鼓励其流转土地经营权。所以甲在县城居住并不导致其丧失土地承包经营权,村委会不能以此为理由单方收回承包地。

我国法律并没有规定农村集体经济组织因本集体经济组织的公益目的可以提前收

回承包地的权利。同时,收回承包地的决定,也不因是否经过村民代表讨论而生效或具有法律效力。

第一节 土地承包经营权概述

一、土地承包经营权的概念

土地承包经营权,是民事主体对农民集体所有或国家所有由农民集体使用的耕地、林地、草地以及其他用于农业的土地,所享有的占有、使用和收益的权利。

土地承包经营权制度主要规定在《民法典》和《农村土地承包法》当中,另外《渔业法》《草原法》《森林法》等单行法对土地承包经营权也有相应的规定。

《民法典》第330条规定:"农村集体经济组织实行家庭承包经营为基础、统分结合的双层经营体制。农民集体所有和国家所有由农民集体使用的耕地、林地、草地以及其他用于农业的土地,依法实行土地承包经营制度。"第331条规定:"土地承包经营权人依法对其承包经营的耕地、林地、草地等享有占有、使用和收益的权利,有权从事种植业、林业、畜牧业等农业生产。"

《农村土地承包法》第3条规定:"国家实行农村土地承包经营制度。农村土地承包采取农村集体经济组织内部的家庭承包方式,不宜采取家庭承包方式的荒山、荒沟、荒丘、荒滩等农村土地,可以采取招标、拍卖、公开协商等方式承包。"

二、土地承包经营权的法律特征

根据相关法律规定,我国的土地承包经营权有如下特征。

1. 土地承包经营权的客体是农民集体所有或国家所有由农民集体使用的耕地、林地、草地以及其他用于农业的土地

农民集体所有或国家所有由农民集体使用的耕地、林地、草地以及其他用于农业的土地统称为农村土地。能够设立土地承包经营权的农村土地主要包括以下三种类型。

一是农民集体所有的农业土地,即农民集体所有的耕地、林地、草地。这些农村土地,多采用人人有份的家庭承包方式,集体经济组织成员都有承包的权利。

二是国家所有依法由农民集体使用的耕地、林地、草地。国家所有依法由农民集体使用的耕地、林地、草地与农民集体所有的耕地、林地、草地的区别在于前者的所有权属于国家,但依法由农民集体使用。

三是其他依法用于农业的土地。主要有耕地、林地和草地,还有一些其他依法用于农业的土地,如养殖水面、菜地等。养殖水面主要是指用于养殖水产品的水面,养殖水面属于农村土地不可分割的一部分,也是用于农业生产的,所以也包括在农村土地的范围之中。此外,还有荒山、荒丘、荒沟、荒滩等"四荒地","四荒地"依法是要用于农业的,也属于土地承包经营权中的农村土地。

2. 土地承包经营权的主体是一切从事农业生产经营的民事主体

根据《农村土地承包法》的规定,土地承包经营权的主体为一切从事农业生产的民事主体,包括自然人、法人和非法人组织,且不限于农村集体经济组织的成员。

我国对不同的农村土地,采取不同的承包方式,相应的承包主体也有所不同。对于本集体经济组织所有的耕地、林地、草地等农业地,采取农村集体经济组织内部的家庭承包方式。农村集体经济组织的每一个农户家庭为一个生产经营单位,集体经济组织成员无论男女,平等地享有承包权。

在承包时以户为生产经营单位,一个农户家庭的全体成员作为承包方,承包户家庭成员死亡的,承包户内的其他成员继续承包。对于不宜采取家庭承包方式的"四荒地"可以采取招标、拍卖、公开协商等方式承包,承包的主体不限于本集体经济组织成员。

3. 土地承包经营权系以从事农业生产为目的的用益物权

土地承包经营权人有权在集体的土地上进行耕作、养殖或者畜牧等农业生产。有权获得从承包地上产生的收益,这种收益主要是指从承包地上种植的农林作物以及畜牧中所获得的利益。例如,粮田里产出的粮食,果树产生的果实等。

承包人还有权自由处置产品,可以自由决定农林牧产品是否出售、如何出售、出售给谁等。承包权人在承包期内不得改变土地的农业用途。但对承包土地的使用不仅仅表现为进行传统意义上的耕作、种植等,对于因进行农业生产而修建的必要的附属设施,如建造沟渠、修建水井等构筑物,也应是对承包土地的一种使用。所修建的附属设施的所有权应当归属承包人享有。[1]

【案例9】

1999年10月11日,史某波之父史某会与村委会签订合同,承包本村地名"大拐"5.5亩、"河西崖"5.6亩两块人口地共11.1亩。该轮土地延包时史某会家庭成员包括再婚妻子吴某某,女儿史某红、史某霞,以及与前妻之子史某波等8人。史某红、史某霞两人分别于2003年、2009年出嫁外村,但均未在迁入地分得人口地。

2005年1月1日,史某波与父母在村委主持下分家,双方赡养协议书中约定"河西崖"5.6亩土地归史某波耕种。史某会去世后,史某红、史某霞与史某波就"大拐"5.5亩土地承包经营权发生争议,诉至法院,主张与其母亲吴某某共享该处权益。

法院经审理认为,史某红、史某霞外嫁后未在所嫁村分配人口地,其在原所属村土地承包权益应予以保障。根据史某波提交的赡养协议,其与父母分家时家庭成员内部就承

---

[1] 黄薇主编:《中华人民共和国物权法释义》,316页,北京,法律出版社,2020。

包土地的分配达成一致意见,该分配方案也获得村委认可,故应以此为据在现家庭成员间分配人口地。

考虑史某波家庭承包经营户现存成员情况,史某红、史某霞主张与其母吴某某共同享有"大拐"5.5 亩土地的承包经营权,符合法律规定,亦有利双方生产生活,应予支持,史某波应将其占用的该处土地返还史某红、史某霞。

【评析】

土地是农民最基本的生产资料和生活保障,农村集体经济组织成员无论男女都享有平等的承包经营权。土地承包中应当注重保护妇女的合法权益,任何组织和个人不得剥夺、侵害妇女应当享有的土地承包经营权。

《农村土地承包法》第 31 条规定:"承包期内,妇女结婚,在新居住地未取得承包地的,发包方不得收回其原承包地;妇女离婚或者丧偶,仍在原居住地生活或者不在原居住地生活但在新居住地未取得承包地的,发包方不得收回其原承包地。"

本案中,史某红、史某霞作为已经出嫁的妇女,在所嫁村庄未分配人口地之前,其在原村庄合法的土地承包经营权益应予保障,出嫁妇女娘家所在村委不得强行收回其原籍承包地,其他人亦不能侵害其合法土地承包经营权。

第二节 土地承包经营权的取得

一、依法律行为而取得

(一) 基于土地承包经营合同而取得

《民法典》第 333 条规定:"土地承包经营权自土地承包经营权合同生效时设立。登记机构应当向土地承包经营权人发放土地承包经营权证、林权证等证书,并登记造册,确认土地承包经营权。"

土地承包经营权可因签订土地承包经营合同而设立。土地承包经营权自土地承包经营合同生效时设立,登记为对抗的要件。

土地承包经营合同的发包方主要有以下主体:依法属于村农民集体所有的土地,由村集体经济组织或者村民委员会发包;已经分别属于村内两个以上农村集体经济组织的农民集体所有的,由村内各该农村集体经济组织或者村民小组发包。村集体经济组织或者村民委员会发包的,不得改变村内各集体经济组织农民集体所有的土地的所有权。国家所有依法由农民集体使用的农村土地,由使用该土地的农村集体经济组织、村民委员会或者村民小组发包。

土地承包经营合同应当采用书面形式,为要式合同。根据《民法典》第 490 条的规定,当事人采用书面形式订立合同的,自当事人均签名、盖章或者按指印时合同成立。因此，承包合同成立的时间应当是当事人签名、盖章或者按印之时。

对于合同的生效时间，《民法典》第 136 条规定，民事法律行为自成立时生效，但是法律另有规定或者当事人另有约定的除外。《民法典》第 502 条规定，依法成立的合同，自成立时生效。合同的生效，除了附条件、附期限的合同以外，在通常情况下，与合同的成立是一致的。《农村土地承包法》第 23 条规定，承包合同自成立之日起生效。

对于土地承包经营权的登记，《民法典》采登记对抗主义。《农村土地承包法》第 24 条第 1 款规定，国家对耕地、林地和草地等实行统一登记，登记机构应当向承包方颁发土地承包经营权证或者林权证等证书，并登记造册，确认土地承包经营权。

(二) 通过招标、拍卖、公开协商等方式取得土地承包经营权

对于不宜采取家庭承包方式的荒山、荒沟、荒丘、荒滩等农村土地，可以通过招标、拍卖、公开协商等方式承包。根据《农村土地承包法》的规定，招标、拍卖、公开协商等方式属于以其他方式承包土地，以其他方式承包土地的，仍然应当签订承包合同。

根据《招标投标法》和《拍卖法》的规定，投标人中标、拍卖师表示买定后，双方的合同已经成立。签订土地承包合同是双方应当实施的后续行为。故该情形与直接签订土地承包经营合同的方式有所不同，但土地承包经营权的取得时间仍然是承包合同生效之日。

(三) 通过互换、转让等方式取得承包经营权

对于本集体经济组织的农户，《民法典》第 334 条规定，土地承包经营权人依照法律规定，有权将土地承包经营权互换、转让。未经依法批准，不得将承包地用于非农建设。《农村土地承包法》第 33 条规定："承包方之间为方便耕种或者各自需要，可以对属于同一集体经济组织的土地的土地承包经营权进行互换，并向发包方备案。"

《农村土地承包法》第 34 条规定："经发包方同意，承包方可以将全部或者部分的土地承包经营权转让给本集体经济组织的其他农户，由该农户同发包方确立新的承包关系，原承包方与发包方在该土地上的承包关系即行终止。"第 35 条规定："土地承包经营权互换、转让的，当事人可以向登记机构申请登记。未经登记，不得对抗善意第三人。"因此，对于本集体经济组织成员之间，可以通过互换、转让的方式取得土地承包经营权。

(四) 通过出租、入股、抵押或者其他方式流转而取得土地经营权

土地承包经营权包括承包权和经营权，我国对农村土地实行"三权分置"制度，即农村土地所有权、承包权、经营权分置并行的制度。农民可以在保留承包权的基础上，将经营权流转。《民法典》及《农村土地承包法》将流转对象仅限于土地经营权，而不再包括土地承包经营权。且流转的方式限于转包（出租）、入股或者其他方式，而不再包括互换和转让。

《民法典》第 339 条规定："土地承包经营权人可以自主决定依法采取出租、入股或者

其他方式向他人流转土地经营权。"第342条规定:"通过招标、拍卖、公开协商等方式承包农村土地,经依法登记取得权属证书的,可以依法采取出租、入股、抵押或者其他方式流转土地经营权。"

取得土地经营权的主体称为土地经营权人,土地经营权人不以农村集体经济组织成员为限。土地经营权是从土地承包经营权中派生出来的新的权利。从法律性质上而言,土地承包经营权人流转土地经营权后,其所享有的土地承包经营权并未发生改变,正如在集体土地所有权上设定土地承包经营权后,集体土地所有权的性质并未发生改变一样。因此,在经营方通过流转取得土地经营权后,承包方享有的土地承包经营权的法律性质并未改变,只是承包方行使土地承包经营权的方式发生了改变而已,即从直接行使转变为间接行使。

土地承包经营权的当事人,一方是作为出让方的土地承包经营权人,另一方是作为受让方的土地经营权人,就是通过流转获得土地经营权的个人或者组织。

经营权流转应当向发包方备案并签订书面流转合同,流转期限为5年以上的土地经营权,自流转合同生效时设立。当事人可以向登记机构申请土地经营权登记;未经登记,不得对抗善意第三人。承包方将土地交由他人代耕不超过一年的,可以不签订书面合同。经承包方书面同意,并向本集体经济组织备案,受让方可以再流转土地经营权。

小贴士

对于我国土地承包经营权流转的问题,应注意新旧法律规定上的差异。

2007年10月1日实施的《物权法》第128条规定:土地承包经营权人依照农村土地承包法的规定,有权将土地承包经营权采取转包、互换、转让等方式流转。第133条规定:通过招标、拍卖、公开协商等方式承包荒地等农村土地,依照农村土地承包法等法律和国务院的有关规定,其土地承包经营权可以转让、入股、抵押或者以其他方式流转。根据《物权法》的规定,流转对象为土地承包经营权,流转的方式包括转包、出租、互换、转让和其他方式。

在《民法典》起草过程中,根据《农村土地承包法》的修改,相应地对"流转"的法律性质进行了修改,流转的对象仅限于土地经营权,不再包括土地承包经营权;流转的方式限于转包(出租)、入股或者其他方式,而不再包括互换和转让。土地承包经营权仍可以在本集体经济组织内部互换或者转让。

二、基于法律行为以外的原因取得

依法律行为以外的原因取得土地承包经营权仅有继承一种。《农村土地承包法》第54条规定,通过招标、拍卖、公开协商等方式取得土地经营权的,该承包人死亡,其应得的承包收益,依照继承法的规定继承;在承包期内,其继承人可以继续承包。

对于农村集体经济组织内部成员以家庭为单位的承包,由于在承包时以户为生产经营单位,一个农户家庭的全体成员作为承包方,承包户家庭成员死亡的,承包户内的其他成员继续承包。这种情况下并不是典型的继承问题。

> **延伸阅读**
>
> **我国农村土地"三权分置"制度的介绍**
>
> "三权"分别是指集体所有权、农户承包权和土地经营权。"两权"是指集体所有权、农户承包经营权。"三权分置"制度是在"两权分置"制度基础上形成的一种新的农村基本经营制度。当前形式下,土地流转和适度规模经营成为发展现代农业的必由之路。
>
> 但在实践中,流转双方都有不少顾虑:承包方担心长期流转给他人经营,是否会丧失土地承包经营权,以致有的承包方宁愿让土地抛荒也不愿流转;而由于农业生产经营具有投入大、周期长、见效慢的特征,实际经营方则担心承包方会解除合同而不敢进行长期投资,这也制约了农业的规模化经营。
>
> 正是在这种背景下,党中央提出探索"三权分置"改革。"三权分置"就是要落实集体所有权,稳定农户承包权,放活土地经营权,充分发挥"三权"的各自功能和整体效用,形成层次分明、结构合理、平等保护的格局。"三权"中,农村土地集体所有权是土地承包经营权的前提,是农村基本经营制度的根本,必须得到充分体现和保障。农户享有土地承包权是农村基本经营制度的基础,是集体所有的具体实现形式,要稳定现有土地承包关系并保持长久不变。在土地流转中,从承包方的土地承包经营权中派生出土地经营权。赋予流转受让方更有保障的土地经营权,是完善农村基本经营制度的关键。
>
> "三权分置"是农村基本经营制度的自我完善,符合生产关系适应生产力发展的客观规律,展现了农村基本经营制度的持久活力,有利于明晰土地产权关系,更好地维护农民集体、承包农户、经营主体的权益;有利于促进土地资源合理利用,构建新型农业经营体系,发展多种形式适度规模经营,提高土地产出率、劳动生产率和资源利用率,推动现代农业发展。"三权分置"制度,就是要在依法保护集体土地所有权和农户承包权前提下,平等保护土地经营权。
>
> 《民法典》第339条至第342条对土地经营权进行了规定。《农村土地承包法》在第二章第五节专门规定了土地经营权。上述法律规定体现了从法律制度上落实和确认"三权分置"改革要求,将"三权分置"的改革成果法治化,从法律上确认土地经营权的法律地位,进一步巩固和完善农村的基本经营制度,为实施乡村振兴战略提供法治保障。
>
> 土地经营权的权利主体是根据土地经营权流转合同取得土地经营权的自然人或者组织。土地经营权的客体就是农村土地。土地经营权流转的期限不得超过承包期的剩余期限。土地经营权的权利内容主要包括:对土地承包人承包土地的占有、使用、收益的权利;改良土壤、建设附属设施的权利;再流转的权利;以土地经营权融资担保的权利等权利。

第三节　土地承包经营权的效力

一、土地承包经营权人的权利

1. 对农用地占有、使用、收益的权利

《民法典》第331条规定："土地承包经营权人依法对其承包经营的耕地、林地、草地等享有占有、使用和收益的权利,有权从事种植业、林业、畜牧业等农业生产。"

土地承包经营权为用益物权,对土地的占有是享有用益物权的前提条件。土地承包经营权人对承包地的占有意味着对承包地享有支配权并排除他人非法干涉。土地承包经营权人对承包地的占有是直接占有,是对承包地的实际控制。土地承包经营权人占有承包地是合法占有,这项权利受到侵害时,土地承包经营权人有权要求侵权人承担排除妨碍、停止侵权、赔偿损失等民事责任。

土地承包经营权以从事农业活动为目的,只有对占用的农村土地进行使用才可完成从事农业活动的目的。土地承包经营权人对承包地享有使用权,就是利用承包地开展农业生产经营的权利。土地承包经营权人不得将农业用地转为非农用地,不得用来建设房屋、工场等。此外,需要注意的是,土地承包经营权人还必须严格按照农业用地种类性质使用承包地。

承包的是耕地,就必须从事种植业,不得变更为林业或者牧业用途;同样,如果承包的是林地或者草地,也不得开垦成为耕地。特别是如果承包的是基本农田,还必须遵守国务院有关基本农田保护的行政法规和部门规章的相关规定。对于通过流转方式取得土地承包经营权的经营权人,同样应当遵循上述使用规则,不得将农业用地转为非农用地。

收益是指土地承包经营权人对从事农业活动所产生的收获物享有所有权,如对收割的粮食、果蔬享有的所有权;利用林地种植林木后,依法砍伐林木;利用草地放牧牛羊等。这些收益权都属于土地承包经营权人,任何人不得侵害。此外,土地承包经营权人也有权利用农业生产设施,开展附随性的经济活动,比如,开农家乐、果蔬采摘等商业经营获取收益,这些收益权同样也受法律保护。

2. 自主经营权

《民法典》第340条规定："土地经营权人有权在合同约定的期限内占有农村土地,自主开展农业生产经营并取得收益。"

自主经营权是土地承包经营权人对承包土地享有占有、使用、收益权能的一个重要体现,主要包括自主组织生产经营的权利和自主处置农产品的权利。农户可以在法律规定的范围内决定如何在土地上进行生产经营,如选择种植的时间、品种等;农户可以自由决定农产品是否销售以及销售的具体方式等。发包方和相关的行政管理部门可以对农户的生产提供指导性的建议或者提供各种生产、技术、信息等方面的服务,但应当尊重承包方的生产经营自主权,不得干涉承包方依法进行正常的生产经营活动,不得违背农民意愿强制农户种植某种作物。

3. 改良土壤获得补偿的权利

《农村土地承包法》第27条第4款规定,承包期内,承包方交回承包地或者发包方依法收回承包地时,承包方对其在承包地上投入而提高土地生产能力的,有权获得相应的补偿。

4. 依法将土地经营权流转的权利

(1)土地承包经营权的互换、转让。

根据《民法典》第334条的规定,家庭承包户可以对承包经营权采取互换和转让的方式流转。互换是承包方之间为方便耕种或者各自需要,对属于同一集体经济组织的土地的土地承包经营权进行互换,并向发包方备案。转让是经发包方同意,承包方可以将全部或者部分的土地承包经营权转让给本集体经济组织的其他农户,由该农户同发包方确立新的承包关系,原承包方与发包方在该土地上的承包关系即行终止。土地承包经营权互换、转让的,当事人可以向登记机构申请登记。未经登记不得对抗善意第三人。

(2)通过出租、入股、抵押或者其他方式流转土地经营权。

根据《民法典》第342条的规定,对于通过招标、拍卖、公开协商等方式承包农村土地的经营权人,经依法登记取得权属证书的,可以依法采取出租、入股、抵押或者其他方式流转土地经营权。

5. 承包地被依法征收、征用、占用时有权依法获得相应补偿的权利

《民法典》第338条规定:"承包地被征收的,土地承包经营权人有权依据本法第243条的规定获得相应补偿。"

根据我国《宪法》规定,国家为了公共利益的需要,可以依照法律规定对土地实行征收或者征用并给予补偿。根据《民法典》第243条第2款的规定,征收集体所有的土地,应当依法及时足额支付土地补偿费、安置补助费以及农村村民住宅、其他地上附着物和青苗等的补偿费用,并安排被征地农民的社会保障费用,保障被征地农民的生活,维护被征地农民的合法权益。

6. 法律、法规规定的其他权利

土地承包经营权主要规定于《民法典》和《农村土地承包法》,但其他法律,如《渔业法》《草原法》《森林法》等特别法也对土地承包经营权进行了相关的规定,承包经营权人也享有这些特别法上规定的权利。

(二)土地承包经营权人的义务

1. 维持土地的农业用途,不得用于非农建设的义务

土地承包经营权设定的目的在于从事农业活动,因此承包经营权人应当维持土地的农业用途,遵守法律、法规,保护土地资源的合理开发和可持续利用,未经批准,不得将承包地用于非农建设,禁止占用承包地建窑、建坟或者擅自在承包地上建房等非法行为。

2. 依法保护和合理利用土地,不得给土地造成永久性损害的义务

土地承包经营权人在承包经营过程中,应当保持承包地的土地生态及环境的良好性能和质量,保护和合理利用土地,确保土地的生产力,不对土地造成永久性的损害。承包方给承包地造成永久性损害的,发包方有权制止,并有权要求赔偿由此造成的损失。

3. 特别法上规定的其他义务

《渔业法》《草原法》《森林法》等特别法对土地承包经营权人规定的义务,承包经营权人应当履行。

二、土地承包经营权发包人的权利和义务

(一) 发包人的权利

1. 发包本集体所有的或者国家所有依法由本集体使用的农村土地的权利

农村土地包括农民集体所有的农用地和农民集体经济组织使用的国有农用地。其中,农民集体所有的农用地由集体经济组织享有所有权,国家对国家所有依法由集体经济组织使用的农业土地享有所有权,其使用、收益权归集体经济组织享有。根据《农村土地承包法》的规定,对于农民集体所有的土地依法属于村农民集体所有的,由村集体经济组织或者村民委员会发包;已经分别属于村内两个以上农村集体经济组织的农民集体所有的,由村内各该农村集体经济组织或者村民小组发包;国家所有依法由农民集体使用的农村土地,由使用该土地的农村集体经济组织、村民委员会或者村民小组发包。

2. 对承包土地的必要调整权

《民法典》第336条第2款规定:"因自然灾害严重毁损承包地等特殊情形,需要适当调整承包的耕地和草地的,应当依照农村土地承包的法律规定办理。"

3. 监督土地承包经营权人依照承包合同约定的用途合理利用和保护土地的权利

基于土地承包经营权的特殊性,土地承包经营权人负有依照合同约定的用途合理利用和保护土地的义务,对此,土地所有权人有监督权。农村集体经济组织实施监督应当合理,不能进行粗暴干涉。土地所有权人也不能借实施监督权而干涉土地承包经营权人的自主经营权,不能强行要求土地承包经营权人种植何种作物。

4. 制止土地承包经营权人损害承包地和农业资源的行为的权利

为了确保土地承包经营权的农业活动的目的,发包人有权制止承包人对承包地损害、破坏行为,如制止承包人在承包地上建房、建窑、采石、挖砂、取土、造砖、建坟等行为。

农业资源包括种植业、林业、畜牧业、渔业可以利用的土地、草原、水、生物、气候等自然资源。对这些农业资源,土地承包经营权人不得损害,土地承包经营权人若有损害农业资源的行为,土地所有权人有权加以制止。

(二) 发包人的义务

1. 维护土地承包经营权人土地承包经营权的义务

土地承包经营权作为用益物权,是一项他物权。发包人作为土地所有权人或者使用权人,不得干涉承包经营权人的合法权利,必须尊重承包经营权人的他物权。

《民法典》第336条第1款规定:"承包期内发包人不得调整承包地。"第337条规定:"承包期内发包人不得收回承包地。法律另有规定的,依照其规定。"这些规定,体现了发包人维护承包经营权的义务。

2. 尊重土地承包经营权人的生产经营自主权的义务

土地所有权人对于土地承包经营权人的自主经营权负有尊重的义务,对于土地承包经营权人自主组织生产经营并对有关产品进行处置的行为不能进行干预。土地所有权人随意干涉土地承包经营权人正常的生产经营活动的,属于违法行为,应当承担相应的法律责任。

3. 依照约定为土地承包经营权人提供生产、技术、信息服务的义务

农村土地承包经营具有特殊性,如果在合同中约定了由发包人提供生产、技术、信息等服务,则发包人应当履行义务。

4. 执行土地利用总体规划,组织农业基础设施建设的义务

土地利用总体规划是根据经济建设的需要和土地的适宜性,在较长的规划时期内对土地资源在各部门的分配和土地开发、利用、整治、保护进行统筹协调,合理安排的战略性规划。土地利用总体规划是土地利用的基本依据,土地所有权人在发包土地、依法调整承包地的过程中,必须认真执行县、乡(镇)土地利用总体规划,不得违反规划占用耕地或者开发利用其他土地资源。

农业基础设施主要是指乡村机耕道路、机井和灌溉排水等农田水利设施。农业基础设施建设通常涉及本集体经济组织全体成员的利益,而且依靠个别承包户的力量很难完成,必须由土地所有权人统一组织进行。

第四节 土地承包经营权的消灭

土地承包经营权作为一种用益物权,既有物权消灭的一般事由,如承包地被征用、承包地灭失等;也有土地承包经营权的特定消灭事由,如土地承包经营权人的提前交回、土地所有权人的提前收回、承包期限届满等。

一、土地承包经营权基于特定事由而消灭

(一) 承包地的收回

在土地的承包期内,发包人不能提前收回承包地。只有在发生特定事由时,才有权

提前收回承包地,使存在于该承包地上的土地承包经营权归于消灭。《民法典》第337条规定:"承包期内发包人不得收回承包地。法律另有规定的,依照其规定。"

《农村土地承包法》第27条第3款规定:"承包期内,承包农户进城落户的,引导支持其按照自愿有偿原则依法在本集体经济组织内转让土地承包经营权或者将承包地交回发包方,也可以鼓励其流转土地经营权。"承包户进城落户的,土地承包经营权可以提前收回。承包期内,承包方交回承包地或者发包方依法收回承包地时,承包方对其在承包地上为提高土地生产能力的投入,有权获得相应的补偿。

(二) 土地承包经营权人自愿交回承包地

《农村土地承包法》第30条规定:"承包期内,承包方可以自愿将承包地交回发包方。承包方自愿交回承包地的,可以获得合理补偿,但是应当提前半年以书面形式通知发包方。承包方在承包期内交回承包地的,在承包期内不得再要求承包土地。"

(三) 土地承包经营权的期限届满

土地承包经营权是一种有期限的物权,在期限届满时归于消灭。

根据《民法典》第332条第2款的规定,承包期限届满,由土地承包经营权人依照农村土地承包的法律规定继续承包。如土地承包经营权人不续包的,土地承包经营权消灭。因此根据《民法典》的规定,土地承包经营权的期限届满,土地承包经营权并不当然消灭。

二、土地承包经营权依照物权消灭的一般事由而消灭

(一) 承包地被征收

国家基于社会公共利益的需要而征收集体所有的农村土地时,在该土地上设立的土地承包经营权当然消灭。

(二) 承包地灭失或使用价值丧失

承包地灭失,如靠近河流的耕地因河床的冲刷而坍塌,则导致设定在灭失土地上的承包经营权消灭。承包地虽然没有灭失,但因丧失使用价值,不能从事农业活动,如草地沙化不能从事放牧的情形,其地上设定的承包经营权也归于消灭。

(三) 承包经营权因承包人死亡没有继承人或继承人放弃继承而归于消灭

在该情形中,因缺少权利主体而导致土地承包经营权消灭。

对于土地承包经营权的消灭,如果进行过经营权登记的,根据《民法典》物权变动的规定,在发生经营权消灭的情形时,还应当对承包经营权的登记进行注销登记。

课后习题

一、选择题

1. 承包户甲将自己承包的土地转让给了承包户乙,双方没有办理变更登记。之后甲又将该同一地块的土地承包经营权转让给了丙,并办理了变更登记。那么以下说法正确的有( )

   A. 丙享有土地承包经营权,并应优先于乙得到保护
   B. 乙基于甲的转让取得土地承包经营权
   C. 甲因先将土地承包经营权转让给乙,所以丙不享有土地承包经营权
   D. 如果乙享有土地承包经营权,则乙有权要求登记机关注销对丙的登记

2. 根据《民法典》及相关法律的规定,以下关于土地承包经营权正确的说法是( )

   A. 土地承包经营权的权利主体仅限于农村集体经济组织成员
   B. 土地承包经营权可以通过互换、转让的方式流转
   C.《民法典》第332条规定,土地承包经营权期限届满,由土地承包经营权人依照农村土地承包的法律继续承包,所以土地承包经营权实际上是没有期限的
   D. 土地承包经营权可以继承

二、简答题

1. 简述土地承包经营权的概念、法律特征。
2. 简述土地承包经营权的设定。

第十章 地 上 权

【学习目标】
1. 了解地上权的概念、特征、制度价值。
2. 掌握建设用地使用权的概念、设立、消灭、效力。
3. 掌握《民法典》对分层地上权的规定。
4. 理解宅基地使用权的设立和消灭,宅基地使用权的取得、效力。

【引导案例】
甲与政府签订协议,取得 A 地上的建设用地使用权,并建小楼一栋。甲为了扩展自己的使用空间,擅自在小楼的地下挖掘地下室三层。政府修建地铁需从 A 地的地下穿过,该行为是否侵犯甲的建设用地使用权?

后甲将设于 A 地上的建设用地使用权转让给乙,但提出自己保留小楼的所有权。在甲得知地铁将要经过 A 地后,甲认为地铁经过将使地价大涨,于是又将使用权高价转卖于善意的丙,并与丙办理了土地使用权的变更登记。

如何评价甲的行为?乙、丙是否享有 A 地的建设用地使用权?

【评析】
对于上述引导案例,涉及建设用地使用权的相关问题,逐一分析如下:

甲取得 A 地的建设用地使用权,根据《民法典》第 352 条的规定,其在 A 地上所建之小楼的所有权属于甲。甲为扩展使用空间擅自所挖的地下室因超出了建设用地使用权设定的空间范围,属于违法建筑。建设用地使用权可以在土地的地表、地上或者地下分别设立,故地铁从 A 地的地下穿过与甲的建设用地使用权空间不重合,不侵犯甲的建设用地使用权。

甲将土地使用权转让给乙,根据《民法典》第 356 条的规定,建于土地上的小楼应一并转让,故甲不能单独保留小楼的所有权。甲将同一块建设用地使用先后卖与乙、丙,违反了诚信原则。丙虽晚于乙购买土地使用权,但因其完成物权变更登记,依法取得 A 地的建设用地使用权。乙虽实际占有 A 地,但因没有办理物权变更登记,并不享有建设用地使用权,乙不能对抗丙之物权,但有权要求甲承担违约责任。

第一节 地上权概述

一、地上权的概念

地上权，是指在他人所有的土地上建造建筑物或构筑物，使用他人土地的权利。

地上权是传统民法上比较典型的用益物权，历史悠久。我国《民法典》没有直接规定地上权的概念，但建设用地使用权和宅基地使用权与传统民法上的地上权制度的意义和目的均一致，实为地上权。

二、地上权的特征

1. 地上权是设定于他人所有的土地之上的权利

地上权为用益物权，只能设定于他人所有的土地上，在自己所有的土地上建造建筑物和构筑物的不是地上权。[1]

2. 地上权以使用他人土地建造建筑物、构筑物为目的

设立地上权的最初目的，在于解决房屋所有权与土地所有权分别保护的问题，解决无力购买土地但需保护购买建于他人土地之上的房屋所有权的问题。所以地上权的最主要的权利是利用他人所有的土地，在他人土地上建造房屋等不动产的权利。但也有国家的地上权还规定有种植竹木的权利，如日本。

三、我国地上权的特色

我国《民法典》没有直接规定地上权，但建设用地使用权和宅基地使用权都是为建设而使用国家、集体土地的用益物权，符合地上权的特征，是地上权。

1.《民法典》不规定地上权的概念

《民法典》没有专门规定地上权的概念，也不使用地上权的概念，而是分别规定了不同的地上权。

2. 对地上权的不同种类分别作出不同的规定和不同的内容

《民法典》规定的地上权种类有建设用地使用权和宅基地使用权，并根据具体权利的不同，规定有不同的内容。

---

[1] 但德国民法对此有特殊的规定。德国于1919年制定《地上权条例》，规定的地上权系于他人及自己的土地的上下，建造建筑物的权利。

第二节 建设用地使用权

一、建设用地使用权的概念

建设用地使用权,是指依法对国家所有的土地享有占有、使用和收益的权利,有权利用该土地建造建筑物、构筑物及其附属设施的权利。

建设用地使用权是用益物权中的一项重要权利。国家通过设立建设用地使用权,使建设用地使用权人对国家所有的土地享有了占有、使用和收益的权利,建设用地使用权人可以利用该土地建造建筑物、构筑物及其附属设施。建设用地包括住宅用地、公共设施用地、工矿用地、交通水利设施用地、旅游用地、军事设施用地等。此处的建筑物主要是指住宅、写字楼、厂房等。构筑物主要是指不具有居住或者生产经营功能的人工建造物,如道路、桥梁、隧道、水池、水塔、纪念碑等;附属设施主要是指附属于建筑物、构筑物的一些设施。

二、建设用地使用权的法律特征

1. 建设用地使用权设立于国家所有的土地之上

根据《民法典》的规定,我国的建设用地使用权应当包括在国有土地上设立的建设用地使用权和在集体土地上设立的建设用地使用权。由于我国集体建设用地改革正在逐步进行,作为民事基本法的《民法典》对建设用地使用集体所有的土地的问题作出了原则且灵活的规定。《民法典》第361条规定:"集体所有的土地作为建设用地的,应当依照土地管理法的法律规定办理。"

2. 建设用地使用权是在国家所有的土地之上建造建筑物、构筑物及其附属设施并保有其所有权为目的的物权

我国的建设用地使用权不同于日本民法上的地上权,不包括种植林木的权利。在我国民法体系下,于他人土地之上种植林木的权利属于土地承包经营权。

3. 建设用地使用权是定限物权

建设用地使用权人有权对建设用地占有、使用、收益,土地所有权人应当尊重使用权人的前述权利。

三、建设用地使用权的设立

《民法典》第347条规定:"设立建设用地使用权,可以采取出让或者划拨等方式。工业、商业、旅游、娱乐和商品住宅等经营性用地以及同一土地有两个以上意向用地者的,应当采取招标、拍卖等公开竞价的方式出让。严格限制以划拨方式设立建设用地使权。"根据这一规定,建设用地使用权的设立方式为两种,出让和划拨。

(一) 依出让方式设立

1. 出让的概念

出让,是指出让人将一定期限的建设用地使用权出让给建设用地使用权人使用,建设用地使用权人向出让人支付一定的出让金。出让的方式主要包括拍卖、招标和协议等。出让是建设用地使用权设立的主要方式。

对于工业、商业、旅游、娱乐和商品住宅等经营性用地以及同一土地有两个以上意向用地者的,应当采取招标、拍卖等公开竞价的方式出让。招标拍卖均属于公开竞价的方式,具有公开、公平和公正的特点,能够充分体现标的物的市场价格,是市场经济中较为活跃的交易方式。我国土地资源的稀缺性,决定了采取公开竞价的方式能够最大程度体现土地的市场价值。

从保护土地资源和国家土地收益的大局看,采取公开竞价的方式不仅是必要的,而且其适用范围应当不断扩大。现实中还有挂牌等公开竞价出让建设用地的方式,但《民法典》并没有加以规定,但这并不表明出让土地时不能采取挂牌或者其他公开竞价方式。

2. 建设用地使用权出让合同

《民法典》第348条第2款规定:"通过招标、拍卖、协议等出让方式设立建设用地使用权的,当事人应当采用书面形式订立建设用地使用权出让合同。"建设用地使用权出让合同属于民事合同,虽然各级人民政府代表国家,以土地所有人的身份与建设用地使用权人签订出让合同,但是该合同属于国家以民事主体的身份与其他主体从事的交易行为。建设用地使用权出让合同一般包括如下内容:

(1)当事人的名称和住所。

建设用地使用权出让合同的出让人一般是由市、县人民政府土地行政主管部门代表国家作为出让人。实践中,曾出现过经济开发区管理委员会作为出让人的情况,根据2005年《最高人民法院关于审理涉及国有土地使用权合同纠纷案件适用法律问题的解释》的规定,开发区管理委员会作为出让人与受让方订立的土地使用权出让合同,应当认定无效。

(2)土地界址、面积等。

建设用地出让合同中应当明确标明出让建设用地的具体界址、面积等基本的用地状况。为了准确界定建设用地的基本数据,建设用地使用权合同一般会附"出让宗地界址图",标明建设用地的位置、四至范围等,该附件须经双方当事人确认。

(3)建筑物、构筑物及其附属设施占用的空间。

根据《民法典》第345条的规定,建设用地使用权可以在土地的地表、地上或者地下分别设立。因此,在分层设立建设用地使用权的情况下,必须界定每一建设用地使用权具体占用的空间,即标明建设用地占用的面积和四至,建筑物、构筑物以及附属设施的高度和深度,使建设用地使用权人行使权利的范围得以确定。

(4)土地用途、规划条件。

土地用途可以分为工业、商业、娱乐、住宅等用途。我国对建设用地实行用途管制,不同用途的建设用地的使用期限是不同的。为了保证建设用地使用权人按照约定的用途使用建设用地,在合同期限内,建设用地使用权人不得擅自改变建设用地的用途;需要改变建设用地使用权用途的,应当征得出让人的同意并经土地行政主管部门和城市规划行政主管部门批准,重新签订或者更改原有的建设用地使用权出让合同,调整土地出让金,并办理相应的登记。

(5)建设用地使用权期限。

以出让方式设立的建设用地使用权都有期限的规定。比如,居住用地70年;工业用地50年;教育、科技、文化、卫生、体育用地50年;商业、旅游、娱乐用地40年;综合或者其他用地50年。建设用地使用权出让的期限自出让人向建设用地使用权人实际交付土地之日起算,原划拨土地使用权补办出让手续的,出让年限自合同签订之日起算。

(6)出让金等费用及其支付方式。

以出让方式取得建设用地使用权是有偿的,建设用地使用权人应当按照约定支付出让金等费用。出让金等费用及其支付方式,《土地管理法》和《城市房地产管理法》对此都作了规定,明确规定应当按照国务院规定的标准和办法,缴纳土地使用权出让金等土地有偿使用费和其他费用后,方可使用土地。

(7)解决争议的方法。

因履行建设用地使用权合同发生争议的,出让人和建设用地使用权人可以双方协商解决,协商不成的,提交双方当事人指定的仲裁委员会仲裁,或者依法向人民法院起诉。

(二)依划拨方式设立

1. 划拨的概念

划拨,是指县级以上人民政府依法批准,在建设用地使用权人缴纳补偿、安置等费用后将该幅土地交付其使用,或者将建设用地使用权无偿交付给建设用地使用权人使用的行为。划拨土地没有期限的规定,是无偿取得建设用地使用权的一种方式。所谓无偿是指土地使用权人不需要向国家缴纳土地出让金。

2. 划拨适用的情形

根据《土地管理法》第54条的规定,下列建设用地,经县级以上人民政府依法批准,可以以划拨方式取得:(1)国家机关用地和军事用地;(2)城市基础设施用地和公益事业用地;(3)国家重点扶持的能源、交通、水利等基础设施用地;(4)法律、行政法规规定的其他用地。

划拨用地因无偿使用土地,有关法律法规对划拨建设用地的用途、转让条件和抵押等方面都有一些限制性规定。设定房地产抵押权的土地使用权是以划拨方式取得的,依法拍卖该房地产后,应当从拍卖所得的价款中缴纳相当于应缴纳的土地使用权出让金的款额后,抵押权人方可优先受偿。经依法批准转让原划拨土地使用权的,应当在土地有形市场公开交易,按照市场价补缴土地出让金;低于市场价交易的,政府应当行使优先购买权。

四、建设用地使用权的登记

1. 设立登记

《民法典》第349条规定:"设立建设用地使用权的,应当向登记机构申请建设用地使用权登记。建设用地使用权自登记时设立。登记机构应当向建设用地使用权人发放权属证书。"

建设用地使用权采登记设立主义,设立登记由县级以上人民政府将土地的权属、用途面积等基本情况登记在登记簿上,并向建设用地使用权人颁发使用权证书。

我国的土地登记是以宗地为基本单元。使用两宗以上建设用地的建设用地使用权人应当分宗申请登记。两个以上建设用地使用权人共同使用一宗建设用地的,应当分别申请登记。跨县级行政区使用土地的,应当分别向建设用地所在地县级以上地方人民政府土地管理部门申请登记。

2. 变更登记

《民法典》第355条规定:"建设用地使用权转让、互换、出资或者赠与的,应当向登记机构申请变更登记。"建设用地使用权变更应当登记,不登记不发生物权变动的效力。

五、建设用地使用权的效力

(一) 建设用地使用权人的权利

1. 对建设用地占有、使用、收益的权利

建设用地使用权是在国家所有的土地上建造建筑物、构筑物及其附属设施的权利。因此,建设用地使用权人当然拥有占有、使用建设用地的权利。《民法典》第344条规定,建设用地使用权人依法对国家所有的土地享有占有、使用和收益的权利。

2. 保有建筑物、构筑物及其附属设施的权利

《民法典》第352条规定:"建设用地使用权人建造的建筑物、构筑物及其附属设施的所有权属于建设用地使用权人,但是有相反证据证明的除外。"在多数情况下,建设用地使用权人建造的建筑物、构筑物及其附属设施的所有权属于建设用地使用权人。但也有例外,比如一部分市政公共设施,是通过开发商和有关部门约定,由开发商在房地产项目开发中配套建设的,但是所有权归国家。此项权利需要注意的是,建设的建筑物、构筑物及其附属设施应当是合法建造产生的。

3. 流转建设用地使用权的权利

《民法典》第353条规定："建设用地使用权人有权将建设用地使用权转让、互换、出资、赠与或者抵押，但是法律另有规定的除外。"这一规定赋予了建设用地使用权人有权对建设用地使用权进行流转。但是对于流转，法律有如下的限制：根据法律、行政法规的规定，对于划拨取得的建设用地，其流转要通过行政审批，并交纳相应土地出让金或者土地收益。

以出让方式取得的建设用地使用权的，在有些情况下也不能直接进入流转。如《城镇国有土地使用权出让和转让暂行条例》第19条第2款规定："未按土地使用权出让合同规定的期限和条件投资开发利用土地的，土地使用权不得转让。"

土地使用权流转，当事人之间应当签订书面的合同，使用期限由当事人约定，但是不得超过建设用地使用权的剩余期限。

根据《民法典》第356条的规定，建设用地使用权转让、互换、出资或者赠与的，附着于该土地上的建筑物、构筑物及其附属设施一并处分。该原则在我国通称为"房随地走"的原则。地上所建造的建筑物、构筑物及其附属设施转让、互换、出资或者赠与的，该建筑物、构筑物及其附属设施占用范围内的建设用地使用权一并处分。该原则在我国通称为"地随房走"原则。上述规定体现了我国"房地一致"的原则，即土地使用权人与房屋的所有权人应当一致，避免权利主体分家，出现"空中楼阁"的问题。

（二）建设用地使用权人的义务

1. 支付土地出让金的义务

《民法典》第351条规定："建设用地使用权人应当依照法律规定以及合同约定支付出让金等费用。"以出让方式取得建设用地使用权的，必须缴纳土地出让金。以划拨方式取得的建设用地使用权，在转让的时候应当补缴出让金。出让金等费用的本质是应当归国家所有的土地收益。土地使用者未按照出让合同约定支付土地使用权出让金的，土地管理部门有权解除合同，并可以请求违约赔偿。

2. 合理利用土地的义务

《民法典》第350条规定："建设用地使用权人应当合理利用土地，不得改变土地用途；需要改变土地用途的，应当依法经有关行政主管部门批准。"我国法律对以划拨方式使用建设用地的用途有着明确的规定，建设用地使用权人应当严格依照其用途使用土地。以出让方式设立的建设用地使用权，不同的土地用途其出让金是不同的。建设用地使用权出让合同中对土地用途需要作出明确的规定，擅自改变约定的土地用途不仅是一种违约行为，而且也是违法行为。

六、建设用地使用权的期间

以划拨方式取得建设用地使用权的，其使用权期限没有限制。

以出让取得建设用地使用权的，因土地用途的不同，法律规定有不同的使用期限。

《城镇国有土地使用权出让和转让暂行条例》规定,土地使用权出让的最高年限为:居住用地70年;工业用地50年;教育、科技、文化、卫生、体育用地50年;商业、旅游、娱乐用地40年、综合或者其他用地50年。

住宅建设用地使用权期限届满的,自动续期。续期费用的缴纳或者减免,依照法律、行政法规的规定办理。非住宅建设用地使用权期限届满后的续期,依照法律规定办理。

七、建设用地使用权的消灭

(一) 建设用地使用权消灭的原因

根据我国法律规定,建设用地使用权消灭的原因主要有以下几种。

1. 因建设用地使用权期限届满未续期

根据《民法典》第359条的规定,除住宅建设用地使用权期限届满自动续期以外,其他建设用地使用权的续期应当根据法律的规定办理。《城市房地产管理法》第22条第1款规定:"土地使用权出让合同约定的使用年限届满,土地使用者需要继续使用土地的,应当至迟于届满前一年申请续期,除根据社会公共利益需要收回该幅土地的,应当予以批准。经批准准予续期的,应当重新签订土地使用权出让合同,依照规定支付土地使用权出让金。"因此,如使用权人没有续期的,其使用权因期限届满而消灭。

2. 因公共利益需要提前收回土地而消灭

《民法典》第243条第1款规定:"为了公共利益的需要,依照法律规定的权限和程序可以征收集体所有的土地和组织、个人的房屋以及其他不动产。"《土地管理法》第58规定:"为了公共利益需要使用土地的,由有关人民政府自然资源主管部门报经原批准用地的人民政府或者有批准权的人民政府批准,可以收回国有土地使用权,并应当对土地使用权人给予适当补偿。"因此,建设用地可因公共利益的需要提前收回,相应地设定于该地上的建设用地使用权也归于消灭。但应当对收回土地上的房屋以及其他不动产给予补偿,并退还相应的出让金。

3. 因土地灭失而消灭

建设用地因洪水、自然灾害等原因灭失时,设定其上的建设用地使用权也消灭。

(二) 消灭的法律后果

建设用地使用权消灭的,出让人应当及时办理注销登记,登记机构收回权属证书。

除此以外,建设用地使用权消灭的后果更重要的是如何处理地上建筑物、构筑物及附属设施的问题。对此,《民法典》第359条第2款规定:"非住宅建设用地使用权期限届满后的续期,依照法律规定办理。该土地上的房屋以及其他不动产的归属,有约定的,按照约定;没有约定或者约定不明确的,依照法律、行政法规的规定办理。"第358条规定,提前收回建设用地的,应当对其上的房屋和不动产给予补偿,并退还剩余的土地出让金。

建设用地使用权消灭的后果中,还牵涉到第三人的权利。实践中主要有两种情形:一是建设用地使用权被抵押的情况下,对抵押权人的影响;二是建设用地使用权人出租土地或将地上不动产出租的情况下,对承租人的影响。

以出让方式取得的建设用地使用权可以设定抵押权,当建设用地使用权消灭后,因抵押权标的物的不存在,以其设立的抵押权一同消灭。在出租的情况下,建设用地使用权消灭,出租人的权利主体身份丧失,土地或地上物被所有权人收回,承租人的承租权利原则上也一同消灭。

延伸阅读

《土地管理法》第38条规定:禁止任何单位和个人闲置、荒芜耕地。已经办理审批手续的非农业建设占用耕地,一年内不用而又可以耕种并收获的,应当由原耕种该幅耕地的集体或者个人恢复耕种,也可以由用地单位组织耕种;一年以上未动工建设的,应当按照省、自治区、直辖市的规定缴纳闲置费;连续二年未使用的,经原批准机关批准,由县级以上人民政府无偿收回用地单位的土地使用权;该幅土地原为农民集体所有的,应当交由原农村集体经济组织恢复耕种。

在城市规划区范围内,以出让方式取得土地使用权进行房地产开发的闲置土地,依照《城市房地产管理法》的有关规定办理。

《城市房地产管理法》第26条规定:以出让方式取得土地使用权进行房地产开发的,必须按照土地使用权出让合同约定的土地用途、动工开发期限开发土地。超过出让合同约定的动工开发日期满一年未动工开发的,可以征收相当于土地使用权出让金20%以下的土地闲置费;满2年未动工开发的,可以无偿收回土地使用权;但是,因不可抗力或者政府,政府有关部门的行为或者动工开发必需的前期工作造成动工开发迟延的除外。

第三节 分层地上权

一、分层地上权的概念

分层地上权也叫作区分地上权、空间权或者空间地上权,是指在他人所有的土地的上下一定空间内所设定的地上权。如在地上架设高压电缆、修建立交桥,地下铺设市政管道,修建地下铁路等,均属分层地上权所规范的对象。

《民法典》第345条规定:"建设用地使用权可以在土地的地表、地上或者地下分别设立。"这是我国关于分层地上权的规定。分层地上权脱胎于传统地上权。因土地资源具有稀缺性和不可再生性,如何充分地发掘土地的价值,是各国共同面临的课题。随着人类社会的进步和发展,特别是现代化专业技术的进步,分层次开发土地成为土地利用的新趋势。

二、分层地上权的特征

1. 分层地上权的性质是用益物权

分层地上权的性质属于用益物权,是用益物权中的地上权,是在他人所有的土地的上下空间建立的使用权,是为充分利用土地资源,分层开发土地而设立的用益物权。

2. 分层地上权是在土地的地上、地表或者地下的空间中设定的用益物权

传统地上权的客体是他人所有的土地,在他人的土地之上设立权利,设定的都是地上权。罗马法中存在"谁拥有土地谁拥有土地之无限上空"的主张,但是该观点在现代社会中已经被抛弃,即使在土地私有的国家也不存在因拥有土地而当然享有该土地上下空间权利的问题。因此,分层地上权的客体,是他人所有土地的地上空间和地下空间。

3. 分层地上权可以与普通地上权重合

在他人的土地上设立了普通地上权之后,还可以在该地上权的上下再设定分层地上权,但须界定好它们之间的垂直空间距离。

三、分层地上权的设定和消灭

根据《民法典》的规定,我国将分层地上权规定于建设用地使用权一章中,置于建设用地使用权的规范体系下。因此,建设用地使用设立和消灭的规定同样适用于分层地上权。需要特别注意的有以下几点。

1. 不得设立与已设立的用益物权垂直空间重合的分层地上权

在界定分层地上权的界限时,必须划清已经设立的用益物权的权利界限,使之权利边界清晰,不发生冲突。一般而言,分层地上权的平面范围可以与已经设立的用益物权相重合,但是在垂直空间上不能重合,一旦重合,权利的边界即出现模糊,无法确定权利的界限,并会损害已经设立的用益物权人的权利。

2. 不得妨害已设立的用益物权的权利人行使权利

设立分层地上权,必须保证不能妨害已设立的用益物权的权利人行使权利。

四、分层地上权的其他问题

无论分层地上权还是普通地上权,均以土地为其客体,以土地的上下为其范围,仅有量的差异而无质的不同,除有特别规定外,应适用关于地上权的规定。[1] 需要特别说明的有以下两点。

1. 相邻关系

不动产的权利人根据相邻关系的规定,应当为相邻各权利人提供必要的便利,并在

---

[1] 王泽鉴:《民法物权·第 2 册 用益物权、占有》,58 页,北京,中国政法大学出版社,2001。

其权利受到损害时,可以请求相邻权利人补偿。分层地上权人作为不动产权利人,在分层地上权中可以适用相邻关系的相关规定,不同层次的建设用地使用权人之间应当适用相邻关系的规定。

2. 地役权

不动产的权利人想提高自己土地的便利和效益,可以通过设定地役权取得对他人土地的利用。以上规定也可适用于分层设立的建设用地使用权。根据《民法典》第378条的规定,土地所有权人享有地役权或者负担地役权的,设立土地承包经营权、宅基地使用权等用益物权时,该用益物权人继续享有或者负担已设立的地役权。

第四节 宅基地使用权

一、宅基地使用权的概念和特征

(一)宅基地使用权的概念

宅基地使用权,是指农村村民对集体所有的土地占有和使用,自主利用该土地建造住房及其附属设施,以供居住的地上权。

宅基地使用权和土地承包经营权是我国农村集体土地使用方面的两项重要制度,宅基地使用权制度解决了农民的基本居住问题,土地承包经营权解决了农民基本生计来源问题。

(二)宅基地使用权的特征

1. 宅基地使用权的客体是农村集体土地

根据《宪法》第10条第2款的规定,宅基地、自留地、自留山,属于集体所有。《土地管理法》第9条规定,农村和城市郊区的土地,除由法律规定属于国家所有的以外,属于农民集体所有;宅基地和自留地、自留山,属于农民集体所有。因此,农民使用宅基地是对集体所有的土地的使用。宅基地使用权是设定于农村集体土地上的用益物权。

2. 宅基地使用权的主体只能是本集体组织的成员

宅基地使用权是一项带有福利性质的权利,宅基地使用权是农民基于集体成员的身份而享有的福利保障。宅基地使用权无偿取得,用于解决农民的基本居住问题。

3. 宅基地使用权的目的具有特定性

宅基地使用权的用途是建造住宅及其附属设施,解决农民的居住问题。这与土地承包经营权用于农业活动、建设用地使用权用于广泛建设用途的目的不同。

4. 宅基地使用权没有使用期限限制

根据我国现行法的规定,宅基地使用权是无期限的用益物权,不因期限届满发生权利的消灭。

5. 一户一宅的原则

《土地管理法》第 62 条规定:"农村村民一户只能拥有一处宅基地,其宅基地的面积不得超过省、自治区、直辖市规定的标准。"

二、宅基地使用权的取得和流转

(一) 宅基地使用权的取得

在我国宅基地使用权的取得表现为农村村民以身份为基础的无偿分配过程。宅基地使用权系基于集体组织分配或者使用人提出申请,经集体组织同意后,报乡(镇)人民政府审核,最后由县级人民政府批准。

宅基地使用权取得,应遵循村民一户只能拥有一处宅基地的原则,其宅基地的面积不得超过省、自治区、直辖市规定的标准。

农村村民建住宅,应当符合乡(镇)土地利用总体规划、村庄规划,不得占用永久基本农田,并尽量使用原有的宅基地和村内空闲地。编制乡(镇)土地利用总体规划、村庄规划应当统筹并合理安排宅基地用地,改善农村村民居住环境和条件。

(二) 宅基地使用权的流转

宅基地使用权是农民基本生活保障和安身立命之本,从全国范围看,放开宅基地使用权转让和抵押的条件尚不成熟。故现行法律不支持农民转让宅基地,不支持以宅基地设定抵押,特别是不支持农民将宅基地转让给城市居民和其他集体组织的成员。

三、宅基地使用权的效力

(一) 宅基地使用权人的权利

1. 占有、使用宅基地的权利

宅基地使用权为用益物权,权利人对宅基地当然享有占有、使用的权利。

2. 保有建造住宅及其附属设施所有权的权利

宅基地使用权人作为地上权人,有权在宅基地上建造住宅,并取得住宅的所有权。

3. 宅基地使用权人有权在宅基地上种植竹木、果蔬的权利

权利人在宅基地上种植竹木、果蔬既可美化住宅方便生活,又可延续农村生活传统,是宅基地使用权人应有的权利。

(二) 宅基地使用权人的义务

1. 按照宅基地用途使用宅基地的义务

宅基地使用权的设立意在保障农民建房居住的基本需求,因此,宅基地使用权人不得违反该用途使用宅基地。如不得使用宅基地建设厂房。

2. 建设住宅应当符合乡(镇)土地利用总体规划、村庄规划

《土地管理法》规定,农村村民建住宅,应当符合乡(镇)土地利用总体规划、村庄规划,不得占用永久基本农田,并尽量使用原有的宅基地和村内空闲地。

四、宅基地使用权的消灭

(一) 宅基地使用权消灭的原因

1. 宅基地使用权因自然灾害等原因消灭

宅基地因自然灾害等原因灭失的,宅基地使用权消灭。对失去宅基地的村民,应当依法重新分配宅基地。重新分配宅基地时亦应当按照国家有关规定,注意节约利用和保护耕地。

2. 宅基地使用权因转让消灭

我国法律虽不支持宅基地使用权的转让,但对于转给本村村民的情况,实践中并不一律认定无效。基于"房地一体"原则,转让人因转让房屋也同时丧失房屋占有的宅基地的使用权。

3. 宅基地使用权因土地被征收而消灭

集体土地因被国家征收而变为国有土地,相应的宅基地使用权也随着土地被征收而消灭。

4. 宅基地使用权人死亡又无人继承的

宅基地使用权人死亡又无人继承的,因权利主体的灭失,权利不复存在。实践中对于宅基地能否继承存在争议,但对于宅基地之上的房屋可以继承没有争议。因此,基于"房地一体"的原则,继承了房屋的,实际上也就继承了宅基地使用权。

5. 宅基地的收回

土地所有权人根据乡村的发展规划,可以收回宅基地使用权。同时,宅基地使用权人不按照用途使用宅基地,也可以导致土地使用权人收回宅基地。宅基地使用权被收回的,其宅基地使用权消灭。

(二) 消灭的法律后果

《民法典》第365条规定:"已经登记的宅基地使用权转让或者消灭的,应当及时办理变更登记或者注销登记。"

对于因自然灾害、征收等原因导致宅基地使用权灭失的村民,集体经济组织应当依法重新分配新的宅基地。对于宅基地使用权灭失后的地上物,其所有权转归集体经济组织所有。

【案例 10-1】

2006年,香港企业合众钮厂有限公司(以下简称合众公司)与肇庆市高要区天资工业园开发建设有限公司(以下简称天资公司)签订《土地出让合同》,约定天资公司将位于天资工业园的涉案土地出让给合众公司。合同签订后，合众公司支付了土地出让金人民币543.24万元，但天资公司一直未按约定将涉案地块的土地使用权转移至合众公司设立的合众钮厂（高要）有限公司（以下简称合众高要公司）名下。

2014年，合众高要公司取得涉案地块的土地使用权，并与高要区国土资源局签署《国有建设用地使用权出让合同》，约定合众高要公司需另向国土部门支付土地使用权出让金人民币890万元。合众公司提起诉讼，请求确认合众公司与天资公司签署的《土地出让合同》无效，天资公司返还土地出让金并赔偿利息损失。

肇庆市中级人民法院一审认为，天资公司是经高要区人民政府批准设立的国有独资公司，并非市、县人民政府土地行政主管部门，依法不具有出让国有土地使用权的民事权利能力和民事行为能力，其从事国有土地使用权出让的行为应当认定为无效。涉案合同因天资公司不是适格主体而无效，天资公司作为有过错的一方，应向合众公司返还收取的购地款人民币543.24万元并赔偿相应利息损失。后合众公司提起上诉，广东省高级人民法院二审驳回上诉，维持原判。

本案涉及国有土地出让合同的出让主体问题。《城市房地产管理法》第15条规定："土地使用权出让，应当签订书面出让合同。土地使用权出让合同由市、县人民政府土地管理部门与土地使用者签订。"《最高人民法院关于审理涉及国有土地使用权合同纠纷案件适用法律问题的解释》第1条规定："本解释所称的土地使用权出让合同，是指市、县人民政府自然资源主管部门作为出让方将国有土地使用权在一定年限内让与受让方，受让方支付土地使用权出让金的合同。"

本案中的天资公司不是政府土地管理部门，不具有签订土地使用出让合同的权利能力和行为能力，故其所签订的出让合同依法应确认无效。

【案例10－2】

甲乙系同村前后邻居，甲因翻建房屋，申请了《个人建房规划许可证》，施工完毕后办理了《村镇房屋权属证》。房屋建好后，甲在准备建院墙、厕所及楼梯时，乙认为甲修建院墙、厕所和楼梯的位置是其老宅基，并且现在还在使用中，不允许甲修建。双方经村委调解无效，甲将乙诉至法院。

法院审理后认为，甲取得了《个人建设规划许可证》《村镇房屋权属证》，其在自己权属范围内建设院墙、厕所及楼梯，符合法律规定。乙虽主张甲建院墙、厕所和楼梯的位置是其老宅基地，甲取得《村镇房屋权属证》的程序违法，但没有证据证明。判决甲在自己宅基地使用权范围内建设院墙、厕所、楼梯，乙不得阻止。

村民有权在自家宅基地范围内修建房屋，他人无权干涉。本案中，甲经政府确权，取得了《城镇房屋权属证》，权属证上记载的四至范围即为甲之宅基地的范围。乙阻挠甲修建院墙等设施的行为，侵犯了甲的宅基地使用权，甲有权要求乙停止侵害、排除妨碍。如甲取得的《村镇房屋权属证》上记载的范围错误确实侵犯了乙的宅基地，乙可提起行政诉讼撤销此证,予以更正。

课后习题

1. 简述建设用地使用权的设立方式。
2. 建设用地使用权与附着于土地上的建筑物的关系怎样确定?
3. 宅基地使用权的法律特征是什么?

第十一章 地役权

【学习目标】
1. 了解地役权的概念。
2. 了解并掌握地役权的取得及地役权的内容。
3. 了解并掌握地役权的消灭及其后果。

【引导案例】
甲房地产公司从他人手中购得土地一块,以"观景"为理念设计并建造观景商品住宅楼。该地块前有一学校乙,双方协议约定:乙在20年内不得在该处兴建高层建筑,为此甲每年向乙支付10万元作为补偿。协议签订一年后学校迁址,并将学校土地和房屋全部转让给丙房地产公司,乙未向丙提及其与甲之间的协议约定。丙购得该地块后建造高层住宅。甲得知后要求丙立即停止建造,遭到拒绝后向法院提起诉讼,请求确认乙与丙之间的土地转让合同无效,并要求赔偿损失。

请思考:
乙与丙之间的土地转让合同是否有效?甲可否向丙主张赔偿?

【评析】
乙与丙之间的土地转让合同有效,甲不能要求丙赔偿。依据《民法典》第374条规定:"地役权自地役权合同生效时设立。当事人要求登记的,可以向登记机构申请地役权登记;未经登记,不得对抗善意第三人。"本案中甲房地产公司与乙学校之间虽然已经设立了地役权,但没有进行登记,因此该地役权不具有对抗善意第三人丙的效力,所以甲不能要求丙承担自己遭受损失的责任,但甲与乙之间的合同仍然有效,甲可以向乙要求赔偿。

第一节 地役权概述

一、地役权的概念及内容

地役权是指不动产的权利人,为了使用自己不动产的便利或提高自己不动产的效益而利用他人不动产的权利。

地役权通常包括通行权、和水有关的地役权、眺望权、采光权、通风权等内容。

通行权是指在他人土地上通行以到达自己土地为目的的地役权。

有关水的地役权具体包括:(1)取水或汲水权是指为了需役地的便利在供役地上取水或汲水的权利;(2)导水权是指利用管道或沟渠经过供役地把水导入需役地的权利;(3)排水权是指把生活或生产过程中产生的废水排入供役地或经过供役地排向他处的权利。

眺望权是指为了确保在自己的土地或建筑物中能够眺望风景,约定供役地人不得建造或种植超过一定高度的建筑物或林木的权利。

采光权是指为了改善自己的土地或建筑物的采光效果,约定供役地人在一定的区域不得建造建筑物或种植林木,或者建筑物、林木不得超出一定高度的权利。

通风权是指供役地人在一定范围内不得修建地上物以保障需役地通风的权利。

二、地役权的特征

(一) 地役权是按照合同约定设立的

《民法典》第372条规定:地役权人有权按照合同约定,利用他人的不动产,以提高自己的不动产的效益。前款所称他人的不动产为供役地,自己的不动产为需役地。地役权的设立须以合同约定为前提,无合同约定或约定的合同无效的,地役权不成立。

(二) 地役权自地役权合同生效时设立,不以登记为设立要件

《民法典》第374条规定:地役权自地役权合同生效时设立。当事人要求登记的,可以向登记机构申请地役权登记;未经登记,不得对抗善意第三人。

地役权合同生效采取意思主义,且为诺成合同,签订地役权合同的双方应具有相应的民事行为能力,意思表示真实且合同内容不违反法律、行政法规的强制性规定,不违背公序良俗。地役权合同时地役权即设立。

地役权合同是否向登记机构申请登记可由合同双方自行约定,但未经登记,不得对抗第三人。例如:甲公司在某地建海景酒店,乙公司取得了酒店对面的土地的建设用地使用权。为了保证酒店客人的观景,甲公司与公司约定:乙公司15年内不得修建20米以上的建筑,甲公司每年向乙公司支付固定金额的费用,双方签订了书面形式的合同,但未进行登记。后乙公司将建设用地使用权转让给不知情的丙公司,甲公司要求丙公司履行地役权合同的义务。因为丙公司对甲、乙之间的地役权合同毫不知情且丙公司是通过合法手续受让了乙公司的建设用地使用权,丙公司为善意第三人,因此甲公司无权要求丙公司履行甲公司与乙公司的地役权合同。

(三) 地役权的客体为不动产

《民法典》第372条规定:地役权人有权按照合同约定,利用他人的不动产,以提高自己的不动产的效益。第375条规定:供役地权利人应当按照合同约定,允许地役权人利

用其不动产,不得妨害地役权人行使权利。地役权是通过利用他人的不动产来提高个人不动产使用效益的,不动产通常是指土地、房屋、地上附着物等,动产之上不存在设定地役权的情形。

(四) 地役权设立的目的是利用他们的不动产,以提高自己的不动产的效益

《民法典》第376条规定:地役权人应当按照合同约定的利用目的和方法利用供役地,尽量减少对供役地权利人物权的限制。地役权是对他人不动产的利用,目的是提高自己不动产的效益或使用便利。如提高自己不动产效益无须使用他人不动产,则无须设立地役权。

(五) 地役权具有从属性和不可分性

土地所有权人享有地役权或者负担地役权的,设立土地承包经营权、宅基地使用权等用益物权时,该用益物权人继续享有或者负担已经设立的地役权。

土地上已经设立土地承包经营权、建设用地使用权、宅基地使用权等用益物权的,未经用益物权人同意,土地所有权人不得设立地役权。

地役权不得单独转让。土地承包经营权、建设用地使用权等转让的,地役权一并转让,但是合同另有约定的除外。

地役权不得单独抵押。土地经营权、建设用地使用权等抵押的,在实现抵押权时,地役权一并转让。

需役地以及需役地上的土地承包经营权、建设用地使用权等部分转让时,转让部分涉及地役权的,受让人同时享有地役权。

供役地以及供役地上的土地承包经营权、建设用地使用权等部分转让时,转让部分涉及地役权的,地役权对受让人具有法律约束力。

小贴士

地役权作为从权利,与土地承包经营权、建设用地使用权、宅基地使用权等用益物权一并转让;如果土地承包经营权、建设用地使用权部分转让的,只要转让部分涉及地役权的,地役权一并转让。

小贴士

《土地法》第2条规定:中华人民共和国实行土地的社会主义公有制,即全民所有制和劳动群众集体所有制。土地的所有权人和土地承包经营权、建设用地使用权、宅基地使用权等用益物权人通常不是同一人,因此,土地所有权人享有地役权或者负担地役权的,设立土地承包经营权、宅基地使用权等用益物权时,该用益物权人继续享有或者负担已经设立的地役权。

土地上已经设立土地承包经营权、建设用地使用权、宅基地使用权等用益物权的,未

经用益物权人同意,土地所有权人不得设立地役权。

小贴士

《民法典》第339条规定:土地承包经营权人可以自主决定依法采取出租、入股或者其他方式向他人流转土地经营权。《民法典》第342条规定:通过招标、拍卖、公开协商等方式承包农村土地,经依法登记取得权属证书的,可以依法采取出租、入股、抵押或者其他方式流转土地经营权。土地经营权在实现抵押权时,地役权一并转让。

三、地役权的分类

(一)积极地役权与消极地役权

以地役权的实现方式为标准,可将地役权划分为积极地役权和消极地役权。积极地役权是指地役权人可在供役地上为一定的积极行为的地役权,也称作为地役权。消极地役权是指以供役地人不得为一定行为为内容的地役权,因其负有一定不作为的义务,又称不作为地役权。

(二)继续地役权与非继续地役权

以地役权的行使方式或权利实现的时间是否继续为标准,可以将地役权划分为继续地役权和非继续地役权。继续地役权指权利的行使无须每次都有地役权人的行为,而权利却能不间断地实现的地役权,如道路与设施的存在本身就意味着权利人在持续地行使地役权。消极地役权一般均为继续地役权。非继续地役权又称间断地役权,是指权利的行使每次都需要由权利人实施一定的行为,否则无法实现其权利的地役权。

(三)表见地役权与非表见地役权

以地役权的存在是否表现于外部为标准,可将地役权划分为表见地役权和非表见地役权。表见地役权是指权利的存续,有外部事实予以表现的地役权,如通行地役权或地面排水地役权等。非表见地役权是指权利的存续,无外部事实作为表现的地役权,如埋设地下管线的地役权、眺望地役权、采光地役权、特定营业禁止地役权。

第二节 地役权的取得和内容

一、地役权的取得方式

(一)依据民事法律行为而设定地役权,即双方通过合同的方式设定地役权

《民法典》第373条规定:设立地役权,当事人应当采用书面形式订立地役权合同。

地役权合同一般包括下列条款:(1)当事人的姓名或者名称和住所;(2)供役地和需役地的位置;(3)利用目的和方法;(4)地役权期限;(5)费用及其支付方式;(6)解决争议的方法。

(二) 依据民事法律行为而受让地役权

通过民事法律行为受让地役权,不是原始取得,而是在原有基础上,通过民事主体二次设定权利的方式取得。

《民法典》第378条规定:"土地所有权人享有地役权或者负担地役权的,设立土地承包经营权、宅基地使用权等用益物权时,该用益物权人继续享有或者负担已经设立的地役权。"如甲是土地所有权人,与乙约定同意乙在该地上铺设水管,后丙承包了该地进行耕种,丙应当继续负担乙在该地上铺设水管的义务。

《民法典》第379条规定:"土地上已经设立土地承包经营权、建设用地使用权、宅基地使用权等用益物权的,未经用益物权人同意,土地所有权人不得设立地役权。"例如,A地属于集体甲所有,B地属于集体乙所有。2013年6月15日,集体甲将A地发包给丙。2013年7月15日,集体乙将B地发包给丁。现A地需要在B地上修建水渠,供A地灌溉之用。那么,丙与丁订立地役权合同,无需征得集体甲的同意,也无需征得集体乙的同意;集体甲与集体乙订立地役权合同,既需征得丙的同意,也需征得丁的同意。

《民法典》第380条规定:"地役权不得单独转让。土地承包经营权、建设用地使用权等转让的,地役权一并转让,但是合同另有约定的除外。"第381条规定:"地役权不得单独抵押。土地经营权、建设用地使用权等抵押的,在实现抵押权时,地役权一并转让。"第382条规定:"需役地以及需役地上的土地承包经营权、建设用地使用权等部分转让时,转让部分涉及地役权的,受让人同时享有地役权。"第383条规定:"供役地以及供役地上的土地承包经营权、建设用地使用权等部分转让时,转让部分涉及地役权的,地役权对受让人具有法律约束力。"

用益物权一旦设立,用益物权人便独立地享有对标的物的使用权、收益权,亦即该权利是独立存在的,依当事人之间设立用益物权的行为或者法律的直接规定而发生。用益物权是一种主权利,而不是从属其他物权的权利。

因此,作为用益物权的土地承包经营权、建设用地使用权都是独立的权利,它们不从属于其他权利。而地役权作为一种为了需役地的便利而产生的用益物权,与需役地的关系又极为密切,由此发生了主从权利的关系,即地役权从属于需役地的使用权。地役权不能与需役地分离而单独转让,它必须随着需役地的使用权转移而一同转让。当需役地的使用权发生转让时,地役权也应当随之发生转让。

(三) 依据民事法律行为以外的原因受让地役权,主要表现为继承取得

需役地权利人死亡时,需役地的权利由继承人继承,则根据地役权的从属性,该地役权亦当然由其继承人继承。

二、地役权的内容

(一) 地役权人的权利

1. 利用供役地的权利

地役权是为自己土地的便利而使用他人土地的权利,在地役权的目的范围内使用供役地,自然是地役权人的最主要的权利。地役权的目的范围应当依设定地役权的行为所限定的目的范围确定。地役权人在目的范围内对供役地的使用,不必是独占性的使用;除了可以与供役地人共同使用外,只要不是性质不相容,同一供役地上,还可设定数个地役权,依其情形同时使用。例如,一是通行地役,二是眺望地役,二者可以依次使用。

2. 从事必要附属行为或建造必要设施的权利

地役权人为行使其权利,在供役地内可以为必要的附属行为,如汲水地役权,可以在供役地上通行;通行地役权,可以开辟道路。

3. 地役权终止后取回设施的权利

地役权人如为行使其权利,在供役地上建造了必要的附属设施,当地役权终止后,地役权人有权取回设施,地役权合同另有约定或供役地人愿意以合理价格购买的除外。

4. 享有基于地役权的物上请求权

供役地人如遵守合同约定或实施了影响地役权人行使地役权的行为,地役权人有权要求供役地人停止侵害、排除妨碍、消除危险和返还财产。

(二) 地役权人的义务

(1)按照约定利用供役地的义务。

(2)地役权人对供役地的使用应当选择损害最小的地点及方法,这样使得通过地役权增加需役地价值的同时,不至于过分损害供役地的效用。《民法典》规定,地役权人应当按照合同约定的利用目的和方法利用供役地,尽可能减少对供役地权利人物权的限制。

(3)地役权人对于为行使地役权而在供役地修建的设施,如电线、管道、道路,应当注意维修,以免供役地人因其设施损坏而受到损害。另外,地役权人对于上述设施,在不妨碍其地役权行使的限度内,应当允许供役地人使用这些设置,具体可在地役权合同中约定。

(4)地役权终止后,对供役地恢复原状的义务。如因地役权人行使地役权的行为对供役地造成损害的,应当在事后补偿供役地人的损失。

(5)有偿利用供役地的,地役权人负有支付约定费用的义务。

(三) 供役地人的权利

(1)有偿设立地役权的,供役地人有权请求地役权人支付约定的费用。

(2)使用附属设施的权利,供役地人在不影响地役权人利益且不违反合同约定的前提下,可以使用地役权人修建的附属设施。

(四)供役地人的义务

(1)按照约定为地役权人利用供役地提供便利。具体而言,供役地人应不妨碍地役权人行使权利;容忍地役权人为一定行为或不为一定作为。

(2)如按照合同约定,供役地人使用地役权人修建的附属设施,应根据附属设施的性质,合理使用并根据受益情况,分担附属设施的维护、维修费用。

第三节 地役权的消灭及其后果

一、地役权消灭的原因

(一)地役权合同期限届满

《民法典》第377条规定:地役权期限由当事人约定;但是,不得超过土地承包经营权、建设用地使用权等用益物权的剩余期限。地役权合同约定的期限届满时或设立地役权的土地的承包经营权或建设用地使用权等用益物权期限届满时,地役权因地役权合同的终止或用益物权的期满而消灭。

(二)地役权合同中约定的消灭地役权的事由出现

地役权合同的签订遵循意思自治原则,双方可以在合同中约定地役权消灭的事由,当合同中约定的地役权消灭事由出现时,地役权即消灭。

(三)因客观事实导致地役权无法实现

地役权合同在履行过程中,如出现一些客观事实,导致地役权客观上无法实现的,地役权消灭。导致地役权无法实现的客观事实通常包括以下几方面。

(1)国家为了公共利益征收需役地或供役地,或因国家对土地的征收导致对土地用途的改变,因地役权的从属性,导致地役权无法实现,地役权消灭。

(2)需役地及供役地因国家征收、转让等原因导致两块土地上的所有权或用益物权归属于同一主体,从而导致地役权的消灭。

(四)供役地人依法解除地役权关系

《民法典》第384条规定:地役权人有下列情形之一,供役地人有权解除地役权合同,地役权消灭:

(1)违反法律规定或者合同约定,滥用地役权。

(2)有偿利用供役地的,约定的付款期限届满后在合理期限内经两次催告地役权人未支付费用。

地役权的设立是地役权人利用他人的不动产,以提高自己的不动产的效益。但地役权人不得滥用地役权,应在尽可能保证供役地人利益的同时利用供役地提高自己的效益。同时,地役权可以是有偿的,地役权人利用供役地须按照合同约定的日期、数额和支付方式向供役地人支付费用,如地役权人未按照合同的约定支付费用且经过供役地人两次催告仍不支付的,供役地人有权依法解除地役权关系,地役权消灭。

(五) 地役权的抛弃

无偿取得的地役权,地役权人可以抛弃地役权,从而导致地役权消灭。对于有偿的、有期限的地役权,只有在支付剩余期间的租金后,才能抛弃。地役权人抛弃地役权的,地役权消灭。

(六)供役地人向法院申请宣告地役权消灭

因特殊原因导致地役权没有存续的必要,但地役权合同中无相关地役权消灭的约定,供役地人可与需役地人协商解除地役权合同,如需役地人不同意解除,供役地人有权向法院申请宣告解除地役权合同,从而消灭地役权。

> **小贴士**
>
> 同一块土地可能设立多个地役权,除因客观事实导致地役权消灭,如土地用途改变或供役地和需役地的使用权人或用益物权人归于同一主体,其他情况下,某一地役权消灭并不必然导致同一土地上的其他地役权同时消灭。
>
> 例如:供役地上既有通行权又有眺望权,如果在地役权合同期限内,出现了地役权合同中约定的通行权消灭的事由,如另行修建了其他道路而无须继续使用供役地的,通行权因发生合同约定的事由而消灭;但其他道路的修建并不是眺望权消灭的原因,因此眺望权继续存在,并不和通行权一并消灭。

二、地役权消灭的后果

地役权消灭后,供役地所有权或使用权就不再受到限制,役地权人应将供役地恢复原状。地役权人占有供役地的,应将其返还供役地人。地役权人为利用需役地而在需役地上修建附属设施的,应由地役权人进行拆除;如供役地人需要继续使用附属设施并愿意支付合理价格购买附属设施的,附属设施可以不予拆除。

如供役地因地役权人的使用或修建附属设施无法恢复原状或恢复原状将给供役地人造成损失的,地役权人应予以赔偿。已经登记的地役权变更、转让或者消灭的,应当及时办理变更登记或者注销登记。

课后习题

1. 简述地役权设立的时间。
2. 简述地役权取得的方式。
3. 地役权人的权利包括哪些内容?
4. 地役权是否可以抛弃?
5. 地役权消灭后,地役权人为利用需役地而在需役地上修建的附属设施应如何处理?

第十二章 担保物权概述

【学习目标】
1. 了解担保物权的一般问题。
2. 了解并掌握担保物权的一般规则。

【引导案例】

甲公司向乙银行借款100万元,乙银行要求甲公司提供担保。丙公司以一套设备(价值约80万元)为该债务提供抵押担保,并签订了抵押合同,办理了抵押登记;同时,丁公司提供保证担保。当事人对保证担保和物保的范围均未作约定。现因甲公司无力还款,乙银行要求丙公司和丁公司承担责任而引起纠纷。

请思考:

1. 乙银行可否任意选择丙公司或者丁公司承担担保责任?为什么?

2. 若乙银行选择丁公司承担担保责任,丁公司承担责任后,可否要求丙公司承担相应的份额?为什么?

【评析】

1. 可以。以《民法典》第392条规定,被担保的债权既有物的担保又有人的担保的,债务人不履行到期债务或者发生当事人约定的实现担保物权的情形,债权人应当按照约定实现债权;没有约定或者约定不明确,债务人自己提供物的担保的,债权人应当先就该物的担保实现债权;第三人提供物的担保的,债权人可以就物的担保实现债权,也可以请求保证人承担保证责任。提供担保的第三人承担担保责任后,有权向债务人追偿。本案中,丙公司为该债务提供抵押担保,丁公司为该债务提供保证担保,且未约定担保范围,担保物权人乙银行可以选择丙或丁承担担保责任。故乙银行可任意选择丙公司或丁公司承担担保责任。

2. 不可以。根据《民法典》第392条规定,提供担保的第三人承担担保责任后,有权向债务人追偿。所以丁公司承担责任后,只能向债务人甲公司追偿,不可要求丙公司承担相应的份额。

第一节 担保物权的一般问题

一、担保物权的概念

担保物权是指担保物权人在债务人不履行到期债务或者发生当事人约定的实现担保物权的情形,依法享有就担保财产优先受偿的权利。

二、担保物权的设立

债权人在借贷、买卖等民事活动中,为保障实现其债权,需要担保的,可以设立担保物权。第三人为债务人向债权人提供担保的,可以要求债务人提供反担保。设立担保物权,应当依照《民法典》和其他法律的规定订立担保合同。担保合同包括抵押合同、质押合同和其他具有担保功能的合同。担保合同是主债权债务合同的从合同。主债权债务合同无效的,担保合同无效,但是法律另有规定的除外。担保合同被确认无效后,债务人、担保人、债权人有过错的,应当根据其过错各自承担相应的民事责任。

> **小贴士**
>
> 担保合同属于要式合同,从合同,担保合同主要形式有以下几种。
>
> (1)从合同的形式,即保证人与债权人订立单独的保证合同,作为主债权合同的从合同。这是建立保证法律关系的典型形式。
>
> (2)保证条款作为主合同中的条款,即保证人与债权人并不专门订立一个单独的保证合同,而是由债权人、债务人、保证人三方共同订立一个债权债务合同,在合同约定保证条款,注明保证人所承担的保证义务和责任。
>
> (3)保证人单方出具担保书的形式,即保证人向债权人出具书面担保书,表示愿为债务人履行债务承担保证义务。在这种情况下,如果债权人接受担保书并且没有提出异议,则保证法律关系成立;如果债权人不接受,则保证法律关系不成立。
>
> (4)主合同中无单独的担保条款的内容,但保证人在主合同上以保证人身份签字或盖章。这种形式下,因为对担保责任没有明确的约定,因此担保责任根据法律的规定承担。

三、担保物权的特征

(一)以担保债权的实现为目的

担保物权是担保物权人在债务人不履行到期债务或者发生当事人约定的实现担保物权的情形时,依法享有就担保财产优先受偿的权利,目的是担保债权的实现。

（二）担保物权的标的是债务人或者第三人所有的特定动产、不动产或其他财产权利

担保物权的标的不限于债务人所有的财产或财产性权利，也可以是第三人所有的财产或财产性权利。

> **小贴士**
>
> 担保物权的标的不限于动产、不动产等物质性财产，财产性权利也可以成为担保物权的标的，例如债权、知识产权、股权、有价证券等，但法律有规定、合同有特殊约定或有特别人身属性不得转让或作为担保物的财产及财产性权利除外。
>
> 例如：《民法典》第398条规定：乡镇、村企业的建设用地使用权不得单独抵押。以乡镇、村企业的厂房等建筑物抵押的，其占用范围内的建设用地使用权一并抵押。第399条规定：下列财产不得抵押：(1)土地所有权；(2)宅基地、自留地、自留山等集体所有土地的使用权，但是法律规定可以抵押的除外；(3)学校、幼儿园、医疗机构等为公益目的成立的非营利法人的教育设施、医疗卫生设施和其他公益设施；(4)所有权、使用权不明或者有争议的财产；(5)依法被查封、扣押、监管的财产；(6)法律、行政法规规定不得抵押的其他财产。

（三）债务人或第三人不得随意处分担保物，担保标的物的处分权受到限制

关于担保标的物的处分权，《民法典》第406条规定：抵押期间，抵押人可以转让抵押财产。当事人另有约定的，按照其约定。抵押财产转让的，抵押权不受影响。抵押人转让抵押财产的，应当及时通知抵押权人。抵押权人能够证明抵押财产转让可能损害抵押权的，可以请求抵押人将转让所得的价款向抵押权人提前清偿债务或者提存。转让的价款超过债权数额的部分归抵押人所有，不足部分由债务人清偿。

《民法典》第431条规定：质权人在质权存续期间，未经出质人同意，擅自使用、处分质押财产，造成出质人损害的，应当承担赔偿责任。

《民法典》第443条规定：以基金份额、股权出质的，质权自办理出质登记时设立。基金份额、股权出质后，不得转让，但是出质人与质权人协商同意的除外。出质人转让基金份额、股权所得的价款，应当向质权人提前清偿债务或者提存。

《民法典》第444条规定：以注册商标专用权、专利权、著作权等知识产权中的财产权出质的，质权自办理出质登记时设立。知识产权中的财产权出质后，出质人不得转让或者许可他人使用，但是出质人与质权人协商同意的除外。出质人转让或者许可他人使用出质的知识产权中的财产权所得的价款，应当向质权人提前清偿债务或者提存。

《民法典》第445条规定：以应收账款出质的，质权自办理出质登记时设立。应收账款出质后，不得转让，但是出质人与质权人协商同意的除外。出质人转让应收账款所得的价款，应当向质权人提前清偿债务或者提存。

(四) 债权人享有对担保标的的物上代位权

《民法典》第 390 条规定：担保期间，担保财产毁损、灭失或者被征收等，担保物权人可以就获得的保险金、赔偿金或者补偿金等优先受偿。被担保债权的履行期限未届满的，也可以提存该保险金、赔偿金或者补偿金等。

(五) 担保物权具有从属性

担保物权必须从属于主合同而存在，《民法典》第 388 条规定：设立担保物权，应当依照本法和其他法律的规定订立担保合同。担保合同包括抵押合同、质押合同和其他具有担保功能的合同。担保合同是主债权债务合同的从合同。主债权债务合同无效的，担保合同无效，但是法律另有规定的除外。担保物权不得与主债权分离而单独转让，主债权转让的，担保物权一并转让，但是法律另有规定或者当事人另有约定的除外。

延伸阅读

《最高人民法院关于适用〈中华人民共和国民法典〉有关担保制度的解释》（以下简称《民法典担保制度解释》）第 2 条规定：当事人在担保合同中约定担保合同的效力独立于主合同，或者约定担保人对主合同无效的法律后果承担担保责任，该有关担保独立性的约定无效。主合同有效的，有关担保独立性的约定无效不影响担保合同的效力；主合同无效的，人民法院应当认定担保合同无效，但是法律另有规定的除外。

该解释第 38 条规定：主债权未受全部清偿，担保物权人主张就担保财产的全部行使担保物权的，人民法院应予支持，但是留置权人行使留置权的，应当依照《民法典》第 450 条的规定处理。担保财产被分割或者部分转让，担保物权人主张就分割或者转让后的担保财产行使担保物权的，人民法院应予支持，但是法律或者司法解释另有规定的除外。

该解释第 39 条规定：主债权被分割或者部分转让，各债权人主张就其享有的债权份额行使担保物权的，人民法院应予支持，但是法律另有规定或者当事人另有约定的除外。主债务被分割或者部分转移，债务人自己提供物的担保，债权人请求以该担保财产担保全部债务履行的，人民法院应予支持；第三人提供物的担保，主张对未经其书面同意转移的债务不再承担担保责任的，人民法院应予支持。担保物权担保的范围由主合同的债权债务确定。

(六) 担保物权的不可分性

债权在未受全部清偿前或部分消灭的，担保物权人可以就担保物的全部行使权利。担保物一部分灭失，残存部分仍担保债权全部。分期履行的债权，已届履行期的部分未履行时，债权人就全部担保物有优先受偿权。担保物权设定后，担保物价格上涨，债务人无权要求减少担保物，反之，担保物价格下跌，债务人也无提供补充担保的义务。

四、担保的资格

具有担保资格的主体主要是债务人或第三人,包括自然人和法人,但法律另有规定的除外。

延伸阅读

《民法典担保制度解释》第 5 条规定:机关法人提供担保的,人民法院应当认定担保合同无效,但是经国务院批准为使用外国政府或者国际经济组织贷款进行转贷的除外。居民委员会、村民委员会提供担保的,人民法院应当认定担保合同无效,但是依法代行村集体经济组织职能的村民委员会,依照村民委员会组织法规定的讨论决定程序对外提供担保的除外。

第 6 条 以公益为目的的非营利性学校、幼儿园、医疗机构、养老机构等提供担保的,人民法院应当认定担保合同无效,但是有下列情形之一的除外:

(1)在购入或者以融资租赁方式承租教育设施、医疗卫生设施、养老服务设施和其他公益设施时,出卖人、出租人为担保价款或者租金实现而在该公益设施上保留所有权;

(2)以教育设施、医疗卫生设施、养老服务设施和其他公益设施以外的不动产、动产或者财产权利设立担保物权。

登记为营利法人的学校、幼儿园、医疗机构、养老机构等提供担保,当事人以其不具有担保资格为由主张担保合同无效的,人民法院不予支持。

第 7 条 公司的法定代表人违反公司法关于公司对外担保决议程序的规定,超越权限代表公司与相对人订立担保合同,人民法院应当依照《民法典》第 61 条和第 504 条等规定处理:

(1)相对人善意的,担保合同对公司发生效力;相对人请求公司承担担保责任的,人民法院应予支持。

(2)相对人非善意的,担保合同对公司不发生效力;相对人请求公司承担赔偿责任的,参照适用本解释第 17 条的有关规定。

法定代表人超越权限提供担保造成公司损失,公司请求法定代表人承担赔偿责任的,人民法院应予支持。

第一款所称善意,是指相对人在订立担保合同时不知道且不应当知道法定代表人超越权限。相对人有证据证明已对公司决议进行了合理审查,人民法院应当认定其构成善意,但是公司有证据证明相对人知道或者应当知道决议系伪造、变造的除外。

第 8 条 有下列情形之一,公司以其未依照公司法关于公司对外担保的规定作出决议为由主张不承担担保责任的,人民法院不予支持:

(1)金融机构开立保函或者担保公司提供担保;

(2)公司为其全资子公司开展经营活动提供担保;

(3)担保合同系由单独或者共同持有公司2/3以上对担保事项有表决权的股东签字同意。

上市公司对外提供担保,不适用前款第(2)项、第(3)项的规定。

第9条 相对人根据上市公司公开披露的关于担保事项已经董事会或者股东大会决议通过的信息,与上市公司订立担保合同,相对人主张担保合同对上市公司发生效力,并由上市公司承担担保责任的,人民法院应予支持。

相对人未根据上市公司公开披露的关于担保事项已经董事会或者股东大会决议通过的信息,与上市公司订立担保合同,上市公司主张担保合同对其不发生效力,且不承担担保责任或者赔偿责任的,人民法院应予支持。

相对人与上市公司已公开披露的控股子公司订立的担保合同,或者相对人与股票在国务院批准的其他全国性证券交易场所交易的公司订立的担保合同,适用前两款规定。

第10条 一人有限责任公司为其股东提供担保,公司以违反公司法关于公司对外担保决议程序的规定为由主张不承担担保责任的,人民法院不予支持。公司因承担担保责任导致无法清偿其他债务,提供担保时的股东不能证明公司财产独立于自己的财产,其他债权人请求该股东承担连带责任的,人民法院应予支持。

第11条 公司的分支机构未经公司股东(大)会或者董事会决议以自己的名义对外提供担保,相对人请求公司或者其分支机构承担担保责任的,人民法院不予支持,但是相对人不知道且不应当知道分支机构对外提供担保未经公司决议程序的除外。

金融机构的分支机构在其营业执照记载的经营范围内开立保函,或者经有权从事担保业务的上级机构授权开立保函,金融机构或者其分支机构以违反公司法关于公司对外担保决议程序的规定为由主张不承担担保责任的,人民法院不予支持。金融机构的分支机构未经金融机构授权提供保函之外的担保,金融机构或者其分支机构主张不承担担保责任的,人民法院应予支持,但是相对人不知道且不应当知道分支机构对外提供担保未经金融机构授权的除外。

担保公司的分支机构未经担保公司授权对外提供担保,担保公司或者其分支机构主张不承担担保责任的,人民法院应予支持,但是相对人不知道且不应当知道分支机构对外提供担保未经担保公司授权的除外。

公司的分支机构对外提供担保,相对人非善意,请求公司承担赔偿责任的,参照本解释第17条的有关规定处理。

第12条 法定代表人依照《民法典》第552条的规定以公司名义加入债务的,人民法院在认定该行为的效力时,可以参照本解释关于公司为他人提供担保的有关规则处理。

五、担保物权的分类

1. 以担保物权设立的原因不同,可以分为法定担保物权与意定担保物权

法定担保物权,指依法律的直接规定而当然发生的担保物权,如留置权;意定担保物权,指依当事人的设立合同而成立的担保物权,抵押权和质权为典型的意定担保物权。

2. 担保物权以其主要效力为标准,可以分为留置性担保物权与优先清偿性担保物权

留置性担保物权是以留置标的物,迫使债务人清偿债务为其主要效力的担保物权,如留置权;优先清偿性担保物权是支配标的物的交换价值,以确保优先清偿为其主要效力的担保物权,如抵押权。

3. 以担保物权的标的物为标准,可分为动产担保物权、不动产担保物权、权利担保物权和非特定财产担保物权

动产担保物权,指以动产为标的物而设立的担保物权,如动产抵押权和动产质权;不动产担保物权,指以不动产为标的物而设立的担保物权,如不动产抵押权;权利担保物权,指以财产性权利为标的而设立的担保物权,如权利质权和权利抵押权;非特定财产担保物权,指以变动的财产为标的物而设立担保物权,如浮动抵押,等等。

4. 以是否移转担保标的物的占有为标准,可以分为占有担保物权与非占有担保物权

将标的物移转给债权人占有的担保物权,为占有担保物权,如留置权和质权;非占有担保物权,指不把标的物移转给债权人占有,债务人仍继续使用、收益标的物的担保物权,如抵押权。

5. 以担保物权是否为民法所明文规定为标准,可以分为典型担保物权与非典型担保物权

凡由民法所明文规定的担保为典型担保物权,如抵押权、留置权和质权;非典型担保物权,指不是民法明文规定的担保类型,但在司法实践中,参考民法典及相关司法解释中关于担保物权的规定处理的权利。

六、担保物权的消灭

《民法典》第 393 条规定:有下列情形之一的,担保物权消灭:

(1) 主债权消灭;

(2) 担保物权实现;

(3) 债权人放弃担保物权;

(4) 法律规定担保物权消灭的其他情形。

第三人提供担保,未经其书面同意,债权人允许债务人转移全部或者部分债务的,担保人不再承担相应的担保责任。

第二节 担保物权的一般规则

(一) 担保物权的顺位规则

《民法典》第392条规定:被担保的债权既有物的担保又有人的担保的,债务人不履行到期债务或者发生当事人约定的实现担保物权的情形,债权人应当按照约定实现债权;没有约定或者约定不明确,债务人自己提供物的担保的,债权人应当先就该物的担保实现债权;第三人提供物的担保的,债权人可以就物的担保实现债权,也可以请求保证人承担保证责任。提供担保的第三人承担担保责任后,有权向债务人追偿。

> **延伸阅读**
>
> 《民法典担保制度解释》第13条规定:同一债务有两个以上第三人提供担保,担保人之间约定相互追偿及分担份额,承担了担保责任的担保人请求其他担保人按照约定分担份额的,人民法院应予支持;担保人之间约定承担连带共同担保,或者约定相互追偿但是未约定分担份额的,各担保人按照比例分担向债务人不能追偿的部分。
>
> 同一债务有两个以上第三人提供担保,担保人之间未对相互追偿作出约定且未约定承担连带共同担保,但是各担保人在同一份合同书上签字、盖章或者按指印,承担了担保责任的担保人请求其他担保人按照比例分担向债务人不能追偿部分的,人民法院应予支持。除前两款规定的情形外,承担了担保责任的担保人请求其他担保人分担向债务人不能追偿部分的,人民法院不予支持。
>
> 第14条规定:同一债务有两个以上第三人提供担保,担保人受让债权的,人民法院应当认定该行为系承担担保责任。受让债权的担保人作为债权人请求其他担保人承担担保责任的,人民法院不予支持;该担保人请求其他担保人分担相应份额的,依照本解释第13条的规定处理。

(二) 担保物权的实现规则

《民法典》第386条规定:担保物权人在债务人不履行到期债务或者发生当事人约定的实现担保物权的情形,依法享有就担保财产优先受偿的权利,但是法律另有规定的除外。

> **延伸阅读**
>
> 《民法典担保制度解释》第16条规定:主合同当事人协议以新贷偿还旧贷,债权人请求旧贷的担保人承担担保责任的,人民法院不予支持;债权人请求新贷的担保人承担担保责任的,按照下列情形处理:

(1)新贷与旧贷的担保人相同的,人民法院应予支持;

(2)新贷与旧贷的担保人不同,或者旧贷无担保新贷有担保的,人民法院不予支持,但是债权人有证据证明新贷的担保人提供担保时对以新贷偿还旧贷的事实知道或者应当知道的除外。

主合同当事人协议以新贷偿还旧贷,旧贷的物的担保人在登记尚未注销的情形下同意继续为新贷提供担保,在订立新的贷款合同前又以该担保财产为其他债权人设立担保物权,其他债权人主张其担保物权顺位优先于新贷债权人的,人民法院不予支持。

第17条 主合同有效而第三人提供的担保合同无效,人民法院应当区分不同情形确定担保人的赔偿责任:

(1)债权人与担保人均有过错的,担保人承担的赔偿责任不应超过债务人不能清偿部分的1/2;

(2)担保人有过错而债权人无过错的,担保人对债务人不能清偿的部分承担赔偿责任;

(3)债权人有过错而担保人无过错的,担保人不承担赔偿责任。

主合同无效导致第三人提供的担保合同无效,担保人无过错的,不承担赔偿责任;担保人有过错的,其承担的赔偿责任不应超过债务人不能清偿部分的1/3。

第18条 承担了担保责任或者赔偿责任的担保人,在其承担责任的范围内向债务人追偿的,人民法院应予支持。同一债权既有债务人自己提供的物的担保,又有第三人提供的担保,承担了担保责任或者赔偿责任的第三人,主张行使债权人对债务人享有的担保物权的,人民法院应予支持。

第19条 担保合同无效,承担了赔偿责任的担保人按照反担保合同的约定,在其承担赔偿责任的范围内请求反担保人承担担保责任的,人民法院应予支持。反担保合同无效的,依照本解释第17条的有关规定处理。当事人仅以担保合同无效为由主张反担保合同无效的,人民法院不予支持。

(三)价款优先权

《民法典》第390条规定:担保期间,担保财产毁损、灭失或者被征收等,担保物权人可以就获得的保险金、赔偿金或者补偿金等优先受偿。被担保债权的履行期限未届满的,也可以提存该保险金、赔偿金或者补偿金等。

延伸阅读

《民法典担保制度解释》第56条规定:买受人在出卖人正常经营活动中通过支付合理对价取得已被设立担保物权的动产,担保物权人请求就该动产优先受偿的,人民法院不予支持,但是有下列情形之一的除外:

(1)购买商品的数量明显超过一般买受人;

(2)购买出卖人的生产设备;

(3)订立买卖合同的目的在于担保出卖人或者第三人履行债务;

(4)买受人与出卖人存在直接或者间接的控制关系;

(5)买受人应当查询抵押登记而未查询的其他情形。

课后习题

案例分析

2021年1月5日,德安公司向京贝公司借款500万元,借款期限为1年,德安公司将自有的一座办公楼抵押给京贝公司并办理了抵押登记。1月15日,德安公司为该座办公楼向平安保险公司办理了火灾保险。3月17日,该办公楼因火灾被烧毁,4月2日平安保险公司按照保险合同的约定向德安公司支付了保险金410万元,问京贝公司此时可以行使何种权利?

简答题

1.简要说明担保物权的不可分性。

2.担保物权的顺位规则是什么?

第十三章 抵 押 权

【学习目标】
1. 了解抵押权与抵押财产。
2. 了解并掌握抵押权的取得和登记。
3. 了解并掌握抵押权的效力。
4. 了解特殊抵押,并掌握抵押权的实现。

【引导案例】

2018年3月,潘某优向佛山三水某银行借款,用于购买涉案房产,并以所购房产提供抵押担保,办理了以佛山三水某银行为权利人的抵押预告登记。房产开发商为潘某优的借款债务提供阶段性担保。

后潘某优未按借款合同的约定时间向佛山三水某银行分期偿还借款,佛山三水某银行遂诉至法院,主张贷款提前到期,请求判令潘某优清偿贷款本金49万元及利息,确认佛山三水某银行对抵押房产享有优先受偿权等。

请思考:

佛山三水某银行是否对抵押房产享有优先受偿权?

【评析】

潘某优未按合同约定按期偿还借款,构成违约,佛山三水某银行除有权主张潘某优偿还欠款本息外,亦有权视该合同关于担保的约定,依据《民法典》及相应司法解释的规定主张行使担保权利。

根据《民法典担保制度解释》第52条第1款的规定,潘某优与佛山三水某银行约定的抵押房产已办理建筑物所有权首次登记,且不存在预告登记失效等情形,因此,佛山三水某银行依法对该抵押房产享有优先受偿权。

第一节 抵押权与抵押财产

一、抵押权的概念

抵押权是指为担保债务的履行,债务人或者第三人不转移财产的占有,将该财产抵押给债权人,债务人不履行到期债务或者发生当事人约定的实现抵押权的情形,债权人有权就该财产优先受偿。债务人或者第三人为抵押人,债权人为抵押权人,提供担保的财产为抵押财产。

二、抵押财产

(一) 可以抵押的财产范围

《民法典》第395条规定:债务人或者第三人有权处分的下列财产可以抵押:
(1)建筑物和其他土地附着物;
(2)建设用地使用权;
(3)海域使用权;
(4)生产设备、原材料、半成品、产品;
(5)正在建造的建筑物、船舶、航空器;
(6)交通运输工具;
(7)法律、行政法规未禁止抵押的其他财产。

抵押人可以将前款所列财产一并抵押。

企业、个体工商户、农业生产经营者可以将现有的以及将有的生产设备、原材料、半成品、产品抵押,债务人不履行到期债务或者发生当事人约定的实现抵押权的情形,债权人有权就抵押财产确定时的动产优先受偿。

以建筑物抵押的,该建筑物占用范围内的建设用地使用权一并抵押。以建设用地使用权抵押的,该土地上的建筑物一并抵押。抵押人未依据前款规定一并抵押的,未抵押的财产视为一并抵押。

乡镇、村企业的建设用地使用权不得单独抵押。以乡镇、村企业的厂房等建筑物抵押的,其占用范围内的建设用地使用权一并抵押。

(二) 不得抵押的财产范围

根据《民法典》第399条的规定,下列财产不得抵押:
(1)土地所有权;
(2)宅基地、自留地、自留山等集体所有土地的使用权,但是法律规定可以抵押的除外;
(3)学校、幼儿园、医疗机构等为公益目的成立的非营利法人的教育设施、医疗卫生设施和其他公益设施;
(4)所有权、使用权不明或者有争议的财产;
(5)依法被查封、扣押、监管的财产;
(6)法律、行政法规规定不得抵押的其他财产。

> **延伸阅读**
>
> 《民法典担保制度解释》规定了抵押财产的一些特殊情况,具体如下。
>
> 第49条规定:以违法的建筑物抵押的,抵押合同无效,但是一审法庭辩论终结前已经办理合法手续的除外。抵押合同无效的法律后果,依照本解释第17条的有关规定处理。当事人以建设用地使用权依法设立抵押,抵押人以土地上存在违法的建筑物为由主张抵押合同无效的,人民法院不予支持。
>
> 第50条规定:抵押人以划拨建设用地上的建筑物抵押,当事人以该建设用地使用权不能抵押或者未办理批准手续为由主张抵押合同无效或者不生效的,人民法院不予支持。抵押权依法实现时,拍卖、变卖建筑物所得的价款,应当优先用于补缴建设用地使用权出让金。当事人以划拨方式取得的建设用地使用权抵押,抵押人以未办理批准手续为由主张抵押合同无效或者不生效的,人民法院不予支持。已经依法办理抵押登记,抵押权人主张行使抵押权的,人民法院应予支持。抵押权依法实现时所得的价款,参照前款有关规定处理。

第二节 抵押权的取得和登记

一、抵押权的取得

设立抵押权,采取意思自治原则,当事人可以协商一致,采用书面形式订立抵押合同。

《民法典》第400条规定:设立抵押权,当事人应当采用书面形式订立抵押合同。抵押合同一般包括下列条款:被担保债权的种类和数额;债务人履行债务的期限;抵押财产的名称、数量等情况;担保的范围。

二、抵押权的登记

抵押权的生效因抵押财产的性质不同分为以下情况。

(一)登记生效规则

以建筑物和其他土地附着物、建设用地使用权、海域使用权、正在建造的建筑物抵押的,应当办理抵押登记。抵押权自登记时设立。未办理登记的,抵押合同签订双方如具有相应的民事行为能力,双方意思表示真实且抵押合同内容不违反法律、行政法规的强制性规定,不违背公序良俗,抵押合同有效,但抵押权不成立。

(二)登记对抗规则

以动产抵押的,抵押权自抵押合同生效时设立;未经登记,不得对抗善意第三人。

延伸阅读

《民法典担保制度解释》规定了抵押权登记的特殊情况。

第43条规定：当事人约定禁止或者限制转让抵押财产但是未将约定登记，抵押人违反约定转让抵押财产，抵押权人请求确认转让合同无效的，人民法院不予支持；抵押财产已经交付或者登记，抵押权人请求确认转让不发生物权效力的，人民法院不予支持，但是抵押权人有证据证明受让人知道的除外；抵押权人请求抵押人承担违约责任的，人民法院依法予以支持。

当事人约定禁止或者限制转让抵押财产且已经将约定登记，抵押人违反约定转让抵押财产，抵押权人请求确认转让合同无效的，人民法院不予支持；抵押财产已经交付或者登记，抵押权人主张转让不发生物权效力的，人民法院应予支持，但是因受让人代替债务人清偿债务导致抵押权消灭的除外。

第46条规定：不动产抵押合同生效后未办理抵押登记手续，债权人请求抵押人办理抵押登记手续的，人民法院应予支持。抵押财产因不可归责于抵押人自身的原因灭失或者被征收等导致不能办理抵押登记，债权人请求抵押人在约定的担保范围内承担责任的，人民法院不予支持；但是抵押人已经获得保险金、赔偿金或者补偿金等，债权人请求抵押人在其所获金额范围内承担赔偿责任的，人民法院依法予以支持。

因抵押人转让抵押财产或者其他可归责于抵押人自身的原因导致不能办理抵押登记，债权人请求抵押人在约定的担保范围内承担责任的，人民法院依法予以支持，但是不得超过抵押权能够设立时抵押人应当承担的责任范围。

第47条规定：不动产登记簿就抵押财产、被担保的债权范围等所作的记载与抵押合同约定不一致的，人民法院应当根据登记簿的记载确定抵押财产、被担保的债权范围等事项。

第48条规定：当事人申请办理抵押登记手续时，因登记机构的过错致使其不能办理抵押登记，当事人请求登记机构承担赔偿责任的，人民法院依法予以支持。

第52条规定：当事人办理抵押预告登记后，预告登记权利人请求就抵押财产优先受偿，经审查存在尚未办理建筑物所有权首次登记、预告登记的财产与办理建筑物所有权首次登记时的财产不一致、抵押预告登记已经失效等情形，导致不具备办理抵押登记条件的，人民法院不予支持；经审查已经办理建筑物所有权首次登记，且不存在预告登记失效等情形的，人民法院应予支持，并应当认定抵押权自预告登记之日起设立。

当事人办理了抵押预告登记，抵押人破产，经审查抵押财产属于破产财产，预告登记权利人主张就抵押财产优先受偿的，人民法院应当在受理破产申请时抵押财产的价值范围内予以支持，但是在人民法院受理破产申请前一年内，债务人对没有财产担保的债务设立抵押预告登记的除外。

第54条规定：动产抵押合同订立后未办理抵押登记，动产抵押权的效力按照下列情形分别处理：

(1)抵押人转让抵押财产，受让人占有抵押财产后，抵押权人向受让人请求行使抵押权的，人民法院不予支持，但是抵押权人能够举证证明受让人知道或者应当知道已经订立抵押合同的除外；

(2)抵押人将抵押财产出租给他人并移转占有，抵押权人行使抵押权的，租赁关系不受影响，但是抵押权人能够举证证明承租人知道或者应当知道已经订立抵押合同的除外；

(3)抵押人的其他债权人向人民法院申请保全或者执行抵押财产，人民法院已经作出财产保全裁定或者采取执行措施，抵押权人主张对抵押财产优先受偿的，人民法院不予支持；

(4)抵押人破产，抵押权人主张对抵押财产优先受偿的，人民法院不予支持。

第三节 抵押权的效力

一、抵押权的效力范围

担保物权的担保范围包括主债权及其利息、违约金、损害赔偿金、保管担保财产和实现担保物权的费用。当事人另有约定的，按照其约定。

以动产抵押的，不得对抗正常经营活动中已经支付合理价款并取得抵押财产的买受人。

抵押权设立前，抵押财产已经出租并转移占有的，原租赁关系不受该抵押权的影响。

二、抵押财产的转让、变动及抵押权的效力

抵押期间，抵押人可以转让抵押财产。当事人另有约定的，按照其约定。抵押财产转让的，抵押权不受影响。抵押人转让抵押财产的，应当及时通知抵押权人。抵押权人能够证明抵押财产转让可能损害抵押权的，可以请求抵押人将转让所得的价款向抵押权人提前清偿债务或者提存。转让的价款超过债权数额的部分归抵押人所有，不足部分由债务人清偿。

抵押权不得与债权分离而单独转让或者作为其他债权的担保。债权转让的，担保该债权的抵押权一并转让，但是法律另有规定或者当事人另有约定的除外。

抵押人的行为足以使抵押财产价值减少的，抵押权人有权请求抵押人停止其行为；抵押财产价值减少的，抵押权人有权请求恢复抵押财产的价值，或者提供与减少的价值相应的担保。抵押人不恢复抵押财产的价值，也不提供担保的，抵押权人有权请求债务人提前清偿债务。

债务人不履行到期债务或者发生当事人约定的实现抵押权的情形，致使抵押财产被

人民法院依法扣押的,自扣押之日起,抵押权人有权收取该抵押财产的天然孳息或者法定孳息,但是抵押权人未通知应当清偿法定孳息义务人的除外。前款规定的孳息应当先充抵收取孳息的费用。

抵押财产折价或者拍卖、变卖后,其价款超过债权数额的部分归抵押人所有,不足部分由债务人清偿。

建设用地使用权抵押后,该土地上新增的建筑物不属于抵押财产。该建设用地使用权实现抵押权时,应当将该土地上新增的建筑物与建设用地使用权一并处分。但是,新增建筑物所得的价款,抵押权人无权优先受偿。

延伸阅读

《民法典担保制度解释》第37条规定:当事人以所有权、使用权不明或者有争议的财产抵押,经审查构成无权处分的,人民法院应当依照《民法典》第311条的规定处理。当事人以依法被查封或者扣押的财产抵押,抵押权人请求行使抵押权,经审查查封或者扣押措施已经解除的,人民法院应予支持。抵押人以抵押权设立时财产被查封或者扣押为由主张抵押合同无效的,人民法院不予支持。以依法被监管的财产抵押的,适用前款规定。

第40条规定:从物产生于抵押权依法设立前,抵押权人主张抵押权的效力及于从物的,人民法院应予支持,但是当事人另有约定的除外。从物产生于抵押权依法设立后,抵押权人主张抵押权的效力及于从物的,人民法院不予支持,但是在抵押权实现时可以一并处分。

第41条规定:抵押权依法设立后,抵押财产被添附,添附物归第三人所有,抵押权人主张抵押权效力及于补偿金的,人民法院应予支持。抵押权依法设立后,抵押财产被添附,抵押人对添附物享有所有权,抵押权人主张抵押权的效力及于添附物的,人民法院应予支持,但是添附导致抵押财产价值增加的,抵押权的效力不及于增加的价值部分。

抵押权依法设立后,抵押人与第三人因添附成为添附物的共有人,抵押权人主张抵押权的效力及于抵押人对共有物享有的份额的,人民法院应予支持。本条所称添附,包括附合、混合与加工。

第51条规定:当事人仅以建设用地使用权抵押,债权人主张抵押权的效力及于土地上已有的建筑物以及正在建造的建筑物已完成部分的,人民法院应予支持。债权人主张抵押权的效力及于正在建造的建筑物的续建部分以及新增建筑物的,人民法院不予支持。当事人以正在建造的建筑物抵押,抵押权的效力范围限于已办理抵押登记的部分。

当事人按照担保合同的约定,主张抵押权的效力及于续建部分、新增建筑物以及规划中尚未建造的建筑物的,人民法院不予支持。抵押人将建设用地使用权、土地上的建筑物或者正在建造的建筑物分别抵押给不同债权人的,人民法院应当根据抵押登记的时间先后确定清偿顺序。

第四节 特殊抵押

一、最高额抵押权

（一）最高额抵押权的概念

为担保债务的履行，债务人或者第三人对一定期间内将要连续发生的债权提供担保财产的，债务人不履行到期债务或者发生当事人约定的实现抵押权的情形，抵押权人有权在最高债权额限度内就该担保财产优先受偿。

（二）最高额抵押权的确定

《民法典》第423条规定：抵押权人的债权确定的情形：

(1)约定的债权确定期间届满；

(2)没有约定债权确定期间或者约定不明确，抵押权人或者抵押人自最高额抵押权设立之日起满2年后请求确定债权；

(3)新的债权不可能发生；

(4)抵押权人知道或者应当知道抵押财产被查封、扣押；

(5)债务人、抵押人被宣告破产或者解散；

(6)法律规定债权确定的其他情形。

（三）最高额抵押的特征

(1)最高额抵押权设立时，债权权限额度尚未确定。

(2)最高额抵押权担保的债权确定前，部分债权转让的，最高额抵押权不得转让，但是当事人另有约定的除外。

(3)最高额抵押担保的债权确定前，抵押权人与抵押人可以通过协议变更债权确定的期间、债权范围以及最高债权额。但是，变更的内容不得对其他抵押权人产生不利影响。最高额抵押权设立前已经存在的债权，经当事人同意，可以转入最高额抵押担保的债权范围。

二、浮动抵押

（一）浮动抵押的概念

企业、个体工商户、农业生产经营者可以将现有的以及将有的生产设备、原材料、半成品、产品抵押，债务人不履行到期债务或者发生当事人约定的实现抵押权的情形，债权人有权就抵押财产确定时的动产优先受偿。

(二) 浮动抵押的特征

(1) 浮动抵押设立的主体是企业、个体工商户、农业生产经营者；

(2) 浮动抵押的标的是现有的以及将有的生产设备、原材料、半成品、产品，不包括不动产、财产性权利等；

(3) 浮动抵押不得对抗正常经营活动中已经支付合理价款并取得抵押财产的买受人。

延伸阅读

《民法典担保制度解释》第57条规定，担保人在设立动产浮动抵押并办理抵押登记后又购入或者以融资租赁方式承租新的动产，下列权利人为担保价款债权或者租金的实现而订立担保合同，并在该动产交付后10日内办理登记，主张其权利优先于在先设立的浮动抵押权的，人民法院应予支持：

(1) 在该动产上设立抵押权或者保留所有权的出卖人；

(2) 为价款支付提供融资而在该动产上设立抵押权的债权人；

(3) 以融资租赁方式出租该动产的出租人。

三、流押条款

抵押权人在债务履行期限届满前，与抵押人约定债务人不履行到期债务时抵押财产归债权人所有的，只能依法就抵押财产优先受偿。

小贴士

《民法典》对《物权法》和《担保法》关于流押条款无效的规定进行了修改，规定了抵押权人和抵押人如约定了流押条款，流押条款无效，作为普通抵押权就抵押财产优先受偿。

第五节 抵押权的实现

一、抵押权实现的情形

债务人不履行到期债务或者发生当事人约定的实现抵押权的情形，抵押权人可以与抵押人协议以抵押财产折价或者以拍卖、变卖该抵押财产所得的价款优先受偿。协议损害其他债权人利益的，其他债权人可以请求人民法院撤销该协议。抵押权人与抵押人未就抵押权实现方式达成协议的，抵押权人可以请求人民法院拍卖、变卖抵押财产。抵押财产折价或者变卖的，应当参照市场价格。

延伸阅读

《民法典担保制度解释》第45条规定：当事人约定当债务人不履行到期债务或者发生当事人约定的实现担保物权的情形，担保物权人有权将担保财产自行拍卖、变卖并就所得的价款优先受偿的，该约定有效。因担保人的原因导致担保物权人无法自行对担保财产进行拍卖、变卖，担保物权人请求担保人承担因此增加的费用的，人民法院应予支持。

当事人依照民事诉讼法有关"实现担保物权案件"的规定，申请拍卖、变卖担保财产，被申请人以担保合同约定仲裁条款为由主张驳回申请的，人民法院经审查后，应当按照以下情形分别处理：

(1) 当事人对担保物权无实质性争议且实现担保物权条件已经成就的，应当裁定准许拍卖、变卖担保财产；

(2) 当事人对实现担保物权有部分实质性争议的，可以就无争议的部分裁定准许拍卖、变卖担保财产，并告知可以就有争议的部分申请仲裁；

(3) 当事人对实现担保物权有实质性争议的，裁定驳回申请，并告知可以向仲裁机构申请仲裁。债权人以诉讼方式行使担保物权的，应当以债务人和担保人作为共同被告。

二、抵押权实现的顺位

抵押权人可以放弃抵押权或者抵押权的顺位。抵押权人与抵押人可以协议变更抵押权顺位以及被担保的债权数额等内容。但是，抵押权的变更未经其他抵押权人书面同意的，不得对其他抵押权人产生不利影响。债务人以自己的财产设定抵押，抵押权人放弃该抵押权、抵押权顺位或者变更抵押权的，其他担保人在抵押权人丧失优先受偿权益的范围内免除担保责任，但是其他担保人承诺仍然提供担保的除外。

同一财产向两个以上债权人抵押的，拍卖、变卖抵押财产所得的价款依照下列规定清偿：

(1) 抵押权已经登记的，按照登记的时间先后确定清偿顺序；

(2) 抵押权已经登记的先于未登记的受偿；

(3) 抵押权未登记的，按照债权比例清偿。

其他可以登记的担保物权，清偿顺序参照适用前款规定。

同一财产既设立抵押权又设立质权的，拍卖、变卖该财产所得的价款按照登记、交付的时间先后确定清偿顺序。

动产抵押担保的主债权是抵押物的价款，标的物交付后10日内办理抵押登记的，该抵押权人优先于抵押物买受人的其他担保物权人受偿，但是留置权人除外。

> 📖 延伸阅读

《民法典担保制度解释》第 42 条规定：抵押权依法设立后，抵押财产毁损、灭失或者被征收等，抵押权人请求按照原抵押权的顺位就保险金、赔偿金或者补偿金等优先受偿的，人民法院应予支持。

给付义务人已经向抵押人给付了保险金、赔偿金或者补偿金，抵押权人请求给付义务人向其给付保险金、赔偿金或者补偿金的，人民法院不予支持，但是给付义务人接到抵押权人要求向其给付的通知后仍然向抵押人给付的除外。抵押权人请求给付义务人向其给付保险金、赔偿金或者补偿金的，人民法院可以通知抵押人作为第三人参加诉讼。

三、抵押权实现的期限

抵押权人应当在主债权诉讼时效期间行使抵押权；未行使的，人民法院不予保护。

> 📖 延伸阅读

《民法典担保制度解释》第 44 条规定：主债权诉讼时效期间届满后，抵押权人主张行使抵押权的，人民法院不予支持；抵押人以主债权诉讼时效期间届满为由，主张不承担担保责任的，人民法院应予支持。主债权诉讼时效期间届满前，债权人仅对债务人提起诉讼，经人民法院判决或者调解后未在民事诉讼法规定的申请执行时效期间内对债务人申请强制执行，其向抵押人主张行使抵押权的，人民法院不予支持。

主债权诉讼时效期间届满后，财产被留置的债务人或者对留置财产享有所有权的第三人请求债权人返还留置财产的，人民法院不予支持；债务人或者第三人请求拍卖、变卖留置财产并以所得价款清偿债务的，人民法院应予支持。

主债权诉讼时效期间届满的法律后果，以登记作为公示方式的权利质权，参照适用第一款的规定；动产质权、以交付权利凭证作为公示方式的权利质权，参照适用第二款的规定。

> 📝 课后习题

选择题：

1. 下列财产中可以设立抵押权的有（　　）

A. 生产设备、原材料、半成品、产品

B. 学校、幼儿园、医疗机构等为公益目的成立的非营利法人的教育设施、医疗卫生设施和其他公益设施

C. 土地所有权

D. 交通运输工具

2. 某农村养殖户为扩大养殖规模向银行借款,以其财产设立浮动抵押,对此,下列哪些表述是正确的?

  A. 该养殖户可将存栏的养殖物作为抵押财产

  B. 抵押登记机关为养殖户所在地的工商部门

  C. 抵押登记可以对抗任何善意第三人

  D 如借款到期未还,抵押财产自借款到期时确定

简答题

1. 应当办理抵押登记未办理登记的,抵押合同是否有效?
2. 抵押期间,抵押人是否可以转让抵押财产?

案例分析

1. 李某与王某于2021年5月1日签订房屋租赁合同,约定王某承租李某位于北京市西城区的某住宅,租期6个月,月租金4000元。王某于2021年5月3日入住该租赁房屋。2021年5月8日,李某因借款将上述出租房屋抵押给赵某,并办理了房屋抵押登记手续。请问:王某与李某的租赁关系是否因房屋抵押受到影响?

2. 2017年1月1日,张某向赵某借款400万元,借期1年,魏某以自己的房屋为该笔借款提供抵押担保并办理了抵押登记手续。2018年1月1日,债务履行期限届满。请问:如果抵押权人赵某未在主债权诉讼时效期间内行使抵押权,将产生何种法律后果?

3. 甲公司向乙公司借款300万元,以正在建造的厂房作为抵押,但未办理抵押登记,请问:乙公司的抵押权是否成立?

第十四章 质 权

【学习目标】
1. 了解质权的概念、特征以及分类。
2. 了解动产质权的特征、取得以及效力。
3. 了解权利质权的特征、设定及效力。

【引导案例】
甲信用社、乙银行和丙公司在同一城市。丙公司与甲信用社签订一份金额为400万元的质权担保借款合同,质押财产为丙公司价值600万元的动产。合同签订后,丙公司即将质押财产转移给甲信用社占有。嗣后,丙公司与乙银行签订一份金额为280万元的借款、抵押合同,抵押物也为丙公司的上述动产,并办理了抵押权登记。

合同到期后,丙公司无法向甲信用社和乙银行偿还债务,甲信用社和乙银行均要求以丙公司所提供的该担保财产优先清偿债务,从而引发纠纷。请结合本章内容思考:
(1)质权设立的要件是什么?
(2)质权的效力是什么?
(3)在同一财产上既设立质权又设立抵押权,其效力如何?
(4)对这样的纠纷案件应当如何处理?

【评析】
在本案中,丙公司与甲信用社签订质权担保借款合同,质押财产为丙公司的动产,质押财产已经转移占有,符合质权设立的要求,质权合同生效,甲信用社取得质权。质权的效力就在于担保其所担保的债权的实现,使该债权优先于其他没有设定担保的债权受偿。本案中质权具有这样的效力。

合同签订后,丙公司又将该质押财产设定抵押权,为与乙银行签订的借款合同提供担保,并办理了抵押权登记。因此,丙公司以同一财产设定的抵押权有效,设定的抵押权经过登记也有效,乙银行取得抵押权。对于三方之间的纠纷应当依照动产质权与动产抵押权的效力规则处理。

(1)在同一财产上,经登记的抵押权与质权并存时,抵押权人优先于质权人受偿。
(2)对于无须办理登记即可成立的抵押权,仍然按照权利设定的先后并考虑其他因素加以判定:一是当动产上先设定抵押权后设定质权时,如果抵押权已经登记,抵押权人则优先于质权人受偿;二是如果先成立的抵押权未经登记,则其不能对抗善意第三人,此时,除非证明质权人知道或者应当知道质押财产上已经先设定了抵押权,否则抵押权不能对抗质权。

(3)当动产上先设定质权后设定抵押权时,无论该抵押权是否办理登记,都不能对抗设定在先的质权。

本案发生冲突的是动产质权与动产抵押权。按照"当动产上先设定质权后设定抵押权时,无论该抵押权是否办理登记,都不能对抗设定在先的质权"的规则,本案中乙银行的抵押权不能对抗设定在先的质权。应当判决甲信用社优先受偿,就剩余部分,乙银行受偿。

第一节 质权概述

一、质权的概念和特征

(一)质权的概念

质权,是指债务人或第三人将特定的财产交由债权人占有,或者以财产权利为标的,作为债权的担保,在债务人不履行债务时,或者发生当事人约定的实现质权的情形时,债权人有权以该财产折价或以拍卖、变卖所得价款优先受偿的权利。

债务人或者第三人交由债权人占有的特定财产,叫作质押财产,也叫作质押物;债权人叫作质权人,提供质押财产出质的人叫作出质人。

(二)质权的特征

1. 质权是为了担保债权的实现而设立的担保物权

质权以担保债权的实现为目的,与所担保的债权之间具有从属关系,被担保的债权为主权利,而质权为从权利。因此,质权具有从属性,表现在质权以主债权的存在为前提,因主债权的转让而转让,因主债权的消灭而消灭。

2. 质权只能在债务人或者第三人提供的特定财产或者权利上设定

质权是在债务人或者第三人提供的特定的财产上设定的,质权的标的物只能是动产或者可让与的权利,而不能是不动产。不动产只能作为抵押权的标的物。

3. 动产质权以债权人占有债务人或第三人提供的动产为必要条件

动产质权的设定须以质权人占有质押财产作为生效要件,当事人之间设定动产质权必须转移标的物的占有,即由质权人占有质押财产,这是质权与抵押权的重要区别。即使是权利质权,也需要交付权利凭证或者进行登记才能成立。

4. 质权人在债务人履行债务前对质押财产享有留置的权利

由于质权以移转标的物的占有为要件,质权人得占有标的物,因而在质权所担保的主债权受清偿前,质权人得留置质押财产而拒绝质押财产所有人的返还请求。债务人不履行债务时,或者发生当事人约定的实现质权的情形,质权人有权对质押财产的变价款享有优先受偿的权利。

二、质权的分类

(一) 动产质权、不动产质权和权利质权

动产质权,指以动产为标的物的质权;不动产质权,指以不动产为标的物的质权。在法制发展史上,不动产质权曾为农业经济社会中一种重要的物权担保形式。时至今日,除极少数国家(如日本)规定了此种制度外,多数国家已废除了此制度。我国《民法典》采多数国家经验,不认可不动产质权。权利质权,指以可让与的财产权为标的而设立的质权。在物权法上规定权利质权,系当代各国的普遍做法。我国《民法典》取各国立法的普遍做法,于第二编第十八章第二节规定"权利质权",彰显我国物权法对权利质权的重视。

(二) 占有质权、收益质权与归属质权

占有质权,又称占有质,指质权人对于质物仅能占有,原则上不得使用收益的质权。新近以来各国家或地区物权法上的质权大多属于此种质权;收益质权,指质权人不仅占有质物,而且也可对质物加以使用、收益的质权。收益质权还可进一步区分为销偿质权与利息质权。销偿质权,又称期限质权,指以质权标的物的收益抵充债权原本,其质权可能因债权的抵充完毕而消灭的质权。利息质权,又称永久质权,指以收益抵充债权的利息,其质权不可能因债权的抵充完毕而消灭的质权,以日本民法的不动产质权为最具代表性。

归属质权,又称流质,指质权人通过取得质权标的物的所有权,以抵充其债权的质权。我国《民法典》第428条规定:质权人在债务履行期限届满前,与出质人约定债务人不履行到期债务时质押财产归债权人所有的,只能依法就质押财产优先受偿。

(三) 意定质权与法定质权

意定质权是指当事人通过法律行为所设定的质权,我国民法典规定的质权,是指通过质权合同所设定的质权。法定质权是指依照法律的规定而直接产生的质权,我国现行法中还不存在法定质权。

第二节 动 产 质 权

一、动产质权的概念与特征

(一) 动产质权的概念

动产质权,是指债务人或者第三人将其动产移交债权人占有,将该动产作为债权的

担保,债务人不履行债务或者发生当事人约定的实现质权情形时,债权人以该动产折价或者以拍卖、变卖该动产的价款优先受偿的担保物权。《民法典》第425条规定:"为担保债务的履行,债务人或者第三人将其动产出质给债权人占有的,债务人不履行到期债务或者发生当事人约定的实现质权的情形,债权人有权就该动产优先受偿。"

(二) 动产质权的法律特征

1. 动产质权,是以他人的动产为标的物的质权

动产质权的标的物须为动产。另外,动产质权的标的物须属于他人所有,是以他人的动产为质物,才能发挥质权的留置与优先清偿效力。也即,动产质权是在他人的动产上存在的权利,是一种定限物权。

2. 动产质权为占有债务人或第三人所移交的动产的担保物权

动产质权的设立与存续,要求质权人占有由债务人或第三人交付的动产。

3. 动产质权是权利人可就动产卖得的价金优先受偿的权利

动产质权为担保物权之一种,为确保债权的清偿而存在,在债权已届清偿期而未获清偿时,质权人自可变卖质物,就质物卖得价金,较一般债权优先受偿。也就是说,动产质权除因占有质物而有留置效力外,还有优先受偿效力。

4. 与抵押权不同,动产质权的内容为留置权、变价权与优先受偿权

抵押权的权利人于债务人届期不清偿其债务时,仅有将抵押物变价并由变价所得的价款中优先受自己债权清偿的权利,而动产质权人除有抵押权人的此两项权利外,还有留置质押物的权利。

5. 动产质权为担保物权

动产质权是质权的一种,是为担保债权的清偿而设立,具有优先清偿效力与留置效力,于债务人届期不清偿债务时,质权人可实行其质权,所以属于一种担保物权。

二、动产质权的取得

(一) 基于法律行为而取得动产质权

基于法律行为而取得动产质权,是当事人通过质权合同或者遗嘱而设定动产质权。在实践中最为常见的就是通过质权合同设定动产质权。

1. 质权合同的形式与内容

质权合同为要式合同。《民法典》第427条规定:"设立质权,当事人应当采用书面形式订立质押合同。"质押合同一般包括下列条款:被担保债权的种类和数额;债务人履行债务的期限;质押财产的名称、数量等情况;担保的范围;质押财产交付的时间、方式。同时,《民法典》还规定,质权合同约定流质不发生预期后果。

2. 作为质权标的物的动产的条件

关于质押财产,《民法典》第426条仅规定"法律、行政法规禁止转让的动产不得出

质",没有规定质押财产的具体条件。一般认为,作为质权标的物的动产必须符合以下几项条件:

(1)该动产须为特定物,这是由于物权的标的物需要具有特定性。

(2)该动产须为独立物,这也是物权的标的物必须具有独立性的必然结果。

(3)该动产必须是法律上允许流通或者允许让与的动产。以法律、法规禁止流通的动产或者禁止转让的动产设定质权担保的,质权合同无效。如果当事人以法律、法规限制流通的动产设定质权,在实现债权时,人民法院应当按照有关法律、法规的规定对该财产进行处理。

如果质权合同中对质押的财产约定不明,或者约定的出质财产与实际移交的财产不一致,应当以实际交付占有的财产为准。

3. 质押财产的交付

依照《民法典》第429条的规定,质权自出质人交付质押财产时设立。质权人应占有质押财产,即出质人应将质押财产的占有移转给质权人,不局限于现实的移转占有,也包括简易交付或指示交付,但出质人不得以占有改定的方式继续占有标的物。

这是因为动产质权以占有作为公示要件,如果出质人代质权人占有质押财产,则无法将该动产上所设立的质权加以公示;同时,由于出质人仍直接占有质押财产,因而质权人无法对质押财产加以留置,质权的留置效力无法实现。因此,出质人代质权人占有质押财产的,质权合同不生效。

如果债务人或者第三人未按质权合同约定的时间移交质押财产,由此给质权人造成损失的,出质人应当根据其过错承担赔偿责任。

(二)非基于法律行为而取得动产质权

1. 依继承取得质权

动产质权属于财产权,当质权人死亡时,其所享有的主债权以及担保该债权的动产质权可由继承人因继承而取得,而无论继承人是否占有质押财产。

2. 依善意取得制度取得质权

质权的设定属于物或者财产权利的处分行为,出质人对标的物应当具有处分权。当出质人以无权处分的财产设定质权时,应按照动产的善意取得制度对债权人予以保护而使其善意取得动产质权。我国司法实践认为,出质人以其不具有所有权但合法占有的动产出质的,不知出质人无处分权的质权人行使质权,因此给动产所有人造成损失的,由出质人承担赔偿责任。

动产质权的善意取得须具备以下要件。

(1)出质人对质押财产没有处分权。

出质人如果对质押财产享有处分权,自然可以该物设定质权,不存在善意取得的可能。

(2) 出质人实际占有出质的物。

质权人如果不占有质押财产,则显然不可能产生使交易中的对方当事人误信其具有处分权的事实,自然无法适用善意取得制度。

(3) 作为质押财产的动产不能是法律禁止流通的动产。

只要出质人与质权人均属于国家法律允许持有此类物品的主体,则他们之间设定动产质权时也可以适用善意取得制度。

(4) 出质人已将质押财产交付给质权人,质权人已经占有质押财产。

这种交付除现实交付之外,还包括简易交付与指示交付,但不包括占有改定。

(5) 质权人占有质押财产时为善意。

质权人善意即为其不知道或者不应当知道出质人对质押财产没有处分权。质权人如果明知出质人没有处分权,或者出于重大过失而没有了解到出质人无处分权的情况,则不构成善意。

善意取得动产质权,与其他动产质权发生同样的效果。

三、动产质权的效力

(一) 动产质权对所担保的债权的效力

依照《民法典》第 389 条的规定,质权担保的范围包括主债权及其利息、违约金、损害赔偿金、保管担保财产和实现担保物权的费用,质权合同另有约定的,按照约定。理论上还认为,因质押财产的隐蔽瑕疵而发生的损害赔偿,也属于动产质权所担保的债权范围。

(二) 动产质权对质权标的物的效力

作为质押财产的动产为质权的效力所及。此外,为了维护质押财产的经济效用与其交换价值,同时兼顾双方当事人的利益,对质押财产以外的其他物或权利,在一定条件下也应纳入质权效力所及的标的物范围。这些物或权利包括以下几种。

1. 质押财产的从物

动产质权的效力及于质押财产的从物。但是,从物未随同质押财产移交质权人占有的,质权的效力不及于从物。

2. 孳息

《民法典》第 430 条规定,质权人有权收取质押财产的孳息,但是合同另有约定的除外。此处所说孳息,不仅包括天然孳息,也包括法定孳息。质权人收取质押财产的孳息,应当首先充抵收取孳息的费用。

3. 添附物

因附合、混合或者加工而使质押财产的所有权为第三人所有的,质权的效力及于补偿金;质押财产所有人为附合物、混合物或者加工物的所有人的,质权的效力及于附合物、混合物或者加工物;第三人与质押财产所有人为附合物、混合物或者加工物的共有人的,质权的效力及于出质人对共有物享有的份额。

4. 代位物

质权因质押财产灭失而消灭。但因质押财产灭失、毁损、征收所得的保险金、赔偿金、补偿金等,是质押财产的代位物,应当作为质押财产。

(三) 质权对出质人的效力

1. 出质人的权利

(1)质押财产的收益权。

由于出质人须将质押财产的占有移转给质权人,因而原则上出质人对质押财产没有使用、收益的权利。不过,依照《民法典》第430条第1款的规定,质权人有权收取质押财产的孳息,但是合同另有约定的除外。

(2)质押财产的处分权。

虽出质人须将质押财产移交权人占有,但出质人将质押财产移交债权人占有并不导致其丧失对质押财产的所有权。因此,在动产上设定质权后,出质人仍然有权处分该动产。不过此种处分仅指法律上的处分而非事实上的处分,因为出质人在丧失对质押财产的占有之后已经无法对质押财产进行事实上的处分,况且此种处分也会损害质权人的利益。

(3)物上保证人的代位权。

当出质人是主债务人之外的第三人时,他为物上保证人,其在代债务人清偿债务之后或因质权的实现而丧失质押财产的所有权后,享有代位权,得向债务人追偿。

(4)保全质押财产的权利。

尽管出质人将其质押财产设置质权,但这不会改变质押财产仍然属于质物所有人的事实。在质物为质权人占有的情况下,如果质权人对质物保管不当,质物有毁损、灭失的危险时,出质人享有保全质押财产的权利。《民法典》第432条第2款规定,质权人的行为可能使质押财产毁损、灭失的,出质人可以请求质权人将质押财产提存,或者请求提前清偿债务并返还质押财产。

2. 出质人的义务

因质押财产存在隐蔽瑕疵而致质权人遭受损害时,应由出质人承担赔偿责任。但是质权人在质押财产移交时明知质押财产有瑕疵而予以接受的除外。

(四) 质权对质权人的效力

1. 质权人的权利

(1)留置质押财产的权利。

质权人在其债权没有获得全部清偿之前,有权留置质押财产。在质权人的债权没有获得满足前,无论是出质人还是质押财产的第三取得人请求其交付质押财产,质权人都可以拒绝,继续留置质押财产,并以质押财产的全部行使权利。

(2)优先受偿的权利。

当债务人不履行到期债务或者发生当事人约定的实现质权的情形时,质权人有权以作为质押财产的动产折价或者以拍卖、变卖该动产的价款优先受偿。质权人的优先受偿权体现在:首先,质权人较债务人的一般债权人优先受偿。其次,出质人破产时,质权人有别除权,质押财产不能列入破产财产。最后,即使是质押财产被查封或扣押,也不能影响质权人的优先受偿权。即使是人民法院对质押财产采取查封、扣押措施,质押财产被拍卖、变卖后所得价款,也应当在质权人优先受偿后,余额部分才可以用于清偿申请执行人的债权。

(3)收取孳息的权利。

质权人有权收取质押财产的孳息,但合同另有约定的除外。需要注意的是,质权人收取孳息的权利是基于当事人意思推测扩张担保物范围的结果,而不是行使用益权,原因在于质权本身已是担保物权。

(4)转质权。

转质,是指质权人为了担保自己的或者他人的债务,将质押财产向第三人再次设定新的质权。《民法典》第434条规定:"质权人在质权存续期间,未经出质人同意转质,造成质押财产毁损、灭失的,应当承担赔偿责任。"尽管条文没有明确规定转质,但是,转质是条文中应有之义。

(5)因质权受侵害的请求权。

质权具有对世的效力。质权人占有质押财产,享有占有权。因此,对质押财产,无论受到出质人还是第三人的侵害,质权人都享有三类请求权:

一是物权请求权,质权人基于占有而行使占有人的停止侵害、排除妨害以及返还原物请求权。

二是侵权损害赔偿请求权,由此获得的损害赔偿金应当作为质押财产的代位物,为质权的效力所及。

三是不当得利返还请求权,质权人有权就加害人因侵害质押财产而获得的不当得利请求返还。

(6)质权保全权。

质权保全权也叫作质押财产变价权,质权人在质押财产有损坏或者价值减少的危险,足以危害质权人的权利时,有权要求出质人提供相应的担保。出质人拒不提供担保的,质权人有权将质押财产变价,以保全其债权。《民法典》第433条规定:"因不可归责于质权人的事由可能使质押财产毁损或者价值明显减少,足以危害质权人权利的,质权人有权请求出质人提供相应的担保;出质人不提供的,质权人可以拍卖、变卖质押财产,并与出质人协议将拍卖、变卖所得的价款提前清偿债务或者提存。"

质权保全权的行使规则如下。

第一,质权人不能直接将质押财产加以拍卖或变卖,而须先要求出质人提供相应的担保,出质人提供了担保的,质权人不得行使物上代位权。

第二,出质人拒不提供担保时,质权人才能行使物上代位权,拍卖、变卖质押财产;质权人可以自行拍卖、变卖质押财产,无须出质人同意。

第三,质权人对拍卖或变卖质押财产获得的价金,应当与出质人协商,作出选择:或者将价金用于提前清偿质权人的债权,或者将价金提存,在债务履行期届满之时再行使质权。

2. 质权人的义务

(1)质押财产的保管义务。

《民法典》第 432 条第 1 款规定:"质权人负有妥善保管质押财产的义务;因保管不善致使质押财产毁损、灭失的,应当承担赔偿责任。"妥善保管义务,就是以善良管理人的注意义务对质押财产加以保管,质权人之所以要承担最高的注意义务,是因为占有质押财产并不是为了出质人的利益,而是为了确保实现自己债权的必要即为了自己的利益,所以,质权人的责任要重于为他人利益而占有他人之物的人的责任。

质权人违反保管质押财产的善良管理人的注意义务,造成质押财产损害的,应承担损害赔偿责任。对质权人的过错,应当由出质人依客观标准证明,有过错则承担责任,无过错不承担责任,质押财产因不可抗力而遭受损害的,质权人无须承担责任。

(2)返还质押财产的义务。

《民法典》第 436 条第 1 款规定:债务人履行债务或者出质人提前清偿所担保的债权的,质权人应当返还质押财产。债务人于债务履行期届满时履行了债务或者出质人提前清偿了所担保的债权的,质权当然消灭,质权人因此丧失了占有质押财产的根据,即应将质押财产返还。质押财产的返还以出质人为相对人。

(五) 动产质权对其他担保物权的效力

1. 动产质权对动产抵押权

《民法典》第 415 条规定:"同一财产既设立抵押权又设立质权的,拍卖、变卖该财产所得的价款按照登记、交付的时间先后确定清偿顺序。"据此,动产质权对动产抵押权的效力规则是看公示的先后顺序。

第一,当动产上先设定质权后设定抵押权时,该抵押权无论是否办理登记,都不能对抗设定在先的质权。

第二,对无须办理登记即可成立的抵押权,仍然必须按照权利设定的先后并考虑其他因素加以判定:一是当动产上先设定抵押权后设定质权时,抵押权已经登记的,抵押权人优先于质权人受偿;二是先成立的抵押权未经登记的,则其不能对抗善意第三人,除非证明质权人知道或者应当知道质押财产上已经先设定了抵押权。

2. 动产质权对留置权

动产质权与留置权的冲突可以发生在以下两种情形当中。

(1)质押财产被留置。

债权人取得动产质权后,将质押财产交予第三人保管,由于作为寄存人的债权人没有按照保管合同的约定支付保管费以及其他费用,因而保管人对该质押财产享有留置权。对此,留置权具有优先于质权的效力,留置权人优先于质权人获得清偿。

(2)留置物被质押。

动产质权的质押财产可以采用指示交付,出质人在其已经成为留置权标的物的动产上依然可以设定质权。由于留置权产生在先,对此,应当依照时间优先即效力优先的原则处理,留置权优先于质权。留置权人擅自以留置物为其债权人设定质权,而该债权人善意取得该留置物上的质权时,即便作为留置权人的出质人具有过错,也应当认为留置权优先于质权。

3. 动产质权对动产质权

动产质权可以采用指示交付的方法交付质押财产,因此就同一动产能够成立数个质权。对此,应当按照"时间优先即效力优先"的原则处理,先成立的质权优先于后成立的质权。

四、动产质权的实现和消灭

(一)动产质权的实现

动产质权的实现,是指质权所担保的债权已届清偿期,债务人未履行债务,质权人与出质人协议以质押财产折价,或依法拍卖、变卖质押财产并就所得的价款优先受偿的行为。依照《民法典》第 436 条第 2 款的规定,动产质权实现的条件有:(1)动产质权有效存在;(2)债务人不履行到期债务,或者发生当事人约定的实现质权的情形;(3)作为质权人的主债权人未受清偿。

出质人请求质权人及时行使权利,而质权人怠于行使权利造成损害的,依照《民法典》第 437 条第 2 款的规定,质权人就由此造成的损失应当承担赔偿责任。

动产质权实现的方法有三种:折价、拍卖与变卖,其中拍卖是主要方法。质押财产拍卖变卖的变价款,质权人有权优先受偿。质押财产折价或者拍卖、变卖后,其价款超过债权数额的部分归出质人所有,不足部分由债务人清偿。

(二)动产质权的消灭

除担保物权的共同消灭原因,如混同、抛弃、没收等会导致动产质权消灭之外,以下几项原因也会导致动产质权的消灭。

1. 质押财产返还

由于动产质权以质押财产的占有作为生效要件与存续要件,当质权人将质押财产返还给出质人时,因其已经丧失对质押财产的占有,无法通过占有向外界展示动产上存在的质权,为防止第三人蒙受不测的损害,此时质权归于消灭。

返还质押财产,是指质权人基于自己的意思而将质押财产的事实上的占有移转给出质人,至于移转占有的原因在所不问。倘若质权人非基于自己的意思而丧失对质押财产的占有,如质押财产被偷盗、抢夺等,则质权不会因此消灭,质权人可以向非法占有人请求停止侵害、恢复原状、返还质押财产。

2. 质押财产灭失

质权因质押财产灭失而消灭。物权因标的物的灭失而归于消灭,动产质权作为一种担保物权,自然也因质押财产的灭失而消灭。

灭失,应当仅指绝对灭失,不包括相对灭失。因质押财产灭失而获得的保险金、赔偿金补偿金作为质押财产的代位物,仍为质权的效力所及。

3. 质权人丧失质押财产的占有无法请求返还

当质权人非基于自己的意思而丧失质押财产的占有时,质权人可以行使基于占有的物权请求权,请求返还质押财产,当占有质押财产之人无法返还质押财产时,例如质押财产为他人善意取得等,质权消灭。此时,质权人有权请求侵害人承担损害赔偿责任,由此获得的赔偿金成为质押财产的代位物,为质权的效力所及。

五、最高额质权

《民法典》第 439 条规定:"出质人与质权人可以协议设立最高额质权。""最高额质权除适用本节有关规定外,参照本编第十七章第二节的有关规定。"按照这一规定,关于最高额抵押权的法律规定可以适用于质权。设立最高额质权,是在质押财产的价值范围内,对一定时期发生的连续性交易关系进行担保。具体的规则应当参照关于质权的规定和关于最高额抵押权的规定确定。

第三节 权 利 质 权

一、权利质权的概念和特征

(一)权利质权的概念

权利质权,是指以依法可转让的债权或者其他财产权利为标的而设定的质权。

(二)权利质权的特征

1. 权利质权属性是质权

权利质权基本属性是质权,尽管有的学者对此有不同认识,如认为由商标权、专利权和著作权设立的质权只需办理登记,权利质权人与抵押权人一样只是取得了对标的法律上的控制力,因而更近似于抵押权。但是,更多的权利质权的设定需要移转权利凭证,例如票据、存单、仓单、提单,因此,权利质权人与动产质权人一样,也取得了对标的事实上的控制力,所以,权利质权与动产质权基本相同。况且我国法律历来将权利质权与动产质权共同规定在质权中。因此,将权利质权的基本属性认定为质权,符合现行的立法本旨。

2. 权利质权是以所有权以外的财产权为标的的质权

权利质权与动产质权最大的区别在于,前者以某种权利为标的,而后者仅以动产为标的。能够作为权利质权标的的权利须符合以下几项条件。

(1)仅以财产权利为限,自然人、法人享有的人格权和身份权不得作为权利质权的标的。

(2)必须是依法可以转让的财产权利。

如果作为质押财产的财产权利不具有可转让性,则质权人的优先受偿权就无法实现。不可转让的财产权利主要包括以下两种。

一是依其性质不可转让的财产权利,这类权利主要是指基于扶养关系、抚养关系、赡养关系、继承关系产生的给付请求权和劳动报酬、退休金、养老金、抚恤金、安置费、人寿保险、人身伤害赔偿请求权等。

二是法律明确禁止转让的财产权利,如依照《公司法》第141条的规定,发起人持有的本公司股份,自公司成立之日起1年内不得转让。公司公开发行股份前已发行的股份,自公司股票在证券交易所上市交易之日起1年内不得转让。公司董事、监事、高级管理人员应当向公司申报所持有的本公司的股份及其变动情况,在任职期间每年转让的股份不得超过其所持有本公司股份总数的25%;所持本公司股份自公司股票上市交易之日起1年内不得转让。

上述人员离职后半年内,不得转让其所持有的本公司股份。公司章程可以对公司董事、监事、高级管理人员转让其所持有的本公司股份作出其他限制性规定。

(3)必须是不违背现行法的规定及权利质权性质的财产权利。

不能设质的财产权利包括:一是不动产上的物权,主要是建设用地使用权、土地承包经营权、宅基地使用权,以及特别法上的用益物权,如海域使用权、捕捞权、采矿权、取水权等。二是动产所有权,由于动产质权的实质是以动产所有权作为质权的标的的,因而动产所有权不能作为权利质权的客体。三是动产质权与动产抵押权。

3. 权利质权的设定以登记或者权利凭证的交付作为生效要件

动产质权的设定只需以动产的交付作为生效要件,而权利质权的设定则须依照标的的不同性质确定其生效要件。对已经证券化的财产权,如汇票、支票、本票、债券、存款单、仓单提单上的权利,其由于已经具有与动产相类似的法律地位,因而可改以交付作为其生效要件。对那些尚未证券化的权利,如依法可以转让的商标专用权、专利权、著作权中的财产权,因其不具有实体性的形式,因而无法交付而必须通过登记加以公示,以表明权利质权的产生与消灭。

二、权利质权的设定

由于权利质权准用动产质权的规定,因而其取得方式大体与动产质权相同,即包括基于法律行为如质权合同或遗嘱而取得、基于法律行为以外的事实而取得如善意取得等。通过质权合同设定权利质权,是最常见、最重要的方式。由于权利质权最大的特点在于其标的物的特殊性,因而,以下内容依照《民法典》第440条以及相关条文规定,分别说明各类权利质权的设定要件。

(一) 有价证券质权

《民法典》第441条和第442条分别规定:"以汇票、本票、支票、债券、存款单、仓单、提单出质的,质权自权利凭证交付质权人时设立;没有权利凭证的,质权自办理出质登记时设立。"汇票、本票、支票、债券、存款单、仓单、提单的兑现日期或者提货日期先于主债权到期的,质权人可以兑现或者提货,并与出质人协议将兑现的价款或者提取的货物提前清偿债务或者提存。按照上述规定,能够作为权利质权标的的有价证券包括下述五类有价证券。

1. 票据

汇票、本票和支票都可以设立质权。但《票据法》规定了四类不得转让的票据:第一,出票人禁止转让的票据。第二,背书人禁止转让的票据。第三,记载了"委托收款"字样的票据。第四,被拒绝承兑、被拒绝付款或者超过付款提示期限的票据。以上述四类不得转让的票据设定的质权无效。

以汇票、本票、支票出质的,出质人和质权人应当以书面形式订立质权合同,出质人在合同约定的期限内将权利凭证交付质权人。质权合同自权利凭证交付之日起生效。至于票据出质时是否应当背书记载"质押"字样,司法实践认为,质押背书仅为票据质权的对抗要件而非生效要件。对此,《民法典》第441条已经作出明确规定,票据权利质权自权利凭证交付质权人时起发生效力。

2. 债券

债券是债权凭证,具有可偿还性、收益性、可流通性、安全性等特点,因此可以设立质权。

以债券出质的,出质人和质权人应当以书面形式订立质权合同,出质人应当在合同约定的期限内将权利凭证交付质权人。按照《民法典》第441条的规定,债券质权合同自权利凭证交付之日起生效。

3. 存款单

存款单,也叫作存单,是由银行等储蓄机构开具的证明自身与存款人之间存在储蓄法律关系的凭证。可以设定质权的存款单主要是指各类定期存款单,因为活期存款可以随时存取，没有必要设定质权。

以存款单出质的，出质人和质权人应当以书面形式订立质权合同，出质人应当在合同约定的期限内将权利凭证交付质权人。质权合同自权利凭证交付之日起生效。

依照最高人民法院《关于审理存单纠纷案件的若干规定》第8条，以下几类存单设定的质权无效：

(1)存单持有人以伪造、变造的虚假存单质押的，质权合同无效。

接受虚假存单质押的当事人如以该存单质押为由起诉金融机构，要求兑付存款优先受偿的，人民法院应当判决驳回其诉讼请求，并告知其可另案起诉出质人。

(2)存单持有人以金融机构开具的、没有实际存款或与实际存款不符的存单设立质权的，该质押关系无效。

接受存单质押的人起诉的，该存单持有人与开具存单的金融机构为共同被告。利用存单骗取或占用他人财产的存单持有人对侵犯他人财产权承担赔偿责任，开具存单的金融机构因其过错致他人财产权受损，对所造成的损失承担连带赔偿责任。

接受存单质押的人在审查存单的真实性上有重大过失的，开具存单的金融机构仅对所造成的损失承担补充赔偿责任。明知存单虚假而接受存单质押的，开具存单的金融机构不承担民事赔偿责任。但以金融机构核押的存单出质的，即使存单系伪造、变造、虚开，质权合同均为有效，金融机构应当依法向质权人兑付存单所记载的款项。

存单的核押，是指质权人将存单质押的情况告知金融机构，并就存单的真实性向金融机构咨询，金融机构对存单的真实性予以确认并在存单上或者以其他方式签章的行为。虽然以存单设定质权时无须经过核押，但是核押由于是防止金融诈骗与保障金融机构及质权人合法权益的重要方法，因而在实践中具有重要意义。

(3)债务人以借用的存单进行质押的，除非质权人为善意可依善意取得制度而获得质权，否则质权合同无效。

4. 仓单

仓单是仓库营业人应寄托人的请求所填发的有价证券，是提取仓储物的凭证。存货人或者仓单持有人在仓单上背书并经保管人签字或者盖章的，可以转让提取仓储物的权利。因此，仓单可以设立质权。尽管仓单具有物权的属性，是物权性的有价证券，但是以仓单设立质权的，仍然是权利质权。

依照《民法典》的规定，以仓单为标的设定质权时，出质人应当在合同约定的期限内，将权利凭证交付质权人。质权合同自权利凭证交付之日起生效。

依照《民法典》第910条后段，存货人或者仓单持有人在仓单上背书并经保管人签名或者盖章的，可以转让提取仓储物的权利。对于仓单质押时是否也要以质押背书并交付作为质权合同的生效要件，理论上存在争议，《民法典》第441条对此没有明文规定。由于仓单是记名证券，且质权人在实现仓单质权时必然要提取仓储物，将其变价并优先受偿，因而单纯的交付仓单本身并不足以保证质权人实现仓单质权。因此，仓单质权的设立以仓单交付为生效,但未经质押背书的,不能对抗善意第三人。

5. 提单

提单是指用以证明海上货物运输合同和货物已经由承运人接收或者装船,以及承运人保证据以交付货物的单证。提单中载明的向记名人交付货物,或者按照指示人的指示交付货物,或者向提单持有人交付货物的条款,构成承运人据以交付货物的保证。

以提单为标的设定质权时,出质人与质权人应当订立书面质权合同,出质人应当在合同约定的期限内将权利凭证交付质权人。质权合同自权利凭证交付之日起生效。同时,依照《海商法》第79条的规定,记名提单不得转让;指示提单经过记名背书或者空白背书转让不记名提单,无须背书即可转让。因此,能够作为权利质权标的的提单只能是指示提单和不记名提单两种,提单质权均以交付为生效要件,但不记名提单未经质押背书的,不能对抗善意第三人。

(二) 基金份额、股权质权

《民法典》第443条规定:以基金份额、股权出质的,质权自办理出质登记时设立。股权是由股份、股票来表彰的,股权质权也就表现为以股份、股票质押。基金份额是指基金管理人向不特定的投资者发行的,表示持有人对基金享有资产所有权、收益分配权和其他相关权利,并承担相应义务的凭证。

基金份额、上市公司股票质权的设立,须经登记结算机构登记后生效。证券登记结算机构是为证券交易提供集中的登记、托管与结算服务的机构,是不以营利为目的的法人。目前,我国的证券登记结算机构就是中国证券登记结算有限责任公司,下设深圳分公司和上海分公司。基金份额的登记结算适用《证券登记结算管理办法》的规定。

以非上市公司的股权出质的,或者以有限责任公司的股份出质的,按照《民法典》第443条的规定,质权自办理出质登记时设立。

(三) 知识产权质权

《民法典》第444条规定:以注册商标专用权、专利权、著作权等知识产权中的财产权出质的,质权自办理出质登记时设立。知识产权中的财产权出质后,出质人不得转让或者许可他人使用,但是出质人与质权人协商同意的除外。出质人转让或者许可他人使用出质的知识产权中的财产权所得的价款,应当向质权人提前清偿债务或者提存。

(四) 应收账款质权

应收账款质权,也叫作不动产收益权质权,是以不动产的收益权作为质押的标的所设立的质权。《民法典》第445条规定:"以应收账款出质的,质权自办理出质登记时设立。"应收账款出质后,不得转让,但是出质人与质权人协商同意的除外。出质人转让应收账款所得的价款,应当向质权人提前清偿债务或者提存。

(五) 依法可以质押的其他权利

《民法典》第 440 条第 7 项关于"法律、行政法规规定可以出质的其他财产权利"的规定，是对权利质权标的范围的兜底性规定。其中最重要的就是一般债权可以作为质权的标的，设立权利质权。

1. 以一般债权设立质权的，应当尊重当事人的意愿

一般债权就是指没有证券化的债权。这些债权并不像债券、票据那样以商业性权利凭证的形式加以展现，而主要通过合同书形式加以表现。由于一般债权质权不具有公示与公信力的权利证书表彰，因而质权人对标的的控制力差，其担保主债权的功能也非常薄弱；如果当事人自愿以一般债权设定质权，司法机关应尊重当事人的意愿。

2. 一般债权质权的设定要求

以一般债权设定质权，当事人应订立书面质权合同。此外，有债权证书的，应当将债权证书交付质权人。债权证书是证明债权存在的书面凭证，主要是借据、欠条、公证书、合同书等。债权证书没有交付给质权人的，并不导致质权无效。

以债权设定质权也属于对债权的处分，在本质上与债权让与相同。《民法典》合同编规定，债权让与时债权人应当通知债务人，否则对债务人不发生效力。同样，在以一般债权设定质权时，出质人应当将债权设质的情况告知债务人，否则质权将无效。只有这样，才能维护债权质权的公示、公信力。

三、权利质权的效力

(一) 权利质权对担保的债权和质押财产的效力

1. 权利质权对担保的债权的效力

权利质权对债权的担保范围，大体与动产质权的担保范围相似。但是，一是有些权利质权的设定并不需要移转占有，只需办理登记即可；二是即使有些权利质权需要移转权利凭证，却不存在支出标的物保管费用的问题。因此，权利质权担保的债权范围仅包括主债权、利息、违约金、损害赔偿金以及实现质权的费用。

2. 权利质权对质押标的的效力

就权利质权效力所及的标的范围而言，应当准用关于动产质权的有关法律规定。但是由于权利质权的标的特殊，因而权利质权对质押标的的效力与动产质权的存在以下差别。

（1）股权质权效力所及的标的范围。

股权、股票会产生法定孳息，例如现金红利、股息、红股、转增股等，依照《民法典》第 430 条第 1 款的规定，权利质权人有权收取该权利所生的孳息，除非质权合同对此另有约定。因此，当质权人与出质人未对出质的股票、股权所生孳息作出约定时，质权人有权加以收取。

(2)代位物。

如果动产质权标的物因灭失、毁损或者被征收而获得的保险金、赔偿金或者补偿金，此为质押财产的代位物，为质权的效力所及。但权利质权的代位物问题较为复杂。

第一，权利质权的标的属于无形财产，不存在毁损的可能。有些权利即使必须负载在票据之上，也并不因该票据的毁损而消灭，权利人可以通过挂失支付、公示催告等特定方式而重新获得票据权利，此时重新获得的票据权利与先前的票据权利具有同一性而非代位物。此时，不存在作为质权标的的权利的代位物的问题，权利本身仍然是质权的标的。

第二，权利质权标的的灭失情形多种多样，有时候因权利的灭失所获得的财产既非赔偿金也非保险金，而正是属于权利的内容之一。

第三，当被出质的股权因公司的合并或者分立而被注销，所配发的新股或者现金，则属于该股权的代位物，为权利质权的效力所及。

第四，在知识产权法领域存在著作权、专利权的强制使用与强制许可问题。因著作权、专利权的强制使用或者强制许可而获得的报酬、使用费，属于代位物，为权利质权的效力所及。

(二) 权利质权对出质人的效力

1. 出质人的权利

质权人不能尽善良管理人的注意保管质押的权利凭证，可能致其灭失或毁损的，出质人有权要求质权人将该权利凭证提存，也有权提前清偿债权而消灭权利质权，以取回设质的权利凭证。

此外，权利质权设定后，不论质押物是否有灭失或毁损的危险，出质人均有权提前清偿所担保的债权以消灭权利质权；权利质权因出质人提前清偿债权而消灭的，出质人有权取回质押的权利凭证或者注销权利质权的登记。

出质人非为债务人，而以自己的财产权利设质的，该物上保证人也有权代债务人提前清偿债权以消灭权利质权，以取回质押的权利凭证或注销质押登记。

2. 出质人的义务

出质人在将其享有的权利出质之后，并未丧失对该权利的处分权，但由于该权利已经成为质权的标的物，因而如果仍然允许出质人随意加以处分，必然危害质权人对该标的物交换价值的支配权，权利质权所具有的担保功能将丧失殆尽。因此，法律上通常都要对出质人的处分权加以限制。

由于权利质权的标的是权利，出质人完全可以通过法律行为使该权利消灭。质权人对标的物的控制力比较弱，因而，在权利质权中对出质人处分权的限制应当加强。法律通常是禁止出质人在未经质权人同意的情况下通过法律行为将质押的权利加以消灭。

第一,股权出质后,不得转让,但经出质人与质权人协商同意的,可以转让。出质人转让股票所得的价款应当向质权人提前清偿或者提存。

第二,以依法可以转让的商标专用权或者专利权、著作权中的财产权出质的,出质人不得转让或者许可他人使用,但经出质人与质权人协商同意的,可以转让或者许可他人使用。出质人所得的转让费、许可费,应当向质权人提前清偿或者提存。出质人未经质权人同意而转让或者许可他人使用已出质权利的,应当被认定为无效,因此给质权人或者第三人造成损失的,由出质人承担民事责任。

(三) 权利质权对质权人的效力

《民法典》第 446 条规定,权利质权准用动产质权的有关规定,因而权利质权人的权利义务基本上与动产质权人的相同。例如,质权人享有占有或者留置权利凭证的权利、收取质押财产孳息的权利、变价质押财产的权利以及优先受偿的权利。权利质权设定后,质权人负有妥善保管质押标的和返还质押标的的义务。其特殊之处在于以下几点。

1. 股票质权人保全股票价值的权利

股票市场瞬息万变,质权人接受股票质权时面临的一个严峻的问题就是由于股票的价格经常变动,因而极有可能因股票价格在质权存续期间内的急剧下跌而减损股票质权的担保功能。这时,质权人出于保全质押财产价值的考虑,会产生将股票变现的冲动。出质人考虑到股票在下跌后可能会大幅上扬,因此又会拒绝质权人的此种要求。

依照《民法典》第 443 条第 2 款的规定,基金份额、股权出质后,不得转让,但是出质人与质权人协商同意的除外。出质人转让基金份额、股权所得的价款,应当向质权人提前清偿债务或者提存。

2. 禁止质权人转让标的

质权人就质押财产享有的权利仅为质权而非所有权,因而质权人也不得随意将作为质押财产的股票进行转让。此外,以票据、债券、存款单、仓单、提单出质,质权人再转让的,为无效。

出质人对已经质押的商标专用权以及专利权、著作权中的财产权的转让和许可也受到限制,不得转让或者许可他人使用,仅在当事人协商同意时才可以转让和许可。限制的原因在于,商标专用权、专利权以及著作权中的财产权的质权发生效力的条件是办理登记即可,出质人无须也无法转让权利凭证,所以出质人完全有可能将这些已经设立质权的权利再次转让或者许可他人使用。此种转让或许可很可能导致质押财产价值的下降,有害于债权人的合法权益。所以必须加以限制。

3. 限制质权人转质

在动产质权中,质权人享有转质权。但是,由于票据、债券、存款单、仓单、提单等多属于记名证券,质权人无法进行承诺转质,因而,司法实践的做法是,以票据、债券、存款单、仓单、提单出质,质权人再行质押的无效。只有无记名证券质押时,质权人在征得出质人同意的情况下,才可以将该证券再行设立质权,成立转质。

课后习题

1. 质权的概念和特征是什么?
2. 简述动产质权的设立、效力和实现的规则。
3. 简述权利质权的设定及效力规则。

第十五章 留 置 权

【学习目标】
1. 了解留置权的概念、特征、性质。
2. 了解留置权成立的积极条件及消极条件。
3. 了解留置权的效力,了解留置权的消灭原因。

【引导案例】

原告某锅炉安装工程队(简称安装队)为被告县造纸厂安装锅炉一台,工程造价10万元。为降低工程造价,县造纸厂从市造纸厂购买旧锅炉安装,但市造纸厂隐瞒了该锅炉已经报废的事实。安装完毕,在验收时,县造纸厂发现该锅炉是一台报废锅炉,要求安装队赔偿损失,被安装队拒绝,其便将安装队停放在工地的一切车辆、工具及辅助物资留置。

安装队起诉要求县造纸厂赔偿损失,县造纸厂以行使留置权抗辩,并反诉原告赔偿损失。

请结合本章内容思考:
(1)县造纸厂留置安装队的车辆等财产,成立留置权吗?
(2)成立或者不成立留置权的理由何在?
(3)本案纠纷应当如何处理?

【评析】

在本案中,县造纸厂作为债权人,不能成立留置权,其理由是如下。

第一,县造纸厂对债务人安装队的车辆、工具及辅助物资没有合法占有权。安装队承建锅炉安装工程,工地当然是在债权人的范围之内。但是,安装队根据合同约定承担的义务,是安装锅炉的劳务,而车辆、工具等则是安装队的财产,所有权归安装队,占有权也在安装队,不能因为安装队在县造纸厂院里工作而使其对这些车辆、工具等丧失了占有权。县造纸厂将上述物资均予扣留,没有合法根据,非法侵害了安装队的财产所有权,属于侵权行为,占有非法。因此,县造纸厂不具有成立留置权的主要要件。

第二,县造纸厂留置的法律根据不当。《民法典》第448条规定,债权人留置的动产,应当与债权属于同一法律关系。县造纸厂本是安装锅炉合同中的债务人,尚有工程费没有结算,但它的留置理由是锅炉报废所造成的损失,这个损失是市造纸厂的欺诈行为造成的,其债务人不是安装队。县造纸厂与安装队、县造纸厂与市造纸厂之间,分别成立两个法律关系,因此,县造纸厂无权留置没有造成该损失的安装队的车辆、工具等物。

第三,安装队的动产与该债权债务的产生没有关联。安装队的上述物品与侵权损害赔偿法律关系没有关联:首先,该合同关系的发生,与劳动工具没有关联,即安装锅炉合同不是因劳动工具而发生的;该锅炉是合同产生的根据,但它又是不动产附属设施,不得留置。其次,欺诈的侵权行为之债,更不是因上述工具而发生。因此,这些动产与债权的发生毫无关联,不得成为留置的标的物。

县造纸厂对于安装队财产实施的行为是非法占有的侵权行为,其应承担返还原物的责任,对于造成的损失、损坏,应承担赔偿责任。至于市造纸厂的侵权行为,由于是县造纸厂主张采用市造纸厂的旧锅炉的,安装队对造成的损失不承担责任,县造纸厂对市造纸厂享有赔偿损失的请求权。

第一节 留置权概述

一、留置权的概念、特征

(一) 留置权的概念

留置权,是指债权人依债权占有属于债务人的动产,债务人未按照约定的期限履行债务时,债权人有权依法留置该财产,以该财产折价或者以拍卖、变卖该财产的价款优先受偿的担保物权。《民法典》第 447 条规定债务:债务人不履行到期债务,债权人可以留置已经合法占有的债务人的动产,并有权就该动产优先受偿。

在留置权法律关系中,留置债务人财产的债权人也叫留置权人,被留置的财产叫留置财产,也叫留置物。

关于留置权概念的界定,有广义和狭义两种不同的主张。狭义的留置权概念是指债权人按照合同的约定占有债务人的财产并得在其债权未受清偿时将该项财产留置,并于不履行债务超过一定期限时依法变卖财产,从价款中优先得到偿还的权利。前文所作的定义为广义概念。《民法典》第 447 条规定,并未强调留置权仅仅适用于合同之债,而是一般地提到债权人和债务人,因此,对留置权的概念界定,应当采取广义的概念,留置权的适用范围应为一切债权,而非仅为合同之债。

(二) 留置权的法律特征

1. 留置权的性质为他物权

确认留置权的性质为物权还是债权,是两种对立的立法例。我国民法采取与德国法、法国法上的留置权不同的立场,自民国时期民法就承认留置权的物权性质。留置权的物权性,表现在它直接以物为标的物,具有物权排他性的特征。这种物权是他物权,是以他人之物而发生的物权,因而是限制性物权。

2. 留置权是法定担保物权

留置权是法定担保物权，使其区别于抵押权和质权。抵押权与质权都是担保物权，但它们都是约定的权利，当事人双方须订立抵押合同或质押合同才能产生这两种担保物权。留置权则不同，首先，当事人自己不能约定留置权，当法律规定的条件具备时，留置权自己产生；其次，留置权的适用范围由法律规定。

3. 留置权是二次发生效力的物权

留置权与其他担保物权的另一不同之处，就是其二次发生效力。留置权产生以后，发生前后两次效力：第一次效力发生在留置权产生之时，债权人即留置权人于其债权受清偿前可以留置债务人的财产，以促使债务人履行其义务，留置权人对留置财产享有继续占有的权利，并享有物上请求权，至债务人履行债务时，该效力终止。

第二次效力是第一次效力发生之后，留置权人于债务人超过规定的宽限期仍不履行其义务时，得依法以留置财产折价，或以拍卖、变卖的变价款优先受偿。留置权的二次效力特征，使其成为独特的他物权。

4. 留置权是不可分性物权

留置权的不可分性，是指留置权的效力就债权的全部及于留置财产的全部。它表现为：一是留置权所担保的是债权的全部，而不是可分割的债权的一部分；二是留置权人可以对留置财产的全部行使权利，而不是对可分割留置财产的一部分行使权利。因此，债权的分割及部分清偿、留置财产的分割等，均不影响留置权的效力。只要债权未受全部清偿，留置权人就可以对留置财产的全部行使权利。如果债权人占有的动产为可分物，则为公平起见，债权人留置占有的留置财产的价值应当相当于债务的金额，而不是占有物的全部。

5. 留置权为从权利

留置权是所担保的债权的从权利，具有从属性的性质，依主权利的存在而存在，依主权利的消灭而消灭。同时，留置权在优先受偿上也具有从属性，只有在主债权的范围内才享有优先受偿权，如果留置财产的价值大于主债权价值，多余部分应返还债务人，如果留置财产的价值小于主债权价值，不足部分不存在优先受偿权而存在平等债权。

(三) 留置权的性质

1. 物权性

如前所述，在近现代及当代民法上，留置权有债权性质的留置权与物权性质的留置权。我国《民法典》上的留置权，属于物权性质的留置权。此种留置权，不仅是权利人（留置权人）拒绝返还动产的权利，而且也是其占有动产并支配其交换价值的独立物权。

2. 担保物权性

留置权为担保物权之一种，具备担保物权的通性：从属性、不可分性与物上代位性。而最能体现留置权的此担保物权性的，是留置权的留置效力与优先受偿效力。留置效力,是留置权的第一位效力。基于此效力,留置权人得拒绝他人返还留置物的请求权,他人欲使留置权人返还其留置物,则自己应首先清偿债务。

留置权对于与留置物有牵连关系的债权具有担保效力。当债务人不履行债务超过一定期限时,留置权人有权变卖留置物,或以留置物折价使自己与留置物有牵连关系的债权优先受偿。另外,需注意的是,如留置物的价值远远超过被担保债权时,仍然固守留置权的不可分性,则对留置物的所有人过于苛刻,所以在一定条件下缓和留置权的不可分性十分有必要。为此,《民法典》第450条特别规定:"留置财产为可分物的,留置财产的价值应当相当于债务的金额。"

3. 法定性

债务人的动产上也可成立动产质权,但留置权的性质与动产质权的性质存在重大差异:前者是法定担保物权,后者是意定担保物权。留置权的法定性意味着,只要法定的留置权发生条件具备,无须考虑债务人的意思即可直接成立留置权。

二、留置权与其他权利的联系与区别

(一) 留置权与同时履行抗辩权

留置权与同时履行抗辩权很相似,其区别如下。

1. 性质不同

同时履行抗辩权的性质不是物权,而是债权的从权利。留置权不是债权性的权利,而是他物权,是担保物权。

2. 适用范围不同

同时履行抗辩权适用于双务合同的场合,当事人双方基于交换关系相互负担给付义务,这种双方的义务不仅基于同一法律关系而发生,而且互为对价,因而当一方不履行义务时,另一方得拒绝履行请求。留置权也适用于双务合同,但须基于合同由一方当事人占有他方的动产,因而在双务合同中,同时履行抗辩权的适用范围较留置权的适用范围为宽。但从理论上说,留置权不仅适用于双务合同,还适用于其他债权,如不当得利之债的债权等。

3. 标的不同

同时履行抗辩权拒绝给付的标的物并不以物为限,也可以是行为。留置权所得留置的标的物仅以物为限,且须与债权相关联。

4. 目的不同

同时履行抗辩权的目的在于促使双方交换履行,它不因为对方当事人提供相当担保而消灭,因此,同时履行抗辩权不具有担保的目的。留置权的目的在于债权担保,留置权发生之后,如果债务人对债务履行另行提供相当担保,留置权则归于消灭。

5. 效力不同

同时履行抗辩权的效力仅及于双方当事人之间,不得对抗合同以外的第三人,只能就合同的对方当事人的债权请求权而行使。留置权的效力是物权效力,既可以对抗债务人,也可以对抗合同之外的其他任何第三人,包括任何第三人对留置权的物权请求权和对债务人的其他债权人的债权请求权。

(二) 留置权与抵销权

通说认为,留置权与抵销权均源于罗马法上的恶意抗辩权,是法律基于公平观念所确认的民法制度。这两种制度所要避免的正是在当事人之间存在相互对立的债务时,仅一方履行而不顾他方是否履行的不公正现象。但是,留置权与抵销权是两种不同性质的权利,二者的区别如下。

1. 性质不同

留置权的性质是法定担保物权,留置权在双方当事人履行债务前,仅有暂时的留置标的物的效力,即使有变价权,也只是可以将留置财产变卖,并就其变价款优先受偿,并不能直接使相互间的债务终局地消灭。抵销权具有债权性质,是指双方当事人之间有对待债务,且为相同种类时,得相互抵销,避免交换给付,这是清偿的特殊方法,具有终局地使相互间的债权债务消灭的效力。

2. 效力不同

留置权有对标的物的支配权能,具有支配留置财产的效力。抵销权为形成权,因抵销权的行使,当事人之间的对待债务于等额上消灭。

3. 依据的债权不同

留置权是当事人之间因关于物的交付债务与基于该物所生的债务的对立而发生的,对立的两个债务是一个债权债务关系,即双务合同,即使是两个债务,其债务的性质也不相同。抵销权所依据的债权是两个债权法律关系,是依当事人之间有同种债务的对待给付而发生的,两种对待债务的性质必须相同。

4. 目的不同

留置权的目的在于确保债权的实现。抵销权的目的在于避免交换给付引起的劳务费用的浪费。

第二节 留置权的成立要件

一、留置权成立要件概述

留置权的成立,就是留置权的发生、留置权的原始取得。留置权是法定担保物权,当具备一定条件时,即依照法律规定当然成立并发生留置权的效力。留置权不能依当事人的约定而产生,必须具备法律规定的条件始成立。

按照《民法典》的规定,留置权成立要件分为积极要件和消极要件。

二、留置权成立的积极要件

留置权成立的积极要件,是留置权成立所应具备的事实,包括以下三项。

(一) 须债权人合法占有债务人的动产

债权人占有债务人的动产,是留置权成立的最基本的要件。占有的要件,是某人依其自己的意思对某物予以控制,包括占有意思和占有行为,不同于持有。债权人持有某物,不能成立留置权。例如,保姆对主人家的财产不是占有,而是持有;工人对工厂的劳动工具、产品亦为持有。如果主人对保姆、工厂对工人怠于履行给付报酬义务,保姆、工人不因其持有对方的财产而发生留置权。

占有,一般应为债权人占有,但不以自己直接占有为限,债权人以第三人为占有媒介时,就其占有物仍可成立留置权,例如债权人将其占有的债务人的财产交给第三人保管时,债权人虽未直接占有该财产,仍符合成立留置权占有的条件。

债权人占有的物应为债务人之物。但是,关于"债务人的动产"这一概念,债务人对该动产究竟是所有、经营、占有,则不明确。债务人的动产应当包括以下动产:

(1) 债务人所有的动产;
(2) 债务人合法占有的动产。

作为留置权标的的物无须具有可让与性。不具有可让与性的动产也可为留置权的标的物,实现留置权时,不可让与物则以该物折价清偿,即为实现了留置权。

(二) 须债权的发生与该动产有牵连关系

债权人所占有的债务人的动产必须与其债权的发生有牵连关系,才可成立留置权。

对于何为有牵连关系,有两种主要的学说。

一是债权与债权有关联说,认为只要留置权人对对方当事人的债权,与对方当事人对留置权人的债权基于同一法律关系,即双务合同的对待给付关系,则为有关联关系。

二是债权与物有牵连说,认为债权人的债权与其占有的物之间有牵连时,才能成立留置权。通常认为,以留置财产为债权发生的原因时,即认其有牵连性。

《民法典》第448条规定:"债权人留置的动产,应当与债权属于同一法律关系,但是企业之间留置的除外。"因此,当债权与债务都是因债权人取得占有的债权而发生时,即债权人的权利与债务人的请求交付标的物的权利基于同一法律事实发生时,可以认为债权的发生与动产有牵连关系。可见,判断债权与物之间的牵连关系,只有债权人是依合同占有债务人之物者,才为有直接原因,始成立留置权,否则,没有留置权的发生。只有在企业之间行使留置权的,才可以采取间接原因说。

具体考察这一要件是否成立,应看依合同占有的物是否为债权发生的原因。是原因的,无论是直接原因还是间接原因,均为有牵连关系。如果债权、债务与取得占有的合同没有因果关系,就不发生留置权。

(三) 须债权已届清偿期且债务人未履行债务

债权已届清偿期,是留置权成立的必要的积极要件,它要求留置权的成立必须是债权已届清偿期。如果债权人虽占有债务人的动产,但其债权未届清偿期,而其交付占有标的物的义务已到履行期时,则不能成立留置权。只有在债权已届清偿期,债务人仍不履行义务时,债权才可以留置债务人的动产。

在债务人无支付能力时,如果债务人的债务未到履行期,成立紧急留置权,则留置权也可以成立。确立紧急留置权的原因在于,债务人无支付能力时,如果因债权未到清偿期,而否认债权人对已占有的债务人的财产可成立留置权,则有失公平,不足以保护债权人的利益。

在债务人以同时履行抗辩权对抗债权人时,不能成立留置权。理由是,如果合同约定双方应同时履行债务,债权人未履行其义务,债务人也不履行其义务,则不能认为债务的不履行超过了约定期限,当然不能成立留置权。在这种情况下,双方应当同时履行。如果债务人不履行给付加工费的义务,而债权人拒绝给付加工物以留置,则债务人以同时履行抗辩权对抗不能成立,但留置权成立。

三、留置权成立的消极要件

留置权成立的消极要件,是留置权成立的否定条件,即虽然具备留置权成立的上述积极要件,但因消极要件的存在,而使留置权仍不能成立。留置权成立的消极要件虽然有多项,但只要具备其中之一,即发生否定留置权的效果。

留置权成立的消极要件通常有以下五项。

(一) 须当事人事先无不得留置的约定

《民法典》第449条规定:"法律规定或者当事人约定不得留置的动产,不得留置。"当事人在合同中约定不得留置某物,对于该物不再成立留置权,债权人不得就该物行使留置权。如果当事人事先有此约定,债权人仍留置不得留置的物,则构成债的不履行,应负违约责任。

当事人关于不得留置的物的约定,应当以书面形式约定;虽无书面约定,但双方当事人均承认该口头约定的,亦可认其效力,发生不得留置该物的效果。这种约定应就物而约定,如果一个合同有数项标的物,当事人仅就其中一项或数项标的物为约定,则仅对该一项或数项标的物发生不得留置的效果。如果当事人笼统约定该合同的标的物不得留置,则发生全部标的物不得留置的效果。

(二) 须留置债务人的财产不违反公共秩序或善良风俗

《民法典》第449条的规定应解释为违反公序和良俗的留置不发生留置效力的法律根据。违反这一规定的,留置权不成立。

例如,对债务人生活上的必需品,债权人如留置会直接影响债务人的生活,有违于善良风俗,债权人不得留置。又如,定作人定作之物关乎国计民生,债权人如因债务人未按约定交付加工费而留置的,为违背公共秩序,债权人也不得留置。

(三) 须留置财产与债权人所承担的义务不相抵触

债权人所承担的义务,是指债权人依双方的约定或法律规定应承担的他种义务。例如,承运人将货物运送到指定地点的义务,即为这类他种义务;在运送途中因债务人未交费用而将货物留置不予托运的,即为留置财产与债权人承担的义务相抵触,留置权不成立。

(四) 须留置财产与对方交付财产前或交付财产时所为的指示不相抵触

债务人于交付财产给债权人之时或者之前,明确指示债权人于履行义务后将标的物交还给债务人的,债权人不得留置。这一消极要件与当事人事先无不得留置的约定这一消极要件相似,其区别是,本要件要求对债务人的指示,债权人予以认可,且约定的内容是交付;而约定不得留置是双方合意,且不得留置标的物的内容为明示。

例如,甲托修理部修理电冰箱,明确表示,电冰箱修好后要试用一个月,修理部修好后,应将电冰箱交付甲,不得以甲未交付修理费而留置电冰箱。对此,修理部可以采用其他担保形式要求担保,不得以留置该物而为担保。

(五) 对动产的占有须非因侵权行为而取得

留置权的成立,须以对债务人的动产的占有为前提,但其占有必须是合法占有,且债权与物的占有有牵连。如果债权人是因侵权行为而占有他人的动产,则不发生留置权。

四、留置权的继受取得

留置权的继受取得,是指通过留置权的让与而取得。

留置权可否继受取得,源于留置权有无让与性。通说认为留置权是一种财产权,其归属、行使均无专属性,所以具有让与性。

如果债权人死亡或者消灭,其享有的债权由其继承人继承或者承受其权利的法人承受,则留置权一并随之由其继承或承受。如果债权人合并或分立,其主债权和留置权亦一并移转给新的法人所享有。

第三节 留置权的效力

一、留置权所担保债权的范围

留置权为法定担保物权,因此其担保的债权,须与留置物属于同一法律关系,而且当事人不得依约定确定留置权所担保的债权范围,此与抵押权、质权所担保的债权范围可由当事人约定不同。原则上而言,留置权所担保债权的范围,仍应依《民法典》担保物权的担保范围包括主债权及其利息、违约金、损害赔偿金、保管担保财产和实现担保物权的费用的规定而确定。

二、留置权的效力所及标的物的范围

留置权标的物的范围,除留置动产本身当然为标的物,下列各物也为留置权的效力所及的标的物的范围。

(1) 从物。留置物如为主物的,依"从随主"的原则,其从物也应为留置权的效力所及。但留置权因以占有动产为成立要件,故该从物也须已由债权人占有方可为留置权的效力所及。

(2) 孳息。债权人有收取留置物所生孳息的权利。故留置物的孳息,也为留置权的效力所及。

(3) 代位物。留置权系担保物权之一种,担保物权的物上代位性,留置权也同样具有,故留置权灭失所得受的保险金、赔偿金或补偿金,也为留置权的效力所及。

三、留置权人的权利义务

(一) 留置权人的权利

1. 留置占有的动产的权利

留置权为债权人留置债务人的动产,于债权未受清偿前,得拒绝返还的权利。此为留置权的主要功用之一。并且,留置物为不可分的,债权人于其债权未受全部清偿前,得就留置物的全部,行使留置权;留置物为可分物的,留置物的价值应当相当于债务的金额。

需要注意的是,留置权人对留置物的占有的权利,不仅可以对抗债务人,且也可对抗第三人(物权人且优先顺位在先者例外),如之后取得留置物所有权的人。所以,债务人或第三人请求交还标的物的,留置权人均可拒绝。至于对之后取得留置物所有权的第三人,只能对其主张留置权,而不能请求其清偿债务。

2. 收取留置物所生的孳息的权利

留置权为担保物权,所以留置权人无使用、收益留置物的权利。但留置物如有孳息时,无论该孳息为法定孳息还是天然孳息,留置权人均有收取的权利。因留置物已在留置权人占有中,且直接对留置物负有善良管理人的保管义务,从而由其收取孳息最为适宜。《民法典》与最高人民法院司法解释均承认留置权人有收取留置物所生孳息的权利。

留置权人收取留置物所生孳息的时间点应为留置权成立之时。应注意的是,留置权人收取的孳息,并不归其所有,而是应当先充抵收取孳息的费用,其次充抵所担保债权的利息,最后充抵原债权本身。

3. 必要费用和有益费用的求偿权

留置权人因保管留置物所支出的费用,可向留置物的所有权人请求偿还。因留置权人就留置物虽无使用、收益之权,但对留置物却负有妥善保管的义务,故对因保管所生的费用,可以请求偿还。此处所称费用,主要指必要费用,即为维持或保管留置物的现状所不可或缺的费用,如留置物为动物时所必需的饲养费用。

该费用依《民法典》的规定,属于留置权所担保的债权范围;至于留置权人就留置物所支出的有益费用,《民法典》未作规定,解释上应认为仍可请求偿还。

4. 留置物保管上的必要使用权

因留置权为担保物权,留置权人原则上不得对留置物加以使用、收益。但为了保管留置物的需要,赋予留置权人对于留置物的必要的使用权也是应当的。例如,就易生锈的机械,偶尔加以使用,以防其生锈。当然,超过保管的必要的使用范围而加以使用的,不仅不允许,而且如果因此造成债务人损害的,应承担损害赔偿责任;如因此而获得利益,须依不当得利的规定,将所得的利益返还给债务人。我国现行法尽管未设明文规定,但应作相同的解释。

5. 损害赔偿请求权与物权(物上)请求权

留置权受不法的侵害(如第三人故意毁灭留置物),致使留置物的交换价值不足以清偿担保债权的,留置权人应依《民法典》的规定,请求损害赔偿;另外,留置权人因有对动产的占有权,故留置权人为留置物的占有人,从而可受有关占有规定的保护:在留置物被侵夺时,得请求恢复占有;再者,留置权既然为物权的一种,为确保其物权的应有的圆满状态,如受不法的妨害时,也应享有物权请求权,以加以排除。

6. 实行留置权的权利

留置权的实行,是留置权人的变价权与优先受偿权的总称。

(二) 留置权人的义务

1. 对留置物的妥善保管义务

《民法典》第 451 条规定:"留置权人负有妥善保管留置财产的义务;因保管不善致使留置财产毁损、灭失的,应当承担赔偿责任。"此处所谓妥善保管留置物,指留置权人应以善良管理人的注意保管留置物。留置权人违反该保管义务,致债务人遭受损失的,应负损害赔偿责任。但留置物因不可抗力或意外事故遭受的风险损失,留置权人不负责任,而由债务人负责。

2. 留置权人不得擅自使用、出租或处分留置物

留置权人在留置权存续期间,未经债务人同意而擅自使用、出租、处分留置物,由此给债务人造成损失的,留置权人应当承担赔偿责任。

3. 返还留置物的义务

留置权人在留置权所担保的债权消灭时,无论债权消灭的原因为何,都负有将留置物返还于债务人或其他有受领权人的义务。另外,债权虽未消灭,但债务人已另行提供担保而使留置权发生的原因消灭的,留置权人也同样负有返还留置物的义务。

四、留置物所有人的权利义务

(一) 留置物所有人的权利

1. 损害赔偿请求权

留置权人未尽善良管理人的注意义务致留置物毁损、灭失的,留置物所有人有权请求留置权人承担赔偿责任。

2. 留置物返还请求权

留置权消灭时,留置物所有人有权基于其所有权而请求留置权人返还留置物,或者基于占有媒介关系请求留置权人返还其对留置物的占有。

3. 对留置物为法律上的处分的权利

债务人的动产,虽被债权人留置,但其对留置物的所有权并不因此而丧失,所以在留置权存续期间,债务人可将留置物的所有权让与他人,或者将留置物设立质权于第三人。

例如,债务人以将其对于留置权人的返还请求权移转于受让人或质权人,以代占有的现实移转,受让人或质权人即可依其物权变动的合意,取得留置物的所有权或质权。此种情形,受让人的地位系担保物的第三取得人,其虽可以基于利害关系人的身份代债务人清偿债务,但无清偿的义务。

4. 留置物所有人有提供相当的担保而使留置权消灭的权利

此处的担保,包括物保和人保。留置物所有人另行提供担保,留置权人接受的,留置权消灭。

5. 请求行使留置权的权利

债务人可以请求留置权人在债务履行期届满后行使留置权;留置权人不行使的,债务人可以请求人民法院拍卖、变卖留置财产。

(二) 留置物所有人的义务

留置物所有人享有以上权利的同时,也负有以下义务。

(1)向留置权人偿还因其保管留置物所支出的必要费用和有益费用。

(2)因留置物隐有瑕疵而致留置权人遭受损害时,留置物所有人应负损害赔偿责任。该损害赔偿债权的发生与留置物属于同一法律关系(具牵连关系),自属于留置权所担保的债权范围。

第四节 留置权的消灭原因

一、留置权消灭原因概述

(一)留置权消灭原因的概念和类型

留置权的消灭,是指留置权成立以后至留置权实现之前,留置权因一定原因的出现而不复存在。

留置权的消灭分两种:一是永久消灭,一经消灭,永不再产生;二是相对消灭,留置权消灭后还会依法再生。

(二)留置权消灭的原因

留置权的消灭,与其他担保物权的消灭有所不同。如抵押权、质权经实现,可以消灭抵押权和质权。由于留置权的实现是留置权的第二次效力的实现,因而留置权的实现作为留置权消灭的原因,与留置权消灭的一般原因不完全一样。

《民法典》在担保物权消灭中规定了担保物权消灭的一般原因,同时,还在第457条规定了留置权消灭的特别原因,即对留置财产丧失占有和留置权人接受债务人另行提供担保。因此,留置权的消灭原因包括物权消灭的共同原因、担保物权消灭的共同原因和留置权消灭的特别原因。

(三)留置权消灭的效力

留置权消灭的效力,是消灭留置权法律关系,留置权人和债务人丧失这种法律身份,仍成为债权人和债务人。与其他担保物权不同的是,质权、抵押权消灭,主要的后果是返还质押财产、抵押财产,留置权消灭不发生返还留置财产的后果,而是产生承担原债的给付标的物的后果。留置权消灭以后,还产生其他具体的法律后果。

二、留置权因物权消灭的共同原因而消灭

留置权是物权,当物权消灭的共同原因出现时,留置权因此而消灭。

(一)标的物灭失

标的物灭失是一切物权消灭的共同原因,所有的物权都会因标的物的灭失而消灭。

留置财产灭失的结果由谁承担,应区分情况。若因留置权人过失所致,留置权人应承担赔偿责任,赔偿额中应扣除债务额。若因债务人的过失所致,债务人不得请求赔偿,并应当继续履行债务。若因第三人过失所致,赔偿金应由债权人留置并优先受偿。若为意外事件或者不可抗力所致,则债务人不负赔偿责任,但仍应履行债务。

(二)标的物被征用

物权标的物被征用,该物权消灭,留置权同样如此。不过,留置财产为动产,被征用的可能性很小。留置财产被征用以后,国家给予的补偿,应当优先偿付留置财产担保的债权,有剩余的,归还债务人,不足部分由债务人另行清偿。

(三)留置权与所有权混同

他物权与所有权混同,是他物权消灭的共同原因。留置权与所有权混同,也消灭留置权,因为债权人不能留置自己的财产以担保债权。例如,债务人将留置财产的所有权转让给留置权人的,留置权即因混同而消灭。发生这种混同,债权人与债务人之间必对其债务关系作出约定,则依其约定处理债权债务关系即可。

三、留置权因担保物权消灭的共同原因而消灭

担保物权消灭的共同原因,也是留置权消灭的原因。《民法典》第393条列举了三种担保物权消灭的共同原因,都适用于留置权的消灭。

(一)担保物权所担保的主债权消灭

担保物权是主债权的从权利,随主权利的消灭而消灭。留置权担保的债权消灭,如债权已被清偿、债权已被抛弃等,则留置权即随所担保的债权的消灭而消灭。

关于债权诉讼时效届满,留置权是否消灭,有两种对立的观点。肯定说主张,留置权的行使不妨碍债权消灭时效的进行,故债权因诉讼时效消灭时,留置权也随之消灭。日本法采此主张。否定说主张,以抵押权、质权或留置权担保的债权,虽经时效消灭,债权人仍得就其抵押财产、质押财产或留置财产取偿,即留置权并不因债权消灭时效的完成而消灭。我国台湾地区立法采此主张。

依照《民法典》的基本原则,在司法上应采否定说的主张,其理由如下。

第一,诉讼时效的完成,债权并非全部消灭,它只消灭胜诉权,而不消灭起诉权,即债权人的权利并未全部消灭,而只是丧失了寻求法律保护并赋予其强制力的效力,就债权人而言,他仍为权利人,仅仅是这种权利变为自然的权利。正因为如此,债权并没有完全消灭,其从权利即留置权以及其他担保物权当然也不会消灭。

第二,债权诉讼时效的起算与留置权实现之间有一个时间差,即宽限期,假如说留置权本身也受诉讼时效期间约束的话,不可能同时产生二者诉讼时效期间届满的后果。

(二) 担保物权实现

担保物权实现,是担保物权消灭的共同原因。留置权实现以后,留置权也消灭。但是,以留置权实现作为其消灭的原因,与留置权消灭的其他原因不同,因为留置权消灭的原因,是指留置权发生至留置权实现之间使留置权不复存在的事实,其后果是留置权不能发生实现的第二次效力。因而,在这里虽然也把留置权实现作为消灭的原因之一,却与留置权消灭的一般原因的意义不同。

(三) 留置权被放弃

权利主体可以放弃自己的权利,并发生消灭该权利的法律后果。留置权人也可以抛弃留置权,这是单方法律行为,依留置权人一方的意思表示而成立。只要留置权人向债务人作出抛弃留置权的意思表示,留置权即消灭。至于合同标的物如何处置,则须双方协商;无约定的,仍依原债权债务关系处理。

四、留置权消灭的特别原因

留置权消灭的特别原因,是只能引起留置权消灭的特殊事实,既不可适用于其他担保物权,更不能适用于其他物权。

(一) 留置权人对留置财产丧失占有

《民法典》第 457 条规定,留置权人对留置财产占有的丧失为留置权消灭的原因。留置财产占有的丧失,是指留置权人不再继续占有留置财产,不仅丧失其直接占有,而且其间接占有也不存在。如果留置权人将留置物的自己占有,改为占有媒介人为直接占有,自己为间接占有,则其占有仍为继续而不为丧失,留置权并不消灭。

留置权人对留置财产占有的丧失,包括其占有被他人侵夺和留置权人自己放弃占有。他人侵夺留置财产导致留置权人丧失占有而消灭留置权,与质权人对质押财产丧失占有而消灭质权相同。但是,对质押财产丧失占有而消灭质权与对留置财产丧失占有而消灭留置权的不同之处是,质权有追及效力,质权人在其质押财产占有被侵夺后,有权请求返还质押财产,因此,质权并不随对质押财产占有的丧失而立即消灭,只有在质权人不能请求或者不请求返还质押财产时,质权才归于消灭。

留置权无此追及效力,对留置财产丧失占有,留置权就立即消灭;留置权人不能基于留置权而请求不法侵占者返还标的物,只能依保护占有的规定请求返还标的物。

留置权人放弃对留置财产占有,如将留置财产给付债务人、转让他人等,均消灭留置权,其中,如未经债务人同意将留置财产转让他人,则为侵权行为。

对留置财产丧失占有之后又重新恢复占有的,可以有条件地恢复留置权。在留置权因留置财产被他人侵夺丧失占有而消灭时,其效力是相对的。债权人如果依保护占有的规定请求返还该物并恢复占有,则于该物返还之时再生留置权。留置权人自己放弃留置财产的占有而消灭留置权的,当其再取得该物的占有时,如果留置权人知有留置权的存在而放弃其物,为留置权的抛弃,从而留置权终局消灭;留置权人如果不知有留置权的存在而返还其物,如不知占有物与债权有关联关系或应知而不知法律上可成立留置权而返还其物,则因明显无抛弃留置权的意思,就其物有留置权再生的可能。

留置权的重新发生,须具备留置权成立的其他要件:(1)留置财产所有人受其物的返还前非为债务人(例如依善意取得的留置权),或债务人受留置财产的返还后以之让与第三人时,则其后债权人虽再取得其物的占有,但不得就其物再生留置权;(2)商人间因营业关系而认有关联关系所发生的留置权,债权人再取得返还物的占有之际,须仍有商人的资格,而且其占有须因营业关系而取得。

(二) 债务人另行提供担保

留置权成立以后,留置财产被债权人留置,债务人无法对该物行使权利,留置财产无法被利用,显然不利于发挥物的效益。同时,就一般情况而言,留置财产的价值大于债务人债务的价值,对债务人更为不利。

为平衡这种双方当事人之间的利益关系,保障债权人的债权实现,也保障债务人不遭受更大的损失,法律准许在债务人另行提供债权担保的情况下,由债权人返还留置财产给债务人,因而使留置权消灭。这实际上是将债权人的债权由留置权担保改换为另一种形式的担保。债权人的债权由另一种担保形式提供切实的担保,债权人当然可以放弃留置权的担保。

债务人另行提供的担保在形式上包括物保和人保,其必要条件是债权人接受。留置权人不接受的,债务人无论提供何种担保,也不发生留置权消灭的后果;反之,只要留置权人认为对其债权的担保有效而予以接受,则不论债务人提供何种担保,都发生留置权消灭的后果。

债务人另行提供担保能够为留置权人所接受的条件,是另行提供的担保与留置权人的利益相当。其标准为与留置财产所担保的债权范围相当。这是因为,留置财产往往与债权价值不相等,担保债权的范围是最准确的,且符合债权担保的目的。

债务人另行提供担保不必非以消灭留置权为目的才能消灭留置权,只要提供的担保足以充分保障债权人的债权,就当然发生留置权消灭的后果。

债权人另行提供担保消灭留置权的,其效力是终局的,不能仅为一时消灭。

(三) 债权清偿期的延缓

债权清偿期延缓以后,留置权消灭。对此,《民法典》未作明文规定,但理论和实践认为,债务人超过约定期限不履行债务,是留置权成立的必备要件,既然债权清偿期已经延缓,就不能视为债务人超过约定期限不履行债务,因而使留置权成立的条件发生欠缺,留置权当然消灭。

因债权清偿期延缓而消灭留置权的效力,是相对消灭,这种已消灭的留置权可以再生。债权清偿期延缓以后,当延缓后的清偿期又届满时,具备留置权成立条件的,留置权再生。这种再生的留置权,是一个新的留置权,其宽限期、实现的时间等均应重新计算,与已消灭的留置权无关。

课后习题

1. 留置权的概念是什么？具有哪些特征？
2. 留置权成立需具备哪些要件？
3. 留置权的效力范围如何确定？
4. 简述留置权的消灭原因。

第十六章 非典型担保物权

【学习目标】
1. 了解优先权的概念、法律特征及类型。
2. 了解所有权保留的概念、特征及效力。
3. 了解让与担保的设定、效力、实行及消灭。
4. 了解后让与担保的概念、特征、实行及消灭。

【引导案例】

2007年6月,A房地产公司因建设工程融资,约定向B、C借款共计1304万元,借期1年,商定不签订书面借款合同。为了担保债务清偿,双方签订低价的《商品房预售合同》,约定B、C以均价850元/平方米(当时当地同等房屋的单价为1500元/平方米)的价格购房A房地产公司的151套房屋,价款为1304万元,并约定A公司只要按期归还本息,即解除商品房买卖合同;如A公司不能按期归还本息,则买卖合同立即履行,A公司向B和C交付151套商品房。

嗣后,A公司到期清偿借款,B和C拒绝受领,并主张A公司尽快履行商品房买卖合同,交付151套商品房。B、C称,A房地产公司向B和C借款1304万元,B和C向A房地产公司购买151套商品房共1304万元,成立两个合同。A房地产公司主张商品房买卖合同是为借贷合同担保,B和C主张不存在借贷合同,只有买卖合同。

(1)A房地产公司主张商品房买卖合同是为借贷合同担保,有哪些证据证明?
(2)B和C主张1304万元为购房款,而非借款的理由是否成立?
(3)双方的真实法律关系是什么?

【评析】

在本案中,同时存在两个合同,确定双方当事人中的哪一方当事人的主张成立,应当根据事实确定。首先应当考虑的是,一个概括地购买151套房屋的买卖合同是否能够成立。商品房建设,分栋、分层、分单元,一般情况下,买房要具体确定买的是哪一个单元,而不能是买概括的若干套房,且本案没有订立标准的《商品房买卖合同》,没有进行购买商品房的备案。从这些证据分析,B和C的主张不能成立。其次,A房地产公司的主张比较可信,因为存在借贷的基础,购房款与借贷款相一致。所以,从优势证据上看,本案的商品房买卖合同是为借贷合同担保的主张,可信度更高。

第一节 优 先 权

一、优先权概述

(一) 优先权的概念

优先权也称先取特权,是指特定的债权人依据法律的规定而享有的就债务人的总财产或特定财产优先于其他债权人而受清偿的权利。债务人不特定的总财产上成立的优先权叫一般优先权,债务人特定动产或不动产上成立的优先权叫特别优先权。

(二) 优先权的性质

学界对优先权的性质有不同的认识。特种债权说认为,优先权并非一种独立的担保物权,它不过是立法政策对特种债权的特殊保护,而特种债权主要是指工资、生活费、司法费用、抚养费用等支付关系,它基于公法关系、劳动法关系、婚姻家庭法关系产生,并非民法上的债权关系。担保物权说则认为,优先权是独立的法定担保物权,它既不是优先受偿效力或特殊债权的清偿顺序,也与抵押权等担保物权具有明显的区别。

认定优先权是独立的法定担保物权的理由是:第一,优先权基于社会生活实际需要而产生,其意义在于,基于社会政策、公平观念等各种考虑,通过明确某些需要特殊保护的债权优先于其他债权而受清偿,而对债权平等原则加以突破。第二,我国法律已经将某些优先权规定为法定担保物权。如《海商法》第 22 条、第 25 条第 1 款中规定的船舶优先权,《民用航空法》第 19 条、第 22 条规定的民用航空器优先权,《税收征收管理法》第 45 条第 1 款规定的税收优先权,《民法典》第 807 条规定的建筑工程承包人的建设工程价款优先权。第三,优先权的性质、产生、内容以及消灭的原因等都决定了其为独立的法定担保物权,而非单纯的优先受偿效力或者债权清偿顺序。

(三) 优先权的法律特征

1. 优先权是一种他物权

优先权具有优先受偿性、支配性、排他性以及追及性,这些性质说明它是一种物权而不是债权。它存在的基础,是债务人的总财产或者特定财产,而不是就自己的财产所设立的物权,因而它的性质是他物权。

2. 优先权是一种担保物权

用益物权和担保物权都是他物权,其最基本的区别在于,用益物权的基本属性在于它对他人财产的用益性,而担保物权的基本属性在于对他人财产的代位性和保证性。优先权作为一种他物权,从属于其所担保的债权而存在,其目的就在于保证特定债权的实现。

3. 优先权是一种法定担保物权

优先权与留置权都是法定担保物权,但是优先权的法定性更为强烈:首先,优先权的产生要依据法律的明确规定,哪些债权的权利人能够享有优先权必须依据法律的明确规定,当事人不得约定设立优先权;其次,优先权的效力要依据法律的明确规定,即优先权所担保的债权范围、优先权效力所及的标的物范围以及优先权之间、优先权与其他担保物权之间的顺位都必须依据法律的明确规定,当事人不能自由约定。

4. 优先权是无须公示而产生的担保物权

物权公示原则是物权法中的一项基本原则,但优先权例外,它属于无须公示仅因法律规定就能够产生的担保物权,无须交付,也无须登记。由于优先权欠缺公示性,因而在很大程度上优先权将会对其他权利人尤其是那些有担保的债权人的利益造成损害,必须加以补救。

(1)对受偿顺序严格限制。一般优先权应先就债务人的动产受偿,不足部分才能就债务人的不动产受偿;以债务人的不动产受偿时,应先就无担保的不动产受偿,不足部分才能就有担保的不动产受偿。

(2)对担保范围的限制,工资优先权、丧葬费用优先权、债务人生活费用优先权等是出于人道主义,为保护人的基本生存权而设的,如果担保范围过大,就会严重损害其他债权人的利益,有滥施慈善之嫌,应对其担保范围加以限制。

(3)对权利行使期限进行必要限制,否则会使权利长期处于不稳定的状态,影响优先权的积极作用。

(4)以善意取得制度限制动产优先权的追及效力,规定作为优先权标的物的动产被第三人善意取得时,优先权人对该动产没有追及权。

(5)用登记制度对就不动产行使的优先权加以限制,例如,虽一般优先权未就不动产进行登记,亦不妨以之对抗无特别担保的债权人。

 小贴士

优先权的沿革

优先权起源于罗马法中的优先索取权。创设这种权利的目的,一是维护社会正义,二是应事实的需要。为此,罗马法设立了种类繁多的优先权,例如被监护人或被保佐人的损害赔偿优先权、国库对纳税人的税款给付的优先权、丧葬费用优先权和妻之嫁资返还优先权等。

罗马法的优先权制度被近世大陆法系国家的民事立法所接受,形成了比较广泛的优先权制度,但人们对优先权的性质、种类和效力却有不同看法,由此形成了不同的立法例。法国民法在继受罗马法优先权的基础上,逐渐出现了把财产划归清偿某些债权的现象,从而使优先权从原来的债权人之间的分类变成物的担保制度,优先权从此具有了担保物权的性质。

日本民法继受了法国民法中的优先权制度,称之为先取特权。德国民法不规定优先权,它只是将优先作为特定债权所具有的一种特殊效力,即优先受偿效力,认为某些特种的债权被赋予优先效力的实质在于破除债权平等原则,赋予该等债权人以优先受偿效力,但该特种债权不过是推行社会政策和基于社会公益的结果,并不改变其债权性质,因此,优先受偿的权利只是特种债权的效力之一,并非一种独立的担保物权。

二、优先权的类型

(一) 优先权的一般分类

1. 民法上的优先权与特别法上的优先权

根据规定优先权的法律不同,优先权分为民法上的优先权和特别法上的优先权。民法上的优先权,是指由民法加以规定的优先权,如《民法典》第807条规定的建设工程价款的优先权。特别法上的优先权,是指由民法之外的单行法律所确立的优先权,主要包括《海商法》规定的船舶优先权、《民用航空法》规定的民用航空器优先权、《税收征管法》规定的税收优先权等。

2. 一般优先权与特殊优先权

依据优先权的标的物不同,优先权分为一般优先权与特殊优先权。一般优先权是指就债务人的总财产而优先受偿的优先权,如受雇人的工资债权就债务人的总资产优先受偿。特殊优先权包括三种,一是司法费用优先权;二是民事优先权,包括为债务人的利益而设立的优先权,为债权人利益而设立的优先权;三是国库优先权,是为维护国库收入而设立的优先权,如税收优先权。

3. 优先于所有债权的优先权和优先于普通债权的优先权

依据优先权的优先效力的不同,优先权可以分为优先于所有债权的优先权和优先于普通债权的优先权。前一种优先权的效力最强,其所担保的债权不仅优先于普通的债权,而且优先于那些附有担保物权的债权而受清偿。后一种优先权所担保的债权只能优先于没有担保的债权而受清偿,不能优先于附有担保物权的债权而受清偿。

4. 动产优先权和不动产优先权

依据特殊优先权的标的物的不同,优先权可以分为动产优先权和不动产优先权。动产优先权,是就债务人的特定动产优先受偿的优先权,如旅店主人就旅客所欠食宿费可以从旅客的行李优先受偿。不动产优先权,是就债务人的特定不动产优先受偿的优先权,如建设工程承包人的建设工程价款债权的优先权。

(二) 我国的优先权种类

1. 职工工资债权和劳动保险费用优先权

依据《企业破产法》第113条的规定,破产财产在优先清偿破产费用和共益债务后,职工工资债权和劳动保险费用以及所欠税款的优先权被赋予了优先于普通债权的效力。

2. 建筑工程承包人的建设工程价款债权的优先权

《民法典》第807条规定了建设工程价款债权的优先权。在审理房地产纠纷案件和办理执行案件中,应当依此规定,认定建筑工程承包人的优先受偿权优于抵押权和其他债权。此种优先权属于民法上的优先权。

3. 船舶优先权

船舶优先权,是指海事请求人依照《海商法》的有关规定,向船舶所有人、光船承租人、船舶经营人提出海事请求,对产生该海事请求的船舶具有优先受偿的权利。《海商法》第 22 条、第 25 条第 1 款在船舶优先权中明确规定了船长、船员以及在船上工作的其他在编人员依据劳动法律、行政法规或者劳动合同所产生的工资、其他劳动报酬、船员遣返费用和社会保险费用等债权具有优先于船舶留置权受偿的效力。

4. 民用航空器优先权

民用航空器优先权,是指债权人依照《民用航空法》的有关规定,向民用航空器所有人、承租人提出赔偿请求,对产生该赔偿请求的民用航空器具有优先受偿的权利。《民用航空法》第 19 条、第 22 条在民用航空器优先权中明确规定了援救该民用航空器的报酬的债权以及保管维护该民用航空器的必需费用的债权,具有优先于民用航空器抵押权的效力。

5. 税收优先权

税收优先权,是指纳税人未缴纳的税收与其他未偿债务同时存在,且其剩余财产不足清偿全部债务时,税收可以排除其他债权而优先受清偿的权利。《税收征收管理法》第 45 条第 1 款对这种优先权作了规定。

三、优先权的效力

(一) 优先权担保的债权范围

优先权所担保的债权范围主要包括:主债权、利息、违约金、损害赔偿金以及优先权人因保全和实现优先权所支出的费用。对此,应当原则上适用《民法典》第 389 条规定的担保物权所担保的一般范围的规定。

优先权是一种法定担保物权,不同的优先权所担保的债权范围必须依据法律的明确规定。对不同性质的优先权所担保的债权范围作不同的规定,是因为优先权是无须公示而产生的物权,如果不对其担保的债权范围予以限制,会对交易安全造成威胁。同时,优先权的立法目的就在于基于社会政策以及公平的考量而对某种利益予以优先保护,对利益保护的程度不同,决定了不同的优先权所担保的债权范围的不同。

(二) 优先权的顺位

在同一动产或不动产上能够同时产生数个优先权,在数个优先权中存在顺位的区别。

1. 一般优先权之间的顺位

一般优先权之间的顺位通常由法律作出明确规定,不需要法官进行判断。例如破产费用,应当从破产财产中优先拨付。

破产财产优先拨付破产费用后,其他优先权的顺序如下。

(1)破产人所欠职工的工资和医疗、伤残补助、抚恤费用,所欠的应当划入职工个人账户的基本养老保险、基本医疗保险费用,以及法律、行政法规规定应当支付给职工的补偿金。

(2)破产人欠缴的除前项规定以外的社会保险费用和破产人所欠税款。

(3)普通破产债权。破产财产不足以清偿同一顺序的清偿要求的,按照比例分配。

在一般优先权中,税收优先权是否优先于民法优先权,依据《税收征收管理法》第45条第1款的规定,只要纳税人欠缴的税款发生在其他担保物权产生之前,税收权就优先于抵押权等担保物权。

2. 特殊优先权之间的顺位

特殊优先权之间的顺位包括以下两类情形。

(1)性质相同的特殊优先权之间的顺位。

在性质相同的特殊优先权之间,受偿的顺位如下。

第一,基于设定质权的理由而创设的优先权,两种性质相同的优先权的顺位应当依照权利成立的先后顺序确定。

第二,基于债务人财产增值的理由而创设的优先权,解决优先权顺位的方法是"时间优先,权利优先"。

第三,基于保值(保存费用)的理由而创设的优先权解决顺位的原则是"时间在后,权利优先",即顺位在后的优先权先于顺位在前的优先权受偿。因为如果没有在后的保值行为,在先的保值行为所发生的债权是不可能就现存的财产行使优先权的。这一点最鲜明地体现在海难救助当中,因为如果不规定顺位在后的海难救助费用优先权先于顺位在先的海难救助费用优先权,那么人们就不会踊跃地对海难进行救助。

(2)性质不同的优先权之间的顺位。

性质不同的优先权发生冲突,受偿顺位是:第一,最后保存费用优先权;第二,基于设定质权的理由而创设的优先权,但限于为善意债权人的;第三,保存费用优先权;第四,基于债务人财产增值的理由而创设的优先权。

3. 一般优先权与特殊优先权之间的顺位

一般优先权应当优先于特殊优先权而受偿,因为一般优先权所实现的价值大于特殊优先权所实现的价值,且一般优先权通常维护的都是公共利益以及债权人的共同利益,或者债权人的生存权,或者是保护劳动者的合法权益这一社会政策;而特殊优先权主要维护的是债权人或债务人的个人利益,从价值衡量的角度上自然应当得出一般优先权优先于特殊优先权的结论。

(三)优先权与其他担保物权的冲突

1. 优先权与质权

一般优先权以债务人的动产、不动产以及其他财产的总和为其标的物,而动产优先权专以动产为标的物,因此在同一动产上将出现一般优先权或动产优先权与质权的冲突。

(1)一般优先权与质权的冲突。

一般优先权与质权冲突时,原则上质权应当优先于一般优先权,但是法律另有规定的除外。

(2)动产优先权与质权的冲突。

动产优先权中第一顺位的优先权如不动产租赁优先权、旅店住宿优先权以及运送人优先权等与质权发生冲突时,二者处于同一顺位。其理由在于,此等动产优先权是基于当事人意思推测对标的物的动产有担保的默示,与质权应当等量齐观,而不应差别待遇。至于动产质权与上述第一顺位之外的动产优先权冲突时,原则上质权优先于动产优先权,但是以下两种情形例外:一是质权人在取得债权时已经知道存在动产优先权的,此时动产优先权优先于质权;二是动产优先权为质权人保存了质押财产的,此时动产优先权也优先于质权。

2. 优先权与抵押权

一般优先权以债务人的动产、不动产以及其他财产的总和为其标的物,而不动产优先权专以不动产为标的物,因此在同一不动产上也会如同动产上那样出现一般优先权或不动产优先权与抵押权的冲突。

(1)一般优先权与抵押权的冲突。

第一种观点认为,此时应当按照登记以及登记的时间顺序确定优先性;第二种观点认为,无论一般优先权是否登记,均应优先于抵押权。本书赞同第一种观点,尽管一般优先权的立法目的在于维护一种较私人利益更高层次的社会公共利益或者推行一定的社会政策,但是由于一般优先权无须公示即可产生,因而出于维护交易安全以及强化公示原则的要求,除非法律另有规定(如《海商法》第 25 条第 1 款、《民用航空法》第 22 条),对于一般优先权与抵押权的冲突应当按照登记与否加以确定。

(2)不动产优先权与抵押权的冲突。

不动产优先权经过登记的,可以先于抵押权行使。

3. 优先权与留置权

动产优先权和一般优先权会与留置权发生冲突。在一般优先权与留置权冲突时,一般优先权应当优于留置权。动产优先权与留置权发生冲突,除非法律另有规定,留置权人优先于动产优先权人受偿。

第二节 所有权保留

一、所有权保留概述

(一)所有权保留的概念

所有权保留是指在转移财产所有权的商品交易中,根据法律规定或者当事人约定,财产所有权人转移财产占有于对方当事人,而保留其对该财产的所有权,待对方当事人交付价金或者完成特定条件时,所有权才发生转移的担保物权。《民法典》第641条规定:"当事人可以在买卖合同中约定买受人未履行支付价款或者其他义务的,标的物的所有权属于出卖人。""出卖人对标的物保留的所有权,未经登记,不得对抗善意第三人。"

(二)所有权保留的特征

1. 所有权保留是以权利为担保内容的物权

在传统的债权担保中,基本的担保内容一是人保,二是物保。所有权保留既不是人保,也不是物保,而是以担保物的权利为担保内容,在债权人所享有的权利上设定担保,突破了担保的传统方式,是新型的担保方式。

2. 所有权保留提供的担保方式具有消极性

一般的债权担保都是债务人积极提供担保。在所有权保留中,债务人不必积极提供担保,只要消极地不取得交付的标的物所有权,直接在标的物的所有权上设定担保,将该所有权保留在出让标的物的人手中,就完成了担保。因此,所有权保留的担保方式更为便捷和易行。

3. 所有权保留担保的效力更多体现在事后救济上

传统的债权担保都是建立在交易的有效上面的,无效合同无法成立担保。在所有权保留中,其担保产生的条件不成就时,发生所有权不转移的效力,从而直接影响作为担保存在基础的交易合同成立的效力。因此,所有权保留所担保的效力更具有事后救济的性质。

> **小贴士**
>
> **所有权保留的沿革和意义**
>
> 所有权保留制度起源甚早。罗马法就存在类似制度,《德国民法典》第455条确认所有权保留制度:"动产的出卖人在支付价金前保留所有权的,在发生疑问时,应认为,所有权的转让是以支付全部价金为其推迟生效条件,并在买受人对支付价金有迟延时,有权解除合同。"在债法改革后,所有权保留规定在第449条。
>
> 近代各国都确认所有权保留制度,特别是现代社会通行分期付款的买卖方式,所有权保留制度具有更为广泛的应用范围,因而被普遍承认。

所有权保留的意义在于,通过所有权保留而确保出卖人对买受人主张未偿价款的债权:第一,买受人不依约定偿付价款时,出卖人可以解除合同,或者本其所保留的所有权取回标的物;第二,对买受人的其他债权人而言,保留所有权可以使其基于所有权而获得优先权,其担保功能表现最为显著。

二、所有权保留的成立和登记

（一）所有权保留的适用范围

所有权保留担保形式适用的范围,是转移动产所有权的场合,其一般在买卖、互易等领域中适用,尤其是在分期付款和赊销中,具有更为广泛的适用价值。最高人民法院《关于审理买卖合同纠纷案件适用法律问题的解释》第 34 条规定,买卖合同当事人主张关于买卖标的物所有权保留的规定适用于不动产的,人民法院不予支持,因而所有权保留只适用于动产买卖。

分期付款买卖的广泛应用,为暂时不具备消费条件的消费者提供了提前消费的空间,但由于分期付款买卖的形式具有极大的风险,因而出卖人的利益不能得到充分的保障。实行所有权保留的担保形式,出卖人将出卖的标的物的所有权保留在自己手中,一旦发生价金难以追回的风险,出卖人就可以行使自己的所有权,取回标的物。

（二）所有权保留的成立

所有权保留的成立,是通过合同当事人在合同中约定所有权保留条款进行的。当事人可以在买卖合同中或者另行订立所有权保留合同,约定交付标的物而不交付标的物的所有权。所有权保留条款是要式合同,应当对所有权保留予以明示。在特殊情况下,根据合同的内容和交易习惯能够确定所有权保留的,也可以确认这种担保形式。例如,在分期付款买卖合同中尽管没有约定所有权保留条款,但是根据交易方式和交易习惯,仍然可以认定其为所有权保留。

（三）所有权保留的登记

所有权保留担保形式的最大缺陷在于缺乏公示性,因而第三人难以知悉标的物的权属状态。当卖方或者买方违反合同义务而将标的物的所有权让与第三人,或者在标的物上为第三人设定担保时,需要采取办法平衡买方、卖方以及第三人之间的利益关系。因此,各国对所有权保留的登记问题采取三种不同的立场。一是登记生效主义,二是生效对抗主义,三是不登记主义。

我国《民法典》第 641 条第 2 款规定采用登记对抗主义,未经登记,不得对抗善意第三人,言外之意,所有权保留一经登记,即可对抗善意第三人,不再适用善意取得的规定。对所有权保留不登记的后果的规定,则承认第三人的善意取得,所有权保留对此没有对抗效力。

三、所有权保留的效力

(一) 所有权保留的客体范围

对所有权保留的客体范围,各国规定不同,我国立法没有明确限制,按照最高人民法院司法解释的规定,凡是动产买卖都可以采用所有权保留的方式进行担保,不动产买卖不适用所有权保留的担保形式。

(二) 出卖人的取回权

所有权保留成立后的法律效力,表现为出卖人的取回权和买受人的期待权。

1. 取回权及其行使条件

出卖人的取回权,是指在所有权保留中,出卖人享有的在买受人有特定违约行为,损害出卖人的合法权益时,从买受人处取回标的物的权利。

至于取回权的性质,有解除效力说、附法定期限解除合同说和就物求偿说三种,通说认为解除效力说为妥当,符合所有权保留取回权的实际情况。

《民法典》第642条规定了取回权及行使取回权的条件,即当事人约定出卖人保留合同标的物的所有权,在标的物所有权转移前,买受人有下列情形之一,造成出卖人损害的,除当事人另有约定外,出卖人有权取回标的物:

(1)未按约定支付价款,经催告后在合理期限内仍未支付的。

所有权保留的基本功能就在于担保买卖合同的买受人依约付款。买受人不按照约定支付价款,且经过催告在合理期限内仍未支付的,该违约行为符合取回权的行使条件,出卖人可以行使取回权。

(2)未按约定完成特定条件的。

买卖合同约定特定条件,买受人在约定的期限内没有按照约定完成特定条件的,该违约行为也符合取回权的行使条件,出卖人可以行使取回权。

(3)将标的物出卖、出质或者作出其他不当处分的。

在所有权保留过程中,买受人将买卖标的物出卖、出质或者进行其他不当处分的,从根本上损害了出卖人的利益,因此构成取回权的行使条件,出卖人可以行使取回权。

2. 禁止取回的条件

最高人民法院《关于审理买卖合同纠纷案件适用法律问题的解释》第36条规定了两种禁止取回权行使的条件。

(1)买受人已经支付标的物总价款的75%以上。

这时,买受人的主要义务已经履行,出卖人不得再行使取回权。剩余25%的价金可以通过诉讼等方式,请求买受人继续履行债务,所有权保留不再发生担保作用。

(2) 符合第三人善意取得条件。

在所有权保留期间,买受人将买卖标的物予以转让,而第三人取得转让标的物符合善意取得构成要件的,第三人取得标的物所有权,原出卖人不得主张取回权。其损失,应当向原买受人请求赔偿。这一规定,对所有权保留经登记的,不具有效力,此情形不适用善意取得规定。

3. 取回权行使后买受人的回赎权

出卖人行使取回权之后,并未当然发生合同解除的法律后果,买受人可以在法律规定的回赎期内,履行价金的偿付义务,或者完成特定条件或者停止对标的物的处分,从而可以重新占有标的物,回到双方当事人的交易上来。此时,出卖人应当返还取回的标的物,重新进行交易。

对此,《民法典》第643条第1款规定,"出卖人依据前条第一款的规定取回标的物后,买受人在双方约定或者出卖人指定的合理回赎期限内,消除出卖人取回标的物的事由的,可以请求回赎标的物"。

4. 放弃回赎权的另行出卖

《民法典》第643条第2款规定,买受人在回赎期限内没有回赎标的物的,出卖人可以以合理价格出卖标的物,出卖所得价款扣除原买受人未支付的价款及必要费用后仍有剩余的,应当返还原买受人;不足部分由原买受人清偿。

买受人放弃回赎权,可以采用明示方式,也可以采取默示方式。买受人在回赎期间内没有回赎标的物的,是以默示方式放弃回赎权。

另行出卖的变价款的处置方式是,出卖所得价款依下列次序扣除:(1)取回和保管费用;(2)再交易费用;(3)利息;(4)未清偿的价金。变价款在扣除上述费用之后仍有剩余的,应返还原买受人。如果变价款清偿上述费用仍有不足,出卖人要求原买受人清偿的,原买受人应当予以清偿;起诉到法院的,人民法院应予支持。原买受人如果有确切的抗辩事由,例如有证据证明出卖人另行出卖的价格明显低于市场价格,其抗辩成立,对买受人请求继续清偿的,法院不予支持。

(三) 买受人的期待权

买受人的期待权是指买受人在未取得出卖标的物的所有权前,享有期待实现买卖标的物所有权的权利。因此,期待权是指具备取得权利的要件,受到法律保护的具有权利性质的一种法律地位。

通说认为买受人期待权的性质属于物权的期待权,是指买受人占有买卖标的物,并且已经事实上对标的物行使占有、使用、收益的权利,只是没有完全完成买卖合同约定的义务,没有实际取得所有权,但又享有对所有权的期待,只要完成了约定的条件,就可以实现所有权。

法律对买受人的期待权予以保护表现在三个方面。

第一,买受人完成了约定的条件,就享有取得标的物所有权的权利,任何人不得剥夺这一权利。

第二,经过登记的所有权保留买卖中,买受人期待权具有对抗第三人的效力,出卖人将标的物让与第三人的行为,并不妨碍买受人于条件完成时取得标的物所有权,造成损失的,出卖人承担赔偿责任。

第三,第三人非法侵夺买受人占有的标的物或者第三人的侵害致标的物毁损或者灭失的,买受人可以基于其从所有权保留买卖合同中取得的直接占有人的身份,请求侵权人承担侵权民事责任。

第三节 让 与 担 保

一、让与担保概述

(一) 让与担保的概念

让与担保是指债务人或者第三人为担保债权人的债权,将担保标的物的所有权等权利转移于债权人,于债务清偿后,担保标的物的物权应返还于债务人或者第三人,于债务不履行时,债权人得就该标的物的物权优先受偿的担保物权。

在让与担保中,提供担保权利的一方当事人为设定人,接受让与担保权利的债权人为担保权人,设定让与担保的财产为担保物。

我国现行法律没有规定让与担保制度,但是在实践中对让与担保的应用较多。根据这种实际情况,《全国法院民商事审判工作会议纪要》第71条承认了让与担保,规定:"债务人或者第三人与债权人订立合同,约定将财产形式上转让至债权人名下,债务人到期清偿债务,债权人将该财产返还给债务人或第三人,债务人到期没有清偿债务,债权人可以对财产拍卖、变卖、折价偿还债权的,人民法院应当认定合同有效。合同如果约定债务人到期没有清偿债务,财产归债权人所有的,人民法院应当认定该部分约定无效,但不影响合同其他部分的效力。""当事人根据上述合同约定,已经完成财产权利变动的公示方式转让至债权人名下,债务人到期没有清偿债务,债权人请求确认财产归其所有的,人民法院不予支持,但债权人请求参照法律关于担保物权的规定对财产拍卖、变卖、折价优先偿还其债的,人民法院依法予以支持。债务人因到期没有清偿债务,请求对该财产拍卖、变卖、折价偿还所欠债权人合同项下债务的,人民法院亦应依法予以支持。"

《民法典》第388条规定:"担保合同包括抵押合同、质押合同和其他具有担保功能的合同。"其中"其他具有担保功能的合同"的规定,为让与担保提供了法律依据。

(二) 让与担保的法律特征

1. 让与担保是转移担保标的物权利的担保物权

设定让与担保,就是将担保标的物的权利由设定人转移给担保权人,成立担保物权,担保权人对担保物享有所有权等权利。因此,让与担保与抵押权和质权不同。设定抵押权,抵押财产的权利证书转移给抵押权人占有,但担保物的所有权仍然为抵押人享有。设定质权,质押财产虽然转移由质权人占有,但是质押财产的所有权等权利仍然为出质人享有。设定这两种担保物权,都不转移担保物的所有权等权利。

2. 让与担保是在债权人与债务人之间的债权债务关系基础上成立的担保物权

让与担保的目的在于担保债务的清偿,通过将担保物的所有权等权利转移于债权人,债权人取得担保物的所有权等权利的方式担保债权的实现。因此,债权债务关系先于让与担保而存在,是让与担保成立的基础。在此基础上设定的让与担保,具有从属于债权的属性,而不是独立于债权关系而存在。

3. 让与担保是保障债权实现的担保物权

让与担保的财产权转移,不是权利就终局地归属于担保权人所有,也不是为了担保权人的用益,而只是为了担保债权的实现。债务不履行时,担保权人有权就该标的物的价值优先受偿。因此,让与担保设定后,虽然担保权人享有了担保物的权利,但他并不能就担保物进行用益,而仅仅是为了担保而享有该权利。

4. 让与担保是在债务履行完毕之时须返还财产权利的担保物权

让与担保设定之后,债权人取得债务人财产的所有权或者其他权利,并不是为了取得所有权等权利,而是以这种让渡所有权等权利的形式担保债权的实现。因此,在债务人已经清偿了债务,债权得到实现时,担保权人应当将受让与的财产权利返还担保人,使担保人取得其让与担保物的所有权等权利。

小贴士

让与担保制度的发展

让与担保制度可以溯源至古罗马时期的信托制度。该制度的发展肇始于转移担保物所有权的担保,经不断演变,形成了后世的转移担保物的占有但不转移所有权的质权担保,以及不转移担保物的占有而只转移权利证书的抵押制度,而转移担保物的所有权的让与担保则逐渐弱化,基本消亡。

19世纪的经济发达时期,对融资担保表现出了极大的需求,使让与担保重现民法社会并发挥了重大作用。当时,为了满足经济发展对不转移占有的担保的需要,当事人便通过所谓的"买卖"行为来实现担保的目的,即双方当事人缔结附买回权的买卖契约,并允许卖方利用租赁或者使用借贷的名义,以占有改定的方式继续占有使用担保物。

这样,动产标的物并未转移占有,原所有权人不仅可以继续使用该标的物,而且依此为担保获得了相应的贷款,在贷款按期归还时,则买方将标的物的所有权再返还给卖方。

这种担保方式出现后,德国法院以规避法律关于禁止设立动产抵押的规定而认为其无效,但在1880年的一个判决中,首次承认了这种买卖行为有效而担保关系无效。1890年的判决认为依据占有改定的方式进行的交付,是上级地方法院所承认的动产转移的方式;为担保目的而将动产所有权让与,则为通说和帝国法院判例所承认的行为。此即通过判例承认了让与担保制度的合法存在。此后,各国重新建立了让与担保制度。

二、让与担保的效力

(一) 让与担保所担保的债权范围和标的物范围

1. 让与担保所担保的债权范围

让与担保所担保的债权范围,应当参照《民法典》第389条关于担保物权担保范围的一般规定,首先是原始债权及其利息,让与担保对所担保的债权及其利息进行担保。其次,让与担保的效力还包括与原始债权相关的内容,如果当事人没有明确约定,则让与担保对于原始债权人行使因债权不能发生而产生的损害赔偿请求权、担保权人行使担保物所有权的费用,都发生效力,这些内容都在担保的范围之内。

2. 让与担保的标的物范围

让与担保的效力及于担保物以及担保物的从物和孳息以及其他利益。

首先,让与担保的效力及于担保物本身。让与担保让渡的是担保物的所有权和其他财产的财产权,担保物本身必然受其效力所支配,担保物的所有权已经转移由担保权人所享有,而担保人则不再享有担保物的所有权或者其他权利。

其次,让与担保的效力及于担保物的从物。依照"从随主"原则,从物和从权利随主物和主权利的变动而变动。担保物为主物并附有从物的时候,除非设定人和担保权人另有约定,否则从物随主物的所有权转移而转移于担保权人,属于被担保债权受偿的标的物。但是,如果让与担保设定后,在设定人占有担保物期间,设定人又取得的具有担保物从物性质的物,则该物不构成担保物的从物,不能为担保权人所有,不属于让与担保效力范围。

再次,让与担保的效力及于担保物所产生的孳息,包括天然孳息和法定孳息。这是因为,担保物的所有权已经归属于担保权人,担保物所产生的孳息当然属于担保权人,同属于担保标的物的范围。

最后,让与担保的效力及于担保物的代位物。在让与担保之中,担保物的所有权已经转移给担保权人所有,担保物在担保期间所受到的损失,应当是担保权人的损失。在此期间,因担保物的灭失、毁损、被征收等而取得的保险金、赔偿金或者补偿金,构成担保物的代位物,受到担保效力的支配。

(二)担保物的利用和保管

1. 担保物的利用

在让与担保期间,担保物的利用应当依照让与担保当事人的意思表示确定,有约定的依照约定办理;没有约定的,准许设定人利用,利用也不需要支付费用。这是因为,让与担保的目的在于以转移担保物的所有权等权利担保债权的受偿,并不在意担保物的利用,因而不是用益物权。且让与担保不以担保权人占有担保物为前提,原则上由设定人占有、利用。因此,如果当事人对此没有明确约定,应当确定设定人对担保物为有权利用。设定人利用担保物,不必向担保权人即担保物的所有权人负担费用。如果特别约定要付费用,依照约定。

2. 担保物的保管

对担保物的保管,由双方当事人约定。没有约定的,按照担保物由谁占有予以确定:由设定人占有的,设定人负有保管责任;由担保权人占有的,担保权人负有保管责任。

违反保管义务造成担保物损害的,应当向对方承担赔偿责任。设定人损害的,损害赔偿的范围以所担保的债权为限;担保权人损害的,赔偿范围以物的损失为准。

(三)设定人的返还请求权

让与担保的目的在于担保债权。当债务人的债务已届清偿期,债务人已经清偿债务时,让与担保的作用已经完成,没有继续存在的必要,担保权人应当将担保物的所有权及其他权利返还设定人。对此,设定人可以请求返还担保物的所有权或者其他权利,恢复自己对担保物或者权利的支配。

(四)让与担保与第三人、担保权人的债权人、设定人的债权人的关系

1. 让与担保与第三人的关系

在债权的清偿期届至前,让与担保的标的物系由担保权人处分时,担保权人在法律上因系所有权人,所以无论标的物是动产还是不动产,第三人是善意还是恶意,第三人均取得所有权。担保权人就该标的物设定物权的,也适用同样的规则。

让与担保成立后,标的物所有权已转移于担保权人,设定人已无处分权,尤其是标的物是不动产时,因登记显示的所有权人是担保权人,所以事实上不可能发生由设定人处分,而由第三人取得所有权或者他物权。如果担保物是动产,假如设定人予以处分,第三人为善意取得,第三人即可取得担保物的所有权或者其他权利。

2. 让与担保与担保权人的债权人的关系

担保权人的债权人对标的物请求强制执行时,因该标的物在法律上系担保物,债权人无法对第三人提出强制执行的异议之诉,故对其诉求无法支持。即使担保物为动产且由设定人占有,担保权人的债权人对其请求强制执行的,也难以获得支持。

担保权人破产时,担保权人的财产成为破产财产,担保标的物在法律上属于担保权

人所有,对此,设定人并无取回权可言。

3. 让与担保与设定人的债权人的关系

设定人的债权人对担保物请求强制执行的,如果是不动产,由于登记显示的所有人为担保权人,因而设定人的债权人对该不动产不得申请强制执行。如果担保物是动产,且在设定人占有中时,设定人的债权人可以申请强制执行。这时,担保权人为法律上的所有人,可以本于所有权而提出第三人异议之诉。

设定人破产,如果担保物在其占有中,担保权人可以行使取回权。

三、让与担保的实行和消灭

(一) 让与担保的实行

在债务人被担保的债务已届清偿期而没有清偿债务时,担保权人可以行使让与担保权,以取得标的物的交换价值而实现其债权。具体的实行方式有两种。

1. 变价担保物取偿

变价担保物取偿是指担保权人将担保物出售取得担保物的价金,以其价金清偿债权。变价一般应当采用拍卖方式,也可以采用变卖的方式,但不得损害让与担保设定人和其他利害关系人的利益。这种方式也称为处分清算型方式。

2. 估价取得担保物

估价取得担保物是指担保权人将担保物以公平的方式进行估价,以其估价额替代变价担保物的金额清偿债权。以估价方式取得担保物,应当清算担保物的价额和债权额,超过债权额的部分,应当返还让与担保设定人。以这种方式实行让与担保权的,除非双方当事人有明确约定,债权人必须通知设定人,否则不发生债权人确定地取得担保物所有权的效果。这种方式也称为归属清算型方式。

无论采用上述两种方式中的哪一种,担保权人在实行让与担保权时均负有清算义务。担保物变卖的价金超过担保债权数额的,担保权人应当将该超过部分的金额交还设定人。如果采用的是估价受偿方式,担保物估价所得的价额如超过担保债权数额,就该超过部分,担保权人应负给付设定人的义务。

(二) 让与担保的消灭

让与担保因下列情形而消灭。

1. 让与担保因被担保的债权消灭而消灭

让与担保权是从权利,是从属于债权的担保物权。当被担保的债权因清偿、抵销等原因而消灭时,让与担保即失去其存在的目的,当然消灭。这时,担保物由担保权人占有的,设定人有权请求返还担保物及其所有权。如果担保物是不动产,并且已经登记,设定人有权请求担保权人进行所有权转移的登记,恢复自己的权利。

2. 让与担保因担保物所有权等权利的消灭而消灭

在让与担保存续期间,如果担保物的所有权消灭,例如担保物混同、灭失、被征收、权利人进行处分行为,让与担保权也随之消灭。以其他财产权利设定让与担保的,财产权利消灭亦消灭让与担保。

3. 让与担保因让与担保权的实行而消灭

担保权人实行让与担保权之后,让与担保的任务已经完成,当然消灭。

第四节 后让与担保

一、后让与担保的概念和特征

(一)后让与担保的概念

后让与担保是指债务人或者第三人为担保债权人的债权,与债权人签订买卖合同,约定将买卖合同的标的物作为担保标的物,但权利转让并不实际履行,于债务人不能清偿债务时,须将担保标的物的所有权转让给债权人,债权人据此享有的以担保标的物优先受偿的非典型担保物权。最高人民法院司法解释将其称为"民间借贷合同与买卖合同混合",该表述方法是一种客观描述,并非严格的民法概念。

(二)后让与担保的法律特征

1. 后让与担保是通过财产转让合同设立的担保物权

后让与担保是为担保债权的实现,通过财产转让合同设立的担保物权,与抵押合同、质权合同、所有权保留合同以及让与担保合同是一样的。设定后让与担保的标的物就是约定转让物权的财产,包括动产和不动产,其中的不动产物权通常是房屋所有权和土地使用权。

2. 设定后让与担保的财产转让合同是担保主合同债权的从合同

在后让与担保法律关系中,转让财产权利的合同是设立后让与担保的从合同,从属于主合同。只有在主合同债务届时不清偿时,才发生履行后让与担保合同的必要。只要双方当事人设定的是后让与担保合同,设定后让与担保的财产转让合同就永远是主合同的从合同,不会变为具有独立地位的主合同,更不得离开被担保的主合同而单独请求从合同的履行。

3. 后让与担保的当事人是主合同的债权人以及债务人或者第三人

接受后让与担保物权的债权人是主合同的债权人,同时也是从合同的债权人,即担保权人。提供担保标的物的一方当事人为担保物权设定人,通常是主合同的债务人,也可以是第三人。

4. 后让与担保的性质是新型的非典型担保物权

后让与担保是一种物的担保,而不是人的担保,也不是债权的担保,它属于新型的非典型担保物权。它与让与担保不同,在担保物权设定时,担保标的物的物权并没有转移,而双方仅仅约定在债务不履行时转让担保标的物的物权。设定后让与担保的不动产在主合同履行期间并不实际履行权利转移,只有在债务到期不能清偿时才转移所有权,实现债权。

二、后让与担保的基本规则

(一)后让与担保的设定

1. 可以设定后让与担保的标的物

不动产和动产的物权均可以设置后让与担保。目前通行的多是以商品房所有权设置后让与担保。在商品房的地基上,实际上还有建设用地使用权,因此建设用地使用权也是后让与担保的标的物。

2. 后让与担保的设定方法

目前在实践中设定后让与担保,大多是通过商品房买卖合同设立的。这符合担保物权应当采用法律行为的方式为设立规则的要求。依照《民法典》第388条第1款前段规定,设立后让与担保物权,应当依照设立担保物权的一般方法,即订立后让与担保合同的书面方式,确定后让与担保的法律关系。

(二)后让与担保的效力

1. 对债权人的效力

后让与担保的设置目的在于担保债权的实现。债权人基于后让与担保发生担保物权,进而产生后让与担保请求权。该请求权的性质不是既得权,而是期待权,在后让与担保物权实现的条件成就时,变为既得权,依据该后让与担保请求权,担保权人可以向后让与担保的设定人行使该请求权,通过让与担保标的物的物权而实现自己的债权。

2. 对担保人的效力

后让与担保对担保人的效力,首先在于对担保标的物的权利设置负担,即设置了担保物权。担保人应当保持对后让与担保的标的物的占有和权利,防止被他人侵占或者侵夺。其次在于债务不履行时担保人转移担保标的物的权利于担保权人,以清偿债务。后让与担保请求权经过行使而实现,则消灭担保人的担保义务,担保人对债务人产生清偿担保债务的请求权,对债务人有权请求履行后让与担保义务所产生的一切财产不利益的后果。

3. 对债务人的效力

债务人设定的后让与担保,债务人就是担保人,对债务人发生与对担保人相同的效力。第三人设立后让与担保物权的,债务人不是担保人,则债权人行使后让与担保请求权,对债务人的效力是,债权人的债权实现,消灭债务人的债务,但债务人对担保人产生清偿担保债务的义务,对担保人因后让与担保物权的实现而产生的一切财产的不利益,均应当承担清偿义务。

4. 对第三人的效力

在后让与担保法律关系存续期间,第三人负有不得侵害和妨碍债权人享有的后让与担保物权的义务。第三人明知担保人的担保标的物设置了后让与担保物权,仍然与担保人进行交易,取得担保标的物的权利的,应当承担不利于自己的后果。

5. 担保的债权范围和标的物范围

后让与担保设定之后,担保标的物并没有转移,仍然归担保人享有权利并依法占有。其基本效力是担保债务的清偿,保证债权实现。

后让与担保所担保的债权范围,依照《民法典》第389条关于担保物权担保范围的一般规定确定:(1)主债权及其利息的担保;(2)与主债权相关的违约金、损害赔偿金、保管担保财产和实现担保物权的费用;(3)如果当时人另有约定,则从其约定。

后让与担保的效力及于:(1)后让与担保的效力及于担保标的物本身;(2)后让与担保的效力及于担保标的物的从物;(3)后让与担保的效力及于担保标的物所产生的孳息,包括天然孳息和法定孳息;(4)后让与担保的效力及于担保标的物的代位物。

6. 担保标的物的利用和保管

在后让与担保期间,由于担保人仍然享有物权,因而,担保标的物依照担保人的意思被利用,担保人不必支付费用。后让与担保合同对担保标的物的利用有特别约定的,则依照约定进行利用。

担保标的物由担保人继续保管。担保人违反保管义务造成的担保标的物损害,是担保人的损失,损害赔偿权利实现获得的赔偿金,仍为担保物权的效力范围,继续为债权提供担保。

(三)后让与担保的实行和消灭

1. 后让与担保的实行

后让与担保所担保的债务已届清偿期,债务人没有清偿债务时,债权人即担保权人可以实行后让与担保物权,实现其债权。后让与担保的实行方式是以下两种。

(1)转让担保标的物的所有权或其他物权。

后让与担保的实行与让与担保的实行相反,是在债务不能清偿时,转让担保标的物的所有权或者其他物权。

(2)变价担保标的物取偿或者估价取得担保标的物的物权。

后让与担保的债务清偿,由于在担保权实现时担保标的物的权利已经转给担保权人,因而有以下两种方式:一是变价担保标的物取偿,二是估价取得担保标的物。如果后让与担保合同约定流押,则不符合《民法典》关于担保物权的原则规定,流押条款无效,应当按照上述担保过渡的规则处理。

2. 后让与担保的消灭

(1)因被担保的主债权的消灭而消灭。

被担保的主债权因清偿、抵销等原因而消灭时,后让与担保即失去其存在的目的,后让与担保消灭。

(2)因后让与担保物权的实行而消灭。

担保权人实行后让与担保物权之后,后让与担保的任务已经完成,后让与担保当然消灭,不复存在。

(3)因担保标的物所有权及其他物权的消灭而消灭。

在后让与担保存续期间,如果担保标的物的所有权消灭,例如担保标的物混同、灭失、被征收、权利人为处分行为,后让与担保权随之消灭。

课后习题

1. 优先权为什么是担保物权?
2. 所有权保留的概念和特征是什么?
3. 让与担保标的物的范围如何确定?

第十七章 占 有

【学习目标】
1. 了解占有的概念、特征及功能。
2. 了解占有的成立及分类。
3. 了解占有的效力及保护。
4. 了解准占有的概念、构成要件及效力。

【引导案例】

甲在草场发现一只走散的绵羊,领回家中饲养。乙听说此事,找到甲,声称该只绵羊是自己家的,要领回去。甲查问乙家绵羊的特点,与他牵回的绵羊没有相似之处,便拒绝将绵羊交给乙。乙向法院起诉,请求判决甲返还其侵占的绵羊。

在法庭上,乙没有提供充足证据证明自己是绵羊的所有权人。乙主张甲应提供其对争议绵羊具有所有权的证据,甲没有证明。法院判决甲为合法占有,不构成侵权,驳回乙的诉讼请求。

请结合本章内容思考:
(1)甲对绵羊是否构成占有?
(2)甲对绵羊的占有,是何种类型的占有?
(3)作为占有人,甲对于该绵羊享有何种权利?
(4)你认为法院对本案的判决对吗?

【评析】

在本案中,甲把在草场发现的失散的绵羊领回家中饲养,就已经占有了这只羊。按照占有成立的条件看,甲符合占有的主体的要求。甲占有的客体是绵羊,是有体物,符合占有客体的要求。在占有的客观方面,甲对绵羊具有事实上的管领力,实际上控制了这只绵羊。在占有的主观方面,甲作为占有人,对占有的绵羊具有占有的意思,既不是对占有物的所有意思,也不是单纯的不以任何意思为要件,只是单纯的事实上的支配。

这种占有是无权占有、善意占有、和平占有、公然占有和单独占有。甲在占有该绵羊之后,就享有了占有的权利,可以使用该物,并享有就该物取得收益的权利。

乙获悉甲占有该绵羊后,声称该只绵羊是自己家的并主张领回,但没有举出其对该只绵羊享有所有权的充分证据,甲拒绝将绵羊交给乙,是正当行为。当发生诉讼的时候,按照举证责任的规则,乙作为原告,应当举证证明自己对争议绵羊享有所有权。但其举证不足，无法证明自己主张的事实。反之，乙让甲提供其对绵羊享有所有权的证据，则不符合证据规则的要求。因此，法院判决甲为合法占有，不构成侵权，并驳回乙的诉讼请求，是正确的。

第一节　占　有　概　述

一、占有的概念和特征

（一）占有的概念

占有，是指人对物具有事实上的管领力的一种状态。因此，《民法典》物权编单设第五分编专门规定占有的规则。《民法典》第458条规定："基于合同关系等产生的占有，有关不动产或者动产的使用、收益、违约责任等，按照合同约定；合同没有约定或者约定不明确的，依照有关法律规定。"

与占有相类似的概念是持有。持有，是指对物的一种事实上的控制状态，是在刑法上经常使用的概念，包括对物的实际占有、携存、藏有、保存或者以其他方式的拥有。二者尽管均对物具有事实上的管领力，却是不同的概念。其主要区别在于以下几点。

一是占有可以依抽象状态而成立间接占有，持有不具有这样的效力。

二是占有人于占有物上行使的权利，推定其适法有此权利，持有无此推定。

三是占有可以转移、继承，持有不得转移、继承。

四是禁止流通物不能成为占有的标的物，但是可以成为持有的标的物。据此，在民法上不应使用持有的概念。

（二）占有的法律特征

1. 占有以物为标的物

占有的标的物须为物。对于不以物的占有而成立的财产权，如地役权和债权，不得成立占有，而得成立准占有。所谓物，包括动产、不动产、固体、气体及液体等。这些物无论其为私有或公有，皆可成立占有。

不过，在占有的成立上，对动产占有的认定标准通常较对不动产占有的认定标准严格，这是因为不动产不易移动或隐藏。例如，深山中的别墅，即使被闲置二年，其占有也不受影响。但若将照相机遗忘于风景区，经过一段时间，即可被认定为丧失占有，成为遗失物。另外，占有还可存在于物的成分上，无论重要成分还是非重要成分，只要事实上可以被人直接管领，其皆可成为占有的标的物。此种对物的部分为占有，称为部分占有。

2. 占有是指对于物有事实上的管领力

占有属于人对物的关系，这种关系表现为人对物有事实上的管领力。至于物是否放置于一定位置，或是否标示为某人所有，均与占有的成立无关，此项管领力的有无，应依一般社会观念决定，不以占有人与标的物有身体或物理上的接触为必要。

3. 占有是一种法律保护的事实状态

占有不是一种权利，只是一种事实状态。这种事实状态就是一种对于物的实际控制。我国法律对这种事实状态没有认定为权利，而是在《民法典》物权编中对这种事实状态予以法律保护，使其具有准物权的性质。

二、占有的功能

占有在法律上具有以下三项功能。

（一）保护功能

占有的保护功能，是指占有具有保护现实存在的状态不受第三人侵犯，从而维护法律秩序稳定的功能。占有是对物的一种事实上的控制状态，这种状态一旦存在，即应受到保护，不管这种状态是来源于合法的权利，还是占有人通过非法手段而取得的，这种事实上的支配状态构成一种重要的法律地位。

占有人对物的外在的——通过空间联系的——事实上支配的可能性，以及其所具有的占有意思，在法律上被看作是真实权利状态的表达和象征。即使占有人是非法占有，但是除非前权利人在其对物的占有被剥夺后立即采取自力救济措施，否则在经过一段时间后，由于非法占有人对物的支配关系具有一定程度上的稳定性，为了防止私人执法与暴力行为，法律不允许权利人以自力救济的方式去解除占有人对物的占有。此种解除行为必须通过司法程序由司法机关采取公共执法的方式进行。否则，社会秩序将变得极不安宁、极不和平，人与人之间的关系可能陷入所谓的"丛林规则"。

占有的保护功能体现在以下两个方面。

第一，禁止任何人以私人的力量对占有的现状加以改变，以防止私人执法和暴力行为，维持社会生活的和平、稳定。如果违反占有人的意思而侵夺或妨害其占有，且其侵夺或妨害非法律所允许，则其行为应作为法律禁止的不法行为。如果某人非法占有他人的不动产，则除非该所有人当即采取措施排除侵害，恢复占有，否则所有人只能通过法院实现其返还占有的请求权。

第二，通过侵权法以及不当得利法对占有给予的保护。占有属于侵权行为法保护的客体，当占有受到侵权行为的侵害时，可以得到侵权法的保护。在符合给付型不当得利或侵害型不当得利的构成要件时，占有可以受到不当得利的法律规定的保护。

正因为如此，我国《民法典》第462条第1款规定："占有的不动产或者动产被侵占的，占有人有权请求返还原物；对妨害占有的行为，占有人有权请求排除妨害或者消除危险；因侵占或者妨害造成损害的，占有人有权请求损害赔偿。"这一规定体现了上述两个方面的保护功能。

(二) 公示功能

占有的公示功能,是指占有具有的表彰本权的作用。占有是人类法律史中最为悠久的一种公示方法,占有人对某物的占有,就将他在该物上的权利向外界加以展示。这一方法所体现的就是占有制度的公示功能。应当注意的是,占有的公示功能主要是对动产而言的,不动产物权是通过登记加以公示的,对此占有不能起到公示的功能。占有的公示功能主要体现在三个方面。

1. 权利转移效力

权利转移的效力,就是占有的交付向外界展示了动产物权的变动。依据《民法典》第224条的规定,动产物权的设立和转让,自交付时发生效力,但法律另有规定的除外。

2. 权利推定效力

依据占有,可以推定占有人对占有物享有权利,而占有人无须对其权利的存在加以证明。若否认该推定,应由对此有异议的人通过反证予以推翻。

3. 善意取得效力

占有,是善意取得的主要要件,只有占有某物才能够对占有的物发生善意取得的后果。如果没有占有,则无法成立善意取得。

(三) 持续功能

持续的功能也称继续功能,是指占有人对占有物具有继续使用的权利。在某些情况下,为了保障占有人对其占有物具有继续使用的利益,占有制度保护合法占有人不受所有权人的权利继受人的侵犯。占有制度具有此项功能的原因,在于维护经济秩序的客观、公平。

第二节　占有的成立和分类

一、占有的成立

(一) 占有意思

占有的成立,应当具备两个条件:事实上的管领力和占有人具有占有的意思。

占有的意思是指占有人意识到自己正在占有某物,行为人如果对自己占有某物毫无意识,或者意识到或应当意识到是在为他人占有某物,则不具有占有的意思,因此,无意识的占有、占有辅助人的占有都不构成占有。

此外,占有的意思并不意味着占有人应当具有为自己的利益而占有的意图,例如某人在拾得他人的遗失物后希望尽快返还原主,此时其并不具有为自己的利益而占有该物的意图,但是仍然构成占有。

（二）占有的构成

1. 占有的主体

在占有关系中，对物为事实上管领的人称为占有人。由于占有是一种事实行为而非法律行为，因而法律对占有人的主体资格没有限制，任何民事主体都可以成为占有的主体，不限于完全民事行为能力人。自然人有自然的意思能力即可，不必有行为能力，因占有的行为而取得占有。

在占有的继承中，不以继承人具有自然的意思能力为必要，婴儿甚至胎儿均可因继承而取得占有。法人由其机关对占有物实施管领时，法人为占有人。

2. 占有的客体

占有的客体为物，且以有体物为限。按照我国《民法典》的规定，占有的对象包括动产和不动产。物的性质，无论是公物还是私物，无论是否可以为本权的客体，无论是物的整体还是部分，也无论是否为有主物，无论是否为遗失物或者违法所得之物，均可成为占有的客体。

法律禁止私人持有的物，例如枪支、弹药等，不得为占有的客体。至于法律禁止流通或者限制流通的物，可以成为占有的客体。物的各个构成部分，无论属其重要部分还是非重要部分，凡可以在事实上单独加以控制的，均可作为占有的客体。对非以物的占有为要件的占有，成立准占有。

3. 占有的客观方面

占有的客观方面，也就是对物具有事实上的管领。占有为社会事实，应当依照社会观念斟酌外部可以认识的空间关系、时间关系和法律关系加以认定。空间关系是指占有人对物的支配必须是现实的，人与物之间在空间上存在结合关系，并足以使他人认识到该物与该人的这种结合关系。在一般情况下，空间关系表现为占有人对物的直接控制，但是某物虽然并不为某人所直接控制，但并没有脱离其支配力的，也被认为具有事实上的结合关系。

时间关系是指人与物的关系在时间上须有相当的持续性，使他人足以认为该物为该人在事实上所管领。仅有短暂的控制不构成占有。

同时，占有也必须是现实的，如果过去对物支配过或将来可能支配某物，均不构成现实的占有关系。

法律关系是指法律上的占有因不以占有人亲自支配占有物为必要，所以可以依照某种法律关系是否存在来认定占有是否存在。

4. 占有的主观方面

占有的主观方面，是指占有人对占有物具有占有的意思，这种占有的意思既不是对占有物的所有意思，也不是单纯的不以任何意思为要件，只要求单纯的事实上的支配的意思。要构成占有，除了要有占有人对物的事实上的管领之外，还应当对物具有管领的意思,这种管领的意思应当是确定的、自觉的、有意识的,至于是为自己的利益,还是为他人的利益而加以管领,并不影响占有意思的构成。

二、占有的分类

(一) 有权占有与无权占有

依据占有人是否是基于本权而对物进行占有,可以将占有分为有权占有和无权占有。本权是指基于法律上的原因而享有的包含占有物在内的权利,如所有权、租赁权、质权、留置权等权利都是本权。占有人基于本权而对物进行的占有,为有权占有;占有人无本权而对物的占有,为无权占有。不动产或者动产的占有,除有相反证据证明外,推定为有权占有。

区分有权占有与无权占有的意义在于以下几点。

第一,无权占有人在权利人请求返还占有物时,负有返还的义务;而有权占有人可以拒绝他人包括所有权人在内的返还请求权。

第二,作为留置权成立要件的占有必须是有权占有,如果是无权占有,则占有人不因此而享有留置权。

对无权占有又可以作更详细的分类,主要的分类如下。

1. 善意占有与恶意占有

善意占有是指占有人不知道也不可能知道自己的占有为不法,误以为自己的占有是合法占有。如果占有他人财产的人明知或应当知道其占有无法律根据,则为恶意占有。按照《民法典》第459条规定的精神,无权占有分为善意占有和恶意占有。

区分善意占有与恶意占有的意义是:第一,能否适用动产善意取得制度不同。只有善意占有人才能依据动产善意取得制度而取得动产所有权或者他物权。第二,在其他的法律效果,如占有人的责任、占有人的收益取得权、占有人的费用偿还请求权等方面,也有不同。

2. 暴力占有与和平占有

依据占有手段的不同,可以将无权占有分为暴力占有与和平占有。暴力占有是指通过暴力手段而取得对某物的占有,如通过抢劫或抢夺而取得对他人财物的占有;和平占有则是并非通过暴力手段取得对某物的占有,如购买窃贼出售的赃物。

3. 公然占有与隐秘占有

公然占有,是指以公开的方式而进行的无权占有;隐秘占有是指以秘密方式、为避免他人发现而为的无权占有。

和平占有与暴力占有、公然占有与隐秘占有在能否适用取得时效上有所不同。和平的、公然的占有可以适用取得时效,而暴力的、隐秘的占有则不适用取得时效。

(二) 自主占有与他主占有

依照占有人是否具有所有的意思而为占有的标准，占有可以分为自主占有和他主占有。

自主占有是指占有人以所有的意思（即以所有人的名义）对物进行占有，如所有人对所有物的占有。非所有人以所有人的名义占有他人财产，也构成自主占有，如窃贼占有赃物并宣称其为所有人；某人误将他人的财产认为是自己的财产而加以占有等。

他主占有是以非所有的意思（即非以所有人的名义）对物进行占有。如保管人以保管人名义占有为他人保管的物品；承租人以承租人的名义占有租赁物等。

自主占有与他主占有的区别仅仅在于占有人是否具有所有的意思。占有人的占有意思存在于占有人的主观方面，且占有人的意思也可能会发生变化，所以，须以占有人表现于外部的意思为判定标准。由于自主占有是依据时效取得动产所有权的最主要的条件，因而，对占有人是否具有所有的意思的认定是十分重要的。其证明责任在于主张者，主张成立依占有时效取得占有的，应当负担自主占有的证明责任。

(三) 直接占有与间接占有

依据占有人与占有物是否具有直接的关系，可将占有分为直接占有与间接占有。

直接占有是指直接对物具有事实上的管领力的占有，即占有人与物之间具有直接的关系，间接占有是指占有人并不直接管领物，而是依据一定的法律关系而享有的对物的间接的支配关系。此处所称的"一定的法律关系"也叫作占有媒介关系，是指能够在一定的时间内就他人之物进行事实上的管领的某种法律关系。

原初意义上的占有仅指直接占有，间接占有是德国民法扩张占有概念的产物。通过此种扩张，使民法上关于占有的规定原则上也能适用于间接占有，而且动产的交付可以采取占有改定的方式，使交易更为便捷。

(四) 自己占有与占有辅助

自己占有是指占有人自己对物进行事实上的管领；占有辅助是指基于特定的从属关系，受他人的指示而对物进行事实上的管领。

占有辅助关系的成立以受他人指示而对物加以控制为要件，即占有人与占有辅助人之间存在命令与服从的从属关系。这种从属关系基于公法或者私法、合同或者法律而成立。在占有辅助关系中，指示人为直接占有人，而对物进行事实上管领的人为占有辅助人。

占有辅助与间接占有的区别在于：占有辅助人服从他人的指示，而间接占有人无须听从他人的指示，因此占有辅助人本身不是占有人，但间接占有人属于占有人。

应当注意的是，占有辅助与代理是有区别的。代理只能适用于法律行为，事实行为不能代理，因此不存在占有代理的情形。但是，占有辅助能够发挥占有代理的功能。

(五) 单独占有与共同占有

单独占有是指一个人对物而为占有。在单独占有中,部分占有也属于单独占有。部分占有人可以将其占有的部分转移于他人,部分占有人之间的占有彼此独立,他们之间可以相互主张占有的保护。

共同占有是指数人对一个物所进行的占有。共同占有可以分为:分别的共同占有和共有的共同占有。

1. 分别的共同占有

分别的共同占有也叫单纯共同占有或通常共同占有,是指各个共同占有人在不妨害其他共同占有人的情况下,可以单独地管领其物。如多人合租一套公寓,各人均可占有公用的厅堂或走廊。

2. 共有的共同占有

共有的共同占有也称为公同共同占有,是指多个占有人只能就占有物保有一项单独的管领力。如甲、乙二人共同将某物锁在某个保险柜中,每人一把钥匙,只有两把钥匙一起使用才能打开该保险柜。共有的共同占有无须占有人之间存在共有关系,只要求事实上的相互指示和行使占有时的相应行为。

无论是分别的共同占有还是共有的共同占有,各共同占有人均可单独对第三人或其他共同占有人请求占有的保护,但各个共同占有人之间就其占有物使用的范围已经确定时,则不能相互请求占有的保护。

(六) 继续占有与非继续占有

继续占有是指对占有物为不间断地占有。非继续占有是指占有曾经中断,即占有人的占有曾因某种原因而丧失,其后又恢复对同一物的占有。

区别继续占有和非继续占有的意义,在于因时效取得物的所有权必须以继续占有一定期间为要件。

第三节 占有的取得、变更和消灭

一、占有的取得

占有作为一种事实,可因法律行为、事实行为以及某种自然事件而发生。法律行为诸如物权的转移与设定、买卖、租赁、借贷等;事实行为诸如建造房屋、狩取猎物、无主物的先占等;自然事件诸如果实落入邻人院内等。

就占有人直接取得的占有而言,可以把占有分为原始取得和继受取得。

(一) 占有的原始取得

占有的原始取得,是指不基于他人转移占有而直接取得对某物的占有,即占有人基于事实上的管领力而原始取得占有。原始取得的行为主要是事实行为而非法律行为。凡是直接而现实地得以自由支配其物者,即属于对物有事实上的管领力。

占有的原始取得应当具备两个条件:一是该占有必须是外界可识别的;二是由于占有需要具有占有的意思,所以,在一般情况下,无民事行为能力人不能原始取得占有,只能继受取得占有,但事实行为取得除外。

1. 先占

先占,是指依自己的单方事实行为,先于他人取得无主物的占有。先占是取得所有权的基本前提。其要件是:(1)先占的客体为无主物,先占人开始占有时,该物不属于任何人;(2)先占人须有占有该物的意思,占有人如果是基于所有的意思而占有,则取得所有权;(3)先占人须事实上取得对该物的实际控制。

2. 侵占

侵占,是指不经原占有人许可而占有他人的占有物。侵占的方式,可以是强力取得,也可以是秘密窃取,二者都不具有原占有人转移占有的意思,因而属于占有的原始取得。侵占的性质属于无权占有中的瑕疵占有。

3. 遗失物拾得

遗失物拾得,是指因原占有人的疏忽而使其占有物脱离了自己的占有,后为他人发现并拾得而取得占有。拾得为事实行为,是由发现和拾得两个行为结合而成的,即使是无行为能力人也可以成为拾得人。

4. 其他原始取得

其他的占有原始取得,诸如生产产品、修造房屋、收取天然物的孳息等。

(二)占有的继受取得

占有的继受取得,是指当事人基于他人既存的占有转移而取得占有。其主要包括通过法律行为或者继承而取得占有。占有的继受取得分为占有让与和占有概括承受两种形式。

1. 占有让与

占有的让与,是指依据原占有人让与占有的意思,而使受让人取得占有。构成占有让与除了当事人之间达成占有转移的合意之外,还须有占有物的交付才能完成。

占有的让与多基于一定的基础法律行为而发生,诸如:转移财产所有权的合同关系;转移财产使用权的合同关系;转移财产占有权的合同关系;质权的设定;以及其他物权如建设用地使用权、地役权的转移等。占有让与的具体规则,通常准用财产所有权让与的规则。

2. 占有概括承受

占有概括承受,是指依据某种法定事实而取得占有。其中,以因继承而取得占有为最主要的形式,另外,法人解散或者合并也会发生法人财产占有的概括承受。占有的继承，以继承开始时被继承人占有该物为要件，至于继承人是否已经占有该物，则在所不问。被继承人对占有物的占有状态直接转移于继承人，即原占有是何性质，发生继承后仍然是该性质。

二、占有的变更

占有的变更，是指在不丧失占有的前提下，占有从一种类型转向另一种类型。占有的变更也叫占有状态的改变或者占有名义的改变。主要的占有变更有以下几类。

（一）有权占有变为无权占有

有权占有与无权占有的区别在于占有有无本权。当占有人丧失其本权后仍为占有的，则有权占有变为无权占有。例如，承租人在租赁期限届满仍拒不向出租人返还租赁物时，其有权占有变为无权占有。

当占有人的有权占有变更为无权占有时，物的所有权人有权行使返还请求权，要求无权占有人返还原物。

（二）善意占有变为恶意占有

善意占有与恶意占有的区别在于占有人是否知道其占有为无权占有。当无权占有人知道或者应当知道其占有没有合法根据之时，善意占有变为恶意占有。例如，占有人于取得占有后被告知其占有物系盗赃物，则占有人的占有变为恶意占有。又如，善意占有人在本权诉讼败诉时，自判决或仲裁裁决生效之日起，被视为恶意占有。至于恶意占有是否可以变更为善意占有，虽然在理论上不无可能，但在实践中较为少见。

（三）无瑕疵占有变为瑕疵占有

瑕疵占有和无瑕疵占有的区别在于取得或者维持占有的手段不同。以和平的手段取得占有后，占有物所有人向占有人主张物的返还请求权时，占有人明知自己为无权占有，但仍以强力手段拒绝返还的，其占有即变更为瑕疵占有。

（四）他主占有变为自主占有

自主占有与他主占有的区别在于占有人是否具有为自己所有的意思。当他主占有人向使自己成为占有人的人表示了所有的意思时，他主占有成为自主占有。例如，承租人向出租人表示的是租赁物的所有权人，此时承租人所进行的他主占有变为自主占有。这种他主占有人所作的表示为单方法律行为，一经作出即生效力。

三、占有的消灭

占有的消灭，是指占有人丧失对占有物的事实上的管领力。能够引起占有消灭的原因有占有物灭失、占有物被没收、占有物被征收等。

（一）直接占有的消灭

当占有人丧失了对某物的事实上的管领力时，就消灭了直接占有。这种占有消灭，一是基于占有人的意思而消灭，可因交付行为或者单方行为而发生，例如，将占有物交付于买受人、将某物赠与他人、抛弃占有物等，都是基于占有人的意思而消灭。二是非基于占有人的意思而消灭，例如，占有物被窃、遗失等。占有物被他人侵夺，占有人未能恢复其占有的，也消灭占有。

应当注意的是，占有物虽然一时性地脱离占有人的实际控制，但依社会的一般观念，尚不构成占有丧失的，占有不消灭。例如，因交通违章而使车辆被扣，虽然丧失了占有，但是数日内能够领回的，因此不为占有消灭。

（二）间接占有的消灭

1. 直接占有人丧失占有

当直接占有人丧失占有时，无论丧失的原因是什么，因间接占有已经无所依附，所以间接占有归于消灭。

2. 直接占有人不承认间接占有

间接占有的确立在于直接占有人的承认。如果直接占有人已经不承认间接占有，那么间接占有消灭。

3. 丧失返还请求权

间接占有人基于一定的法律关系对事实上占有其物的人享有返还请求权。如果此项请求权因期间经过或者解除条件成就而消灭，则间接占有也归于消灭。

第四节 占有的效力和保护

一、占有的效力

占有的效力，是指占有发生之后，在占有人与财产所有人以及其他任何人之间依据法律所产生的权利和义务。因此，占有的效力就是占有的内容，包括占有人对占有的财产所享有的权利，以及其他人对该项占有负有的不得侵害的义务。

（一）占有的权利

占有的权利反映的是占有人与非占有人之间的关系。占有作为对物的实际控制，并非只为维持占有的事实状态，而是为了实现一定的财产利益。善意、有偿地占有某物，占有人的目的是取得该物的所有权，当然包括占有、使用、收益、处分的全部权能。无权占有人以自己所有的意思，善意、公开、不间断地占有他人的财产，依照占有时效的规定，经过一定的期间就可以取得该项财产的所有权。

占有的主要权利如下。

1. 使用该物的权利

财产占有人对其占有的财产,依法可以使用,可以根据占有物的性能,按照该项财产的用途进行合理使用,以发挥该占有物的使用价值。

2. 就该物取得收益的权利

财产占有人使用占有物的目的,在于发挥该占有物的效益,创造新的价值,增加自己的财富。所以,收益权是占有人的一项重要权利。

善意占有人因误信自己对占有物享有使用、收益权而对其进行使用、收益时,其如果应当返还占有物,则在返还占有物的同时,有权对已经取得的收益不予返还,对已经进行的使用,有权不予补偿。

依据占有形态的不同,有的占有不包括上述使用权和收益权。例如,保管人依保管合同合法占有被保管的财产,负有妥善保管的义务,但不得对该项财产使用、收益。因为保管合同只转移占有权,而不转移使用收益权。

(二) 占有的义务

占有的权利虽然与所有权有所区别,但这种权利相对于真正的财产所有权以外的任何人,仍然具有绝对性的效力。因此,占有的义务分为相对义务和绝对义务。

1. 占有的相对义务

占有的相对义务是财产所有人与占有人之间的义务,财产所有人将财产交占有人占有,如果没有法律的特别规定,在占有期内,占有权高于所有权。财产所有人在占有期内负有维持这种占有状态的义务,财产所有人不能任意改变财产占有人占有该财产的状态。由于财产所有人是财产的真正主人,因而财产所有人有权追回其所有的财产,而改变占有人占有该项财产的状态。这种不得侵害合法占有权的义务是相对的;违反约定而改变占有关系的,应当承担相应的民事责任。

2. 占有的绝对义务

占有的绝对义务,是指除财产所有人以外的其他任何人,都对占有人占有的财产负有不得侵犯的义务,都必须维护这种占有的状态。这种义务是不作为的义务,只要不采取积极行为改变财产占有权人的占有状态,就履行了义务。这种义务主体,为财产所有权人以外的其他任何第三人,只有在善意取得情况下,因善意占有人即时取得财产所有权,故原财产所有人不得追夺该项财产,也不能责令善意取得人赔偿其损失。

(三) 占有的特别效力

依照法律规定,占有除了发生一般的占有的权利和占有的义务之外,还产生一些特别的效力,主题表现在下述方面。

1. 权利推定

在没有相反证据时,法律推定动产的占有人对占有物所行使的权利,就是该占有人依法享有的权利。如在无相反证据时,甲占有一电视机,法律就推定甲是该电视机的所有人。法律这样规定,是为了保护占有的事实状态,稳定现实的占有关系。

由于不动产物权是根据不动产的登记而确定的,因而,不能推定占有不动产的人就是权利人,而只能认定不动产的登记人享有登记所确定的权利。

2. 善意取得

无权处分他人财产的财产占有人,不法将其占有的财产转让给第三人以后,受让人在取得该财产时若出于善意,即依法取得该财产的所有权,原财产所有权人不得要求受让人返还财产,只能请求转让人赔偿损失。占有构成善意取得的,发生所有权转移的效力。

3. 占有人对返还原物请求人的权利与义务

占有人在向占有物所有人返还原物时,根据其善意还是恶意,占有人具有不同的权利和义务:

(1)善意占有人的权利、义务。

当占有物因善意占有人的原因而毁损、灭失时,善意占有人仅就其所获得的利益为限承担赔偿责任。如果占有物因不可抗力毁损、灭失,善意占有人不负赔偿责任。占有物被遗失或被盗窃,善意占有人也不负赔偿责任。上述内容只适用于善意占有人为自主占有的情形。

《民法典》第 459 条规定:"占有人因使用占有的不动产或者动产,致使该不动产或者动产受到损害的,恶意占有人应当承担赔偿责任。"第 461 条规定:"占有的不动产或者动产毁损、灭失,该不动产或者动产的权利人请求赔偿的,占有人应当将因毁损、灭失取得的保险金、赔偿金或者补偿金等返还给权利人;权利人的损害未得到足够弥补的,恶意占有人还应当赔偿损失。"善意占有人不承担不足部分的损害赔偿责任。

此外,善意占有人在返还占有物时,有权请求所有人补偿因保存占有物而支出的必要费用和改良占有物支出的费用。《民法典》第 460 条规定:"不动产或者动产被占有人占有的,权利人可以请求返还原物及其孳息;但是,应当支付善意占有人因维护该不动产或者动产支出的必要费用。"

(2)恶意占有人的权利、义务。

当占有物因恶意占有人的原因而毁损、灭失时,恶意占有人应承担全部赔偿责任。但占有物因不可抗力而毁损、灭失的,恶意占有人不承担赔偿责任。

恶意占有人在返还占有物时,应返还其获得的全部收益和使用费,亦不得扣除因维护占有物支出的必要费用。

占有物毁损、灭失获得保险金、赔偿金或者补偿金,将其返还给所有权人也未能使其得到足够弥补的,恶意占有人还应当赔偿损失。恶意占有人仅在对损害的发生没有过错的情况下,不承担损害赔偿责任。

二、占有的保护

(一) 占有保护的概念和种类

占有保护,是指在他人以法律所禁止的私力侵害占有时,给占有人提供的法律救济。

《民法典》第 462 条规定:"占有的不动产或者动产被侵占的,占有人有权请求返还原物;对妨害占有的行为,占有人有权请求排除妨害或者消除危险;因侵占或者妨害造成损害的,占有人有权依法请求损害赔偿。""占有人返还原物的请求权,自侵占发生之日起 1 年内未行使的,该请求权消灭。"

这里规定的就是对占有保护的基本规则。按照这一规定,民法对占有的保护可分为物权法上的保护与债权法上的保护。物权法上的保护包括占有人的自力救济、占有保护请求权;债权法上的保护包括不当得利返还与侵权损害赔偿请求权。

(二) 占有保护的原因

1. 占有保护的原因行为

对占有的保护,无论是物权法上的保护还是债法上的保护,其原因都是以占有受到侵夺或者妨害为必要。

(1) 侵夺。

对占有的侵夺,是指占有人对占有物的事实上的管领力,因被侵害而被持续地剥夺,侵夺人违反了占有人的意思而强行将占有物的全部或者一部分纳入自己的管领或者控制范围。如将他人的房屋霸占归为己用,或者抢走他人的物品为自己使用。此外,占有辅助人未经占有人的同意而擅自将自己管领的物予以抛弃的,也构成对占有的侵夺。侵夺人对占有的侵夺可以是为了自己取得占有,也可以是为了第三人取得占有。

(2) 妨害。

对占有的妨害,是指虽未剥夺占有人对占有物的全部或一部的管领力,但是妨害了占有人对其物的管领,以致占有人的利益遭受损害。如将污水排入占有人占有的土地或者房屋中,造成权利行使的障碍。

2. 占有保护原因的构成

侵夺占有或者妨害占有须具备以下构成要件。

(1) 存在侵夺占有或者妨害占有的行为。

侵夺占有和妨害占有,都是作为的行为方式,都必须具备外界可以察知的积极行为。他人如果实施的只是消极的行为,则不构成侵夺占有或者妨害占有的行为。

(2) 非基于占有人的意思。

侵夺占有和妨害占有,必须非基于占有人的意思而为。如果尽管存在对占有物的"侵夺"或者"妨害"的行为,但占有人表示了同意,则不构成对占有的侵夺或者妨害。但是,如果占有人的这种同意是在侵夺或者妨害之前作出的,占有人可以随时撤回。同意撤回之后,侵夺和妨害行为仍然是非基于占有人的意思而为的。

(3)行为具有违法性。

侵夺占有和妨害占有必须具有行为的违法性。如果侵夺占有或者妨害占有的人具有阻却违法事由,则行为不具有违法性,正当防卫、自助行为、基于相邻关系而产生的容忍义务,或者法院依法强制执行,都不构成侵夺和妨害。

(三)占有保护的物权救济方法

1. 自力救济

针对妨害占有或者侵夺占有的行为,法律赋予占有人自力救济的权利(也称自助),即占有人有权依靠私人的力量排除侵夺或者妨害。

占有保护的自力救济包括自力防卫权和取回权。

(1)自力防卫权。

自力防卫权是指占有人对于侵夺或者妨害其占有的行为,可以自力加以防御的权利。它是正当防卫权在占有保护上的特殊表现。法律之所以承认占有人针对侵夺或者其占有的行为享有自力防卫权,是因为占有现状急需保持,难以从容请求公力救济。因此,只有直接占有人才享有自力防卫权,间接占有人不享有该权利。

就恶意或者其他有瑕疵占有的占有人而言,虽然也有自力防卫权,但是针对其所侵夺的原占有人及其辅助人行使的自力防卫权或取回权不得行使自力防卫权。应当注意的是,占有人的自力防卫权不同于刑法中的正当防卫。前者是占有人针对侵害自身财产利益的行为而进行的,后者则是针对侵害自身或者他人的人身、财产利益的行为而进行的。

(2)取回权。

占有物取回权是指占有人对于已经完成的对占有物的侵夺,可以即时以自力取回占有物而恢复占有的权利。就占有人的取回权而言,因占有物是动产还是不动产而存在差异。如果占有物是动产,当占有人的动产因法律禁止的不法行为而被侵夺时,占有人可以向加害人当场或追踪以强力即时加以取回。

当场,是指依据社会一般的观念,排除对占有物的侵夺而立即取回占有物所需要的最短的时间。而追踪,则是指加害人虽然已经离开占有人事实上管领能力所及的地方,但是仍然处于占有人尾随追赶的过程中。如果占有物是不动产,法律禁止的不法行为侵夺其占有时,占有人可以在受侵夺后立即排除行为人的侵害,恢复占有。因为不动产的占有被侵夺时,不存在侵夺人可以携带占有物逃走的情形,所以要求占有人立即实施取回权。

2. 占有保护请求权

占有保护请求权,是占有人对占有的公力救济,即请求国家有权机关通过运用国家强制力来保护其占有。

(1) 占有物返还请求权。

当占有人的占有被侵夺时,占有人有权请求返还占有物。《民法典》第 462 条第 1 款规定,"占有的不动产或者动产被侵占的,占有人有权请求返还原物"。有权行使占有物返还请求权的人,不仅包括直接占有人,也包括间接占有人;不仅包括有权占有人,也包括无权占有人,但占有辅助人不能享有此项权利。

占有物返还请求权所指向的对象是侵夺占有物的人及其继承人。但是善意的特定继承人符合善意取得规定的情况下,其占有受到法律保护,该请求权不得针对该继承人。此外,即使侵夺人对占有物享有实体的权利,如所有人或出租人,占有人亦得针对其行使返还请求权。

(2) 排除妨害请求权。

当占有人的占有被妨害时,占有人有权行使排除妨害请求权。享有排除妨害请求权的人是占有人,而相对人为妨害其占有的行为人。

(3) 消除危险请求权。

当占有人的占有虽未被现实地妨害,但是存在妨害的危险时,占有人有权请求消除危险。

上述各项请求权均有一定的期间的限制,如果超过一定的期限不行使,则权利归于消灭。《民法典》第 462 条第 2 款规定返还原物请求权的时限为 1 年,该期限为除斥期间。

(四) 占有保护的债法保护方法

1. 损害赔偿请求权保护方法

占有受到侵夺或者妨害,如果已经造成占有人的财产利益损失,则成立侵权行为,占有人产生损害赔偿请求权。这种损害赔偿请求权就是对占有的债权保护方法。《民法典》第 462 条第 1 款后段规定:"因侵占或者妨害造成损害的,占有人有权请求损害赔偿。"

关于占有是否可以成为侵权行为的客体,学说上有两种不同的观点。否定说以占有是一种事实状态而不是权利作为立论根据,认为侵权行为的客体只能是合法的权利,占有既然是一种事实状态,就不能成为侵权行为的客体。肯定说则肯定占有可以成为侵权行为的客体,认为对占有之侵害,也成立侵权行为,因民法上的占有虽然不是权利,但是为法律所保护的事实状态。

占有构成侵权行为的客体,侵害占有构成侵权行为,应当承担侵权责任。至于所采取的立场,则是事实状态保护说。可以采用侵权损害赔偿请求权保护占有的,只能是有权占有人和善意的无权占有人,恶意占有人不享有这项权利。

侵权损害赔偿请求权所保护的占有利益损害,包括以下几个方面。

（1）占有物本身的损害，因占有物被第三人侵夺而毁损、灭失的，第三人对占有人应负损害赔偿责任；

（2）使用、收益的损害；

（3）支出费用的损害；

（4）责任损害，即因占有物被第三人侵夺而致毁损、灭失的，对恢复请求权人应负损害赔偿责任。

对取得时效损害，即占有人因占有物被侵夺，致时效中断而不能取得所有权而造成的损失，占有人不得请求损害赔偿。

2. 不当得利请求权的保护方法

占有是一种利益，可以成为不当得利的客体。因侵夺占有而取得利益的，侵夺人构成不当得利。对此，侵夺人应当承担返还不当利益于占有人的义务。如擅自利用他人的外墙壁悬挂广告牌而获利，在负有恢复占有人的占有的责任之外，还应当将获得的不当利益返还给墙壁的主人。

课后习题

1. 占有有哪些类型？
2. 构成占有须具备哪些要件？
3. 简述占有的取得、变更和消灭的规则。

课后习题参考答案

第一章 物权法概述

1. 狭义的物权法,是指民法典关于物权的规定,在现实中,通常表现为民法典的物权编,以及没有明确称为物权编的有关物权关系的专门规定。前者如《德国民法典》,后者如《法国民法典》。如果一个国家专门制定《物权法》,这个《物权法》就是狭义的物权法。

广义的物权法,是指调整物权关系即人对物的支配关系的法律规范的总称,不仅包括狭义的物权法即民法典的物权编或者《物权法》,还包括其他有关物权的单行法以及其他法律中关于物权的规定。

2. 物权法在总体上为私法;物权法为财产法;物权法宜被归入强行法;物权法为实体法;物权法具有本土性。

3. 物权类型强制;物权类型固定。

4. 明确权利的范围;避免物权关系复杂化;避免公示方法上的困难。

5. 第一,动产占有人按照公示方法转让动产物权,受让人是善意的,一旦其取得了动产标的物的占有就取得了物权。对原所有人受到的损害,只能由原所有人向无权处分人请求损害赔偿,但不能要求新的物权人返还原物。但受让人如果出于恶意,则不受公信力的保护。

第二,不动产经过登记而转让物权的,即使登记有瑕疵,受让人只要为善意的,登记后也即时取得物权。对原物权人损害的补救方法,是准许其要求有过错的出让人或者登记机关承担赔偿责任。

第三,受让人的善意,仅仅限于不知道且没有义务知道登记事项本身有瑕疵。登记事项之外的有关事实的瑕疵,则不受公信力的保护。

6. 物权公示的方法,必须依照法律规定的形式,也就是,不动产的物权变动必须经过登记,动产的物权变动则须交付。应当明确规定,除法律另有规定以外,不动产物权的设立、变更、转移和消灭应当登记,不登记不发生物权变动效力;动产所有权的转让以及动产质权的设立等,除法律另有规定或者当事人另有约定的以外,自交付时发生效力。另外也有特例,即土地、矿藏等自然资源是属于国家所有的不动产,可以不登记;船舶、飞行器和汽车是动产,但其物权的变动要经过登记,不登记不得对抗善意第三人。

第二章 物权概述

1.物权是指权利人依法对特定的物享有直接支配和排他的权利,包括所有权、用益物权,担保物权和占有(《民法典》第 114 条第 2 款)。

2.物权法律关系包含主体、内容和客体三个要素。物权法律关系的客体,是指凡是存在于人身之外,能够为人力所支配和控制,能够满足人们某种需要的财产,也就是物。《民法典》第 115 条规定:"物包括不动产和动产。法律规定权利作为物权客体的,依照其规定。"物权客体的特征主要包括:物权的客体必须是单一物;物权的客体必须是独立物;物权的客体主要是有体物;物权的客体必须是特定物。

3.物权的优先效力;物上请求权。

4.根据物权的权利主体是否是财产的所有人,物权可以分为自物权与他物权。这种分类是对物权进行的最基本分类。

5.物权的民法保护,按是否通过民事诉讼程序可以分为两种:一是物权的自我保护,传统民法上称之为自力救济;二是通过民事诉讼程序对物权的保护,传统民法上称之为公力救济。物权的自我保护,是指所有人行使其物权受到侵害时依法享有的请求权,即物权人在其物权受到侵害后,依据民法的规定,请求侵害人为一定的行为。这时,如果侵害人依物权人的请求为了一定的行为,如返还原物、排除妨碍、消除危险、赔偿损失,物权人的权利就得到了保护。可见,物权人行使请求权而保护其物权,是保护物权的一个重要方法。通过民事诉讼程序对物权的保护,是物权人在其物权受到侵害时,有权向法院提起民事诉讼,请求法院予以保护,恢复其被侵犯的合法权益,包括恢复物权人对其物的占有、使用、收益、处分权能的行使,赔偿物权人因受侵犯而受的损失。物权人在其物权受到侵害时,可以直接向侵害人提出请求;如果侵害人没有依物权人的请求为适当行为,物权人则可以向法院提起民事诉讼;物权人也可以直接向法院提起民事识讼,请求法院保护其物权。

第三章 物权变动

1.第一,在物权变动上,区分原则所要区分的,是物权变动的原因行为与结果行为(即处分行为),物权变动的原因行为是债法上的意思表示即债权行为,它不直接引起物权变动的结果,理由是原因行为发生时,物的处分行为还不存在,将来有可能不成就,但是无论如何,债权意思表示即合同是可以成立的。

第二,物权变动的原因行为的成立不以物权的变动为必要要件,而是根据该债权行为成立的自身要件予以判断,不能以物权变动是否成立为判断标准。因此,登记行为不是合同生效的要件,而是物权的公示要件。

第三,物权的变动以公示为基本表征,由法律规定的公示方式决定物权变动的效力,即以动产的交付和不动产的登记为必要条件,而不能认为基础关系或者原因关系的成立、生效就必然产生物权变动的结果。要产生物权变动的结果,就必须进行物权变动的公示。物权变动的成就只能是在物权变动的公示之时。如果合同生效后未发生动产的交付和不动产的登记,则权利人取得的只是请求交付的权利,即债权法上的权利,而没有取得对物的支配权。

2.公示有三个方面的效力:第一,决定物权变动能否生效的效力。第二,推定权利的效力。第三,善意保护与风险告知的效力。

3.现实交付;简易交付;指示交付;占有改定。

4.依法律规定办理完成的不动产物权登记,通常具有两项重要效力:权利推定力与登记公信力。

第四章 所 有 权

1.所有权属于物权,是所有人在法律规定的范围内,对属于自己的特定物全面支配和排他的权利。其特征主要包括:所有权是绝对权;所有权具有排他性;所有权是最完全的物权;所有权具有弹力性;所有权具有永久性。

2.所有权是所有制在法律上的反映,所有制说明的是所有权反映的经济性质。但是,所有权制度是独立于所有制的法律制度。所有权是所有制在法律上的表现,并不是说所有权的表现形式与所有制的表现形式相同。所有制表现为某个社会的基本经济制度,具体体现在生产、交换、分配和消费过程中;所有权表现为特定的权利主体对特定物的特定权利。

3.占有、使用、收益、处分。

4.原始取得;继受取得;善意取得;取得时效。

5.善意取得:受让人在受让时不知道转让人无处分权,即受让人主观上是善意;以合理价格有偿受让;转让的财产依照法律规定应当登记的已经登记,不需要登记的已经交付给受让人;转移占有的财产须是法律允许流通的动产和不动产。取得时效:须有为自己取得权利的主观意思;须有符合条件的占有或权利行使的事实状态;须以他人的财产或他人财产的用益为取得权利的客体;占有或权利行使事实状态须经过一定时间。

6.国家在社会主义初级阶段,坚持公有制为主体、多种所有制经济共同发展的基本经济制度。我国存在着三种所有制,即全民所有制、集体所有制和私人所有制,反映在法律上,《民法典》规定了国家所有权、集体所有权和私人所有权。这是以所有制为标准划定的三种类型的所有权。

第五章 建筑物区分所有权

1.建筑物区分所有权,是指区分所有建筑物的业主对其专有部分享有专有权,对共同使用部分享有共有权,以及相互之间对建筑物的整体享有管理权而构成的复合共有的建筑物所有权。其特征主要包括:建筑物区分所有权的客体具有整体性;建筑物区分所有权的内容具有多样性;建筑物区分所有权的本身具有统一性;建筑物区分所有权中的专有权具有主导性。

2. 业主对建筑物内的住宅、经营性用房等专有部分享有所有权,对专有部分以外的共有部分享有共有和共同管理的权利。

3. 所谓共有权,指业主依照法律、管理规约的规定或业主大会的决定,对区分所有建筑物内的住房或经营性用房的专有部分以外的共用部分所享有的占有、使用和收益的权利。

4. 区分所有建筑物的管理内容,分为物的管理和人的管理。

5. 业主大会是区分所有建筑物管理的最高决策机构,业主委员会是其执行机构。业主大会或者业主委员会可以聘任物业服务企业对区分所有建筑物进行管理。物业服务企业是受业主大会及其委员会委托执行管理建筑物事务的单位。

6. 权利:对共有部分的使用权;对共有部分的收益权;对共有部分的保存、单纯的修缮及改良权;物权请求权。义务:按照共有部分的本来用途使用共有部分;分担共同费用和负担;维护与保存共有部分的义务;征得同意的义务;恢复原状的义务;协助义务。

第六章 相 邻 关 系

1. 相邻关系,又称不动产相邻关系,是指相邻不动产的权利人之间,因行使不动产权利而需要相邻各方给以便利和接受限制,法律为调和此种冲突以谋求相邻各方之间的共同利益而直接规定的权利义务关系。

2. 相邻关系的实质,是对不动产所有人、用益物权人以及占有人行使所有权、用益物权或占有的合理延伸和必要限制,而不是一种独立的物权。

相邻关系对不动产财产权的合理延伸和必要限制,集中表现在相邻的不动产权利人一方对另一方行使权利提供必要的便利。提供必要的便利,是指如果不从相邻一方获得这种便利,便无法行使其权利;而相邻一方获得此种便利后,就使其权利得到延伸,也能够使其顺利地行使自权利,相邻的另一方则因提供此种便利而使其权利受到限制。

相邻关系对不动产财产权的合理延伸和必要限制,既不损害所有权人、用益物权人或者占有人的正当权益,同时也满足了对方的合理需要。因此相邻关系对于充分发挥财产的效用,减少纠纷,稳定社会经济秩序,加强人们之间的协作,都具有不可忽视的重要意义。

3. 有利生产、方便生活;团结互助、公平合理;尊重历史和习惯。

第七章 共 有 权

1. 共有权是指两个或两个以上的民事主体对同一项财产所共同享有的所有权。它的特征主要有:共有权的主体具有非单一性,共有物的所有权具有单一性,共有权的内容具有双重性,共有权具有意志或目的的共同性。

2. 共有关系的产生原因:基于当事人的意志而发生,基于法律的直接规定而发生,基于财产的性质而发生,基于共同行为而发生。

3.按份共有的内部关系,指共有人行使共有物的权利时,与其他共有人之间的权利义务关系,通常包括各共有人对共有物的使用收益、对共有物的处分及在共有物上设立负担、对共有物的管理以及各共有人对共有物的费用分担。

按份共有的外部关系,是指按份共有人与第三人间的法律关系。主要包括如下内容:

(1)各个按份共有人份额权可向第三人提出的各种请求。(2)各个按份共有人的对外责任。因共有物所生的对第三人的债务,无论债务可分与否,依《民法典》第307条的规定,在对该第三人的关系方面,各个按份共有人连带承担,除非法律另有规定或第三人知道共有人之间不具有连带债务关系。

4.共同共有人的权利:共同共有人对共有物共同享有所有权,故各个共有人的权利及于共有物的全部;在共同共有关系存续期间,当共有物被他人非法占有、受到他人非法侵害或有被妨害的危险时,任何共有人均可行使基于所有权的请求权,以保全共有物所有权的圆满状态;共有人侵害共有物时,其他共有人享有救济权;共同共有人享有物权请求权。

共同共有人的义务:对共有物的处分和重大修缮,原则上须获得全体共有人的同意;基于共同共有的特性,共同共有人就共有物享有的权利,须受产生该共同关系的法律的限制;共同共有人的连带债权、连带债务,因共有物而使共同共有人与第三人产生的债权,各个共同共有人享有连带债权,共同共有人对因共有物所产生的各类债务,承担连带责任;在共同共有关系存续中,或在共同共有的基础丧失前,或未出现重大理由时,共同共有人不得请求分割共有物。

5.准共有主要包括四种类型

(1)用益物权的准共有。

用益物权的准共有是最主要的准共有。其共有的权利就是用益物权,包括地上权即国有土地使用权、宅基地使用权的共有,地役权的共有,土地承包经营权的共有。

(2)担保物权的准共有。

担保物权也可以共有,共有的担保物权就是担保物权的准共有,包括抵押权共有,质权共有,留置权共有。

(3)特许物权的准共有。

特许物权也可以形成准共有。在取得采矿权、取水权和养殖权等特许物权时,如果是两个以上的民事主体共同享有,或者按份共有,或者共同共有,也是准共有性质的权利,为准共有的一种类型。

(4)知识产权准共有。

共有知识产权是常见现象。一般是指数个主体依据共同的创造性劳动,共同取得了一个著作权、商标权或者专利权,形成准共有。知识产权的准共有包括著作权共有、专利权共有和商标权共有。

第八章 用益物权及特许物权

1. 用益物权,是指对他人所有的动产和不动产,依法所享有占有、使用和收益的权利。

根据《民法典》的规定,我国民法上的用益物权具有如下法律特征:(1)用益物权是他物权;(2)用益物权是以使用和收益为内容的定限物权;(3)用益物权的客体物通常为不动产;(4)用益物权的享有和行使以占有为前提;(5)用益物权为独立物权。

2. 特许物权是指民事主体依法定程序,经有关行政主管机关许可后而享有的对自然资源进行占有、使用、收益及一定处分的权利。由于其标的为自然资源,故也称自然资源使用权。

特许物权的特征是:(1)特许物权的标的是自然资源而不是土地本身。(2)特许物权的权利行使方式是对自然资源的取得和开发行为。(3)特许物权的取得方式是行政许可。(4)《民法典》规定的自然资源使用以有偿使用为原则,无偿使用为例外。

我国《民法典》规定的特许物权有:海域使用权、探矿权、采矿权、取水权、养殖权、捕捞权。

第九章 土地承包经营权

一、选择题

1. AB

2. D

二、简答题

1. 土地承包经营权,是民事主体对农民集体所有或国家所有由农民集体使用的耕地、林地、草地以及其他用于农业的土地,所享有的占有、使用和收益的权利。

土地承包经营权的特征有:(1)土地承包经营权的客体是农民集体所有或国家所有由农民集体使用的耕地、林地、草地以及其他用于农业的土地。(2)土地承包经营权的主体是一切从事农业生产经营的民事主体。(3)土地承包经营权系以从事农业生产为目的的用益物权。

2. 根据我国法律规定,土地承包经营权可以通过法律行为和非法律行为设定。

通过法律行为设定主要包括:(1)基于土地承包经营合同而设定。(2)通过招标、拍卖、公开协商等方式设定。(3)通过互换、转让等方式设定承包经营权。(4)通过出租、入股、抵押或者其他方式流转而设定土地经营权。

通过非法律行为设定主要是指通过继承的方式取得土地承包经营权。

第十章 地 上 权

1. 建设用地使用权的设立方式为两种,出让和划拨。

《民法典》第347条规定:"设立建设用地使用权,可以采取出让或者划拨等方式。工业、商业、旅游、娱乐和商品住宅等经营性用地以及同一土地有两个以上意向用地者的,应当采取招标、拍卖等公开竞价的方式出让。严格限制以划拨方式设立建设用地使用权。"根据这一规定,建设用地使用权的设立方式为两种,出让和划拨。

2.根据《民法典》第356条的规定,建设用地使用权转让、互换、出资或者赠与的,附着于该土地上的建筑物、构筑物及其附属设施一并处分。该原则在我国通称为"房随地走"的原则。地上所建造的建筑物、构筑物及其附属设施转让、互换、出资或者赠与的,该建筑物、构筑物及其附属设施占用范围内的建设用地使用权一并处分。该原则在我国通称为"地随房走"原则。上述规定体现了我国"房地一致"的原则,即土地使用权人与房屋的所有权人应当一致,避免权利主体分家,出现"空中楼阁"的问题。

3.宅基地使用权的法律特征主要包括以下几方面。

(1)宅基地使用权的客体是农村集体土地。根据《宪法》第10条第2款的规定,宅基地、自留地、自留山,属于集体所有。《土地管理法》第9条规定,农村和城市郊区的土地,除由法律规定属于国家所有的以外,属于农民集体所有;宅基地和自留地、自留山,属于农民集体所有。因此,农民使用宅基地是对集体所有的土地的使用。宅基地使用权是设定于农村集体土地上的用益物权。

(2)宅基地使用权的主体只能是本集体组织的成员。宅基地使用权是一项带有福利性质的权利,宅基地使用权是农民基于集体成员的身份而享有的福利保障。宅基地使用权无偿取得,用于解决农民的基本居住问题。

(3)宅基地使用权的目的具有特定性。宅基地使用权的用途是建造住宅及其附属设施,解决农民的居住问题。这与土地承包经营权用于农业活动、建设用地使用权用于广泛建设用途的目的不同。

(4)宅基地使用权没有使用期限限制。根据我国现行法的规定,宅基地使用权是无期限的用益物权,不因期限届满发生权利的消灭。

(5)一户一宅的原则。《土地管理法》第62条规定:"农村村民一户只能拥有一处宅基地,其宅基地的面积不得超过省、自治区、直辖市规定的标准。"

第十一章 地 役 权

1.地役权关系。

2.地役权自地役权合同生效时设立。

3.依据民事法律行为而设定地役权;依据民事法律行为而受让地役权;依据民事法律行为以外的原因受让地役权,主要表现为继承取得。

4.(1)利用供役地的权利;(2)从事必要附属行为或建造必要设施的权利;(3)地役权终止后取回设施的权利;(4)享有基于地役权的物上请求权。

5.无偿取得的地役权,地役权人可以抛弃地役权,从而导致地役权消灭。对于有偿的、有期限的地役权,只有在支付剩余期间的租金后,才能抛弃。地役权人抛弃地役权的,地役权消灭。

6.应由地役权人进行拆除。如供役地人需要继续使用附属设施并愿意支付合理价格购买附属设施的,附属设施可以不予拆除。如供役地因地役权人的使用或修建附属设施无法恢复原状或恢复原状将给供役地人造成损失的,地役权人应予以赔偿。

第十二章 担保物权概述

案例分析:因被担保债权的履行期限未届满,京贝公司可以提存该保险金。

简答题

1.债权在未受全部清偿前或部分消灭的,担保物权人可以就担保物的全部行使权利。担保物一部分灭失,残存部分仍担保债权全部。分期履行的债权,已届履行期的部分未履行时,债权人就全部担保物有优先受偿权。担保物权设定后,担保物价格上涨,债务人无权要求减少担保物,反之,担保物价格下跌,债务人也无提供补充担保的义务。

2.被担保的债权既有物的担保又有人的担保的,债务人不履行到期债务或者发生当事人约定的实现担保物权的情形,债权人应当按照约定实现债权;没有约定或者约定不明确,债务人自己提供物的担保的,债权人应当先就该物的担保实现债权;第三人提供物的担保的,债权人可以就物的担保实现债权,也可以请求保证人承担保证责任。提供担保的第三人承担担保责任后,有权向债务人追偿。

第十三章 抵押权

选择题:1. AD 2. ABD

简答题:

1.抵押合同签订双方如具有相应的民事行为能力,双方意思表示真实且抵押合同内容不违反法律、行政法规的强制性规定,不违背公序良俗的,抵押合同有效。

2.抵押期间,抵押人可以转让抵押财产。当事人另有约定的,按照其约定。抵押财产转让的,抵押权不受影响。抵押人转让抵押财产的,应当及时通知抵押权人。

案例分析题:

1.租赁关系不受影响。依据《民法典》第405条的规定:"抵押权设立前,抵押财产已经出租并转移占有的,原租赁关系不受该抵押权的影响。"因为王某承租在先,李某抵押在后,所以租赁关系不受影响。

2.抵押权人在主债权诉讼时效期间未行使抵押权将导致抵押权消灭,依据《民法典》第419条的规定:"抵押权人应当在主债权诉讼时效期间行使抵押权;未行使的,人民法院不予保护。"

3.不成立。依据《民法典》第402条的规定:"以本法第395条第1款第(1)项至第

(3)项规定的财产或者第(5)项规定的正在建造的建筑物抵押的,应当办理抵押登记。抵押权自登记时设立。"因此,以正在建造的建筑物抵押的,未办理抵押登记抵押权不成立。

第十四章 质 权

1.质权,是指债务人或第三人将特定的财产交由债权人占有,或者以财产权利为标的,作为债权的担保,在债务人不履行债务时,或者发生当事人约定的实现质权的情形时,债权人有权以该财产折价或以拍卖、变卖所得价款优先受偿的权利。

其特征主要包括:

(1)质权是为了担保债权的实现而设立的担保物权。

(2)质权只能在债务人或者第三人提供的特定财产或者权利上设定。

(3)动产质权以债权人占有债务人或第三人提供的动产为必要条件。

(4)质权人在债务人履行债务前对质押财产享有留置的权利。

2.动产质权的设立:

(1)基于法律行为而取得动产质权。基于法律行为而取得动产质权,是当事人通过质权合同或者遗嘱而设定动产质权。在实践中最为常见的就是通过质权合同设定动产质权。

(2)非基于法律行为而取得动产质权。包括依继承取得质权;依善意取得制度取得质权。

动产质权的效力:

(1)动产质权对所担保的债权的效力。

质权担保的范围包括主债权及其利息、违约金、损害赔偿金、保管担保财产和实现担保物权的费用,质权合同另有约定的,按照约定。理论上还认为,因质押财产的隐蔽瑕疵而发生的损害赔偿,也属于动产质权所担保的债权范围。

(2)动产质权对质权标的物的效力。

作为质押财产的动产为质权的效力所及。此外,为了维护质押财产的经济效用与其交换价值,同时兼顾双方当事人的利益,对质押财产以外的其他物或权利,在一定条件下也应纳入质权效力所及的标的物范围。

(3)质权对出质人的效力。

质押财产的收益权;质押财产的处分权;物上保证人的代位权;保全质押财产的权利。

(4)质权对质权人的效力。

质权人的权利:留置质押财产的权利;优先受偿的权利;收取孳息的权利;转质权;因质权受侵害的请求权;质权保全权。

(5)动产质权对其他担保物权的效力。

①权对动产抵押权。动产质权对动产抵押权的效力规则是看公示的先后顺序。第

一,当动产上先设定质权后设定抵押权时,该抵押权无论是否办理登记,都不能对抗设定在先的质权。第二,对无须办理登记即可成立的抵押权,仍然必须按照权利设定的先后并考虑其他因素加以判定。

②动产质权对留置权。动产质权与留置权的冲突可以发生在以下两种情形当中。质押财产被留置,此时留置权优先于质权;留置物被质押,此时留置权优先于质权。

③动产质权对动产质权。动产质权可以采用指示交付的方法交付质押财产,因此就同一动产能够成立数个质权。对此,应当按照"时间优先即效力优先"的原则处理,先成立的质权优先于后成立的质权。

动产质权的实现:动产质权的实现,是指质权所担保的债权已届清偿期,债务人未履行债务,质权人与出质人协议以质押财产折价,或依法拍卖、变卖质押财产并就所得的价款优先受偿的行为。动产质权实现的条件有:(1)动产质权有效存在;(2)债务人不履行到期债务,或者发生当事人约定的实现质权的情形;(3)作为质权人的主债权人未受清偿。出质人请求质权人及时行使权利,而质权人怠于行使权利造成损害的,质权人就由此造成的损失应当承担赔偿责任。

动产质权实现的方法有三种:折价、拍卖与变卖,其中拍卖是主要方法。质押财产拍卖变卖的变价款,质权人有权优先受偿。质押财产折价或者拍卖、变卖后,其价款超过债权数额的部分归出质人所有,不足部分由债务人清偿。

3.权利质权的设定:由于权利质权准用动产质权的规定,因而其取得方式大体与动产质权的相同,即包括基于法律行为如质权合同或遗嘱而取得、基于法律行为以外的事实而取得如善意取得等。通过质权合同设定权利质权,是最常见、最重要的方式。

权利质权的效力:

(1)权利质权对担保的债权的效力。

权利质权对债权的担保范围,大体与动产质权的担保范围相似。但是,一是有些权利质权的设定并不需要移转占有只需办理登记即可;二是即使有些权利质权需要移转权利凭证,却不存在支出标的物保管费用的问题。因此,权利质权担保的债权范围仅包括主债权、利息、违约金、损害赔偿金以及实现质权的费用。

(2)权利质权对质押标的的效力。

就权利质权效力所及的标的范围而言,应当准用关于动产质权的有关法律规定。但是由于权利质权的标的特殊性,因而权利质权对质押标的的效力与动产质权的存在差别。

(3)权利质权对出质人的效力。

质权人不能尽善良管理人的注意保管质押的权利凭证,可能致其灭失或毁损的,出质人有权要求质权人将该权利凭证提存,也有权提前清偿债权而消灭权利质权,以取回设质的权利凭证。此外,权利质权设定后,不论质押物是否有灭失或毁损的危险,出质人均有权提前清偿所担保的债权以消灭权利质权;权利质权因出质人提前清偿债权而消灭的,出质人有权取回质押的权利凭证或者注销权利质权的登记。出质人非为债务人,而以自己的财产权利设质的,该物上保证人也有权代债务人提前清偿债权以消灭权利质权,以取回质押的权利凭证或注销质押登记。

出质人在将其享有的权利出质之后,并未丧失对该权利的处分权,但由于该权利已经成为质权的标的物,因而如果仍然允许出质人随意加以处分,必然危害质权人对该标的物交换价值的支配权,权利质权所具有的担保功能将丧失殆尽。因此,法律上通常都要对出质人的处分权加以限制。由于权利质权的标的是权利,出质人完全可以通过法律行为使该权利消灭,质权人对标的物的控制力比较弱。因而,在权利质权中对出质人处分权的限制应当加强。法律通常是禁止出质人在未经质权人同意的情况下通过法律行为将质押的权利加以消灭。

(4)权利质权对质权人的效力。

《民法典》第446条规定,权利质权准用动产质权的有关规定,因而权利质权人的权利义务基本上与动产质权人的相同。例如,质权人享有占有或者留置权利凭证的权利、收取质押财产孳息的权利、变价质押财产的权利以及优先受偿的权利。权利质权设定后,质权人负有妥善保管质押标的和返还质押标的的义务。

第十五章 留 置 权

1. 留置权的概念:留置权,是指债权人依债权占有属于债务人的动产,债务人未按照约定的期限履行债务时,债权人有权依法留置该财产,以该财产折价或者以拍卖、变卖该财产的价款优先受偿的担保物权。

留置权的特征主要有:留置权的性质为他物权;留置权是法定担保物权;留置权是二次发生效力的物权;留置权是不可分性物权;留置权为从权利。

2. 留置权成立的积极要件:

(1)须债权人合法占有债务人的动产;

(2)须债权的发生与该动产有牵连关系;

(3)须债权已届清偿期且债务人未履行债务。

留置权成立的消极要件:

(1)须当事人事先无不得留置的约定;

(2)须留置债务人的财产不违反公共秩序或善良风俗;

(3)须留置财产与债权人所承担的义务不相抵触;

(4)须留置财产与对方交付财产前或交付财产时所为的指示不相抵触;

(5)对动产的占有须非因侵权行为而取得。

3. 留置权的效力范围如下。

(1)留置权所担保债权的范围。

留置权为法定担保物权,因此其担保的债权,须与留置物属于同一法律关系,而且当事人不得依约定确定留置权所担保的债权范围,此与抵押权、质权所担保的债权范围可由当事人约定不同。原则上而言,留置权所担保债权的范围,仍应依《民法典》担保物权的担保范围包括主债权及其利息、违约金、损害赔偿金、保管担保财产和实现担保物权的费用的规定而确定。

(2)留置权的效力所及标的物的范围。

留置权标的物的范围,除留置动产本身当然为标的物的范围外,下列各物也为留置权的效力所及的标的物的范围:①从物。留置物如为主物的,依"从随主"的原则,其从物也应为留置权的效力所及。但留置权因以占有动产为成立要件,故该从物也须已由债权人占有方可为留置权的效力所及。②孳息。债权人有收取留置物所生孳息的权利。故留置物的孳息,也为留置权的效力所及。③代位物。留置权系担保物权之一种,担保物权的物上代位性,留置权也同样具有,故留置权灭失所得受的保险金、赔偿金或补偿金,也为留置权的效力所及。

4.留置权的消灭原因,是指留置权成立以后至留置权实现之前,留置权因一定原因的出现而不复存在。留置权的消灭分两种:一是永久消灭,一经消灭,永不再产生;二是相对消灭,留置权消灭后还会依法再生。

(1)留置权因物权消灭的共同原因而消灭。

第一,标的物灭失;第二,标的物被征用;第三,留置权与所有权混同。

(2)留置权因担保物权消灭的共同原因而消灭。

第一,担保物权所担保的主债权消灭;第二,担保物权实现;第三,留置权被放弃

(3)留置权消灭的特别原因。

第一,留置权人对留置财产丧失占有;第二,债务人另行提供担保;第三,债权清偿期的延缓。

第十六章 非典型担保物权

1.认定优先权是独立的法定担保物权的理由:第一,优先权基于社会生活实际需要而产生,其意义在于,基于社会政策、公平观念等各种考虑,通过明确某些需要特殊保护的债权优先于其他债权而受清偿,而对债权平等原则加以突破。第二,我国法律已经将某些优先权规定为法定担保物权。如《海商法》第22条、第25条第1款中规定的船舶优先权,《民用航空法》第19条、第22条规定的民用航空器优先权,《税收征收管理法》第45条第1款规定的税收优先权,《民法典》第807条规定的建筑工程承包人的建设工程价款优先权。第三,优先权的性质、产生、内容以及消灭的原因等都决定了其为独立的法定担保物权,而非单纯的优先受偿效力或者债权清偿顺序。

2.所有权保留是指在转移财产所有权的商品交易中,根据法律规定或者当事人约定,财产所有权人转移财产占有于对方当事人,而保留其对该财产的所有权,待对方当事人交付价金或者完成特定条件时,所有权才发生转移的担保物权。

(1)所有权保留是以权利为担保内容的物权。

在传统的债权担保中,基本的担保内容一是人保,二是物保。所有权保留既不是人保,也不是物保,而是以担保物的权利为担保内容,在债权人所享有的权利上设定担保,突破了担保的传统方式,是新型的担保方式。

(2)所有权保留提供的担保方式具有消极性。

一般的债权担保都是债务人积极提供担保。在所有权保留中,债务人不必积极提供担保,只要消极地不取得交付的标的物所有权,直接在标的物的所有权上设定担保,将该所有权保留在出让标的物的人手中,就完成了担保。因此,所有权保留的担保方式更为便捷和易行。

(3)所有权保留担保的效力更多体现在事后救济上。

传统的债权担保都是建立在交易的有效上面的,无效合同无法成立担保。在所有权保留中,其担保产生的条件不成就时,发生所有权不转移的效力,从而直接影响作为担保存在基础的交易合同成立的效力。因此,所有权保留所担保的效力更具有事后救济的性质。

3.让与担保的效力及于担保物以及担保物的从物、孳息以及其他利益。

首先,让与担保的效力及于担保物本身。让与担保让渡的是担保物的所有权和其他财产的财产权,担保物本身必然受其效力所支配,担保物的所有权已经转移由担保权人所享有,而担保人则不再享有担保物的所有权或者其他权利。

其次,让与担保的效力及于担保物的从物。依照"从随主"原则,从物和从权利随主物和主权利的变动而变动。担保物为主物并附有从物的时候,除非设定人和担保权人另有约定,否则从物随主物的所有权转移而转移于担保权人,属于被担保债权受偿的标的物。但是,如果让与担保设定后,在设定人占有担保物期间,设定人又取得的具有担保物从物性质的物,则该物不构成担保物的从物,不能为担保权人所有,不属于让与担保效力范围。

再次,让与担保的效力及于担保物所产生的孳息,包括天然孳息和法定孳息。这是因为,担保物的所有权已经归属于担保权人,担保物所产生的孳息当然属于担保权人,同属于担保标的物的范围。

最后,让与担保的效力及于担保物的代位物。在让与担保之中,担保物的所有权已经转移给担保权人所有,担保物在担保期间所受到的损失,应当是担保权人的损失。在此期间,因担保物的灭失、毁损、被征收等而取得的保险金、赔偿金或者补偿金,构成担保物的代位物,受到担保效力的支配。

第十七章 占 有

1.占有的类型主要包括:(1)有权占有与无权占有;(2)自主占有与他主占有;(3)直接占有与间接占有;(4)自己占有与占有辅助;(5)单独占有与共同占有;(6)继续占有与

非继续占有。

2.构成占有须具备以下要件：

(1)占有的主体；(2)占有的客体；(3)占有的客观方面；(4)占有的主观方面。

3.占有的取得：占有作为一种事实，可因法律行为、事实行为以及某种自然事件而发生。法律行为诸如物权的转移与设定、买卖、租赁、借贷等；事实行为诸如建造房屋、狩取猎物、无主物的先占等；自然事件诸如果实落入邻人院内等。

就占有人直接取得的占有而言，可以把占有分为原始取得和继受取得。

占有的变更，是指在不丧失占有的前提下，占有从一种类型转向另一种类型。占有的变更也叫占有状态的改变或者占有名义的改变。比较重要的占有变更是以下几类：(1)有权占有变为无权占有；(2)善意占有变为恶意占有；(3)无瑕疵占有变为瑕疵占有；(4)他主占有变为自主占有。

占有的消灭，是指占有人丧失对占有物的事实上的管领力。能够引起占有消灭的原因有占有物灭失、占有物被没收、占有物被征收等。

附 录

最高人民法院关于适用《中华人民共和国民法典》物权编的解释(一)
中华人民共和国最高人民法院公告

《最高人民法院关于适用〈中华人民共和国民法典〉物权编的解释(一)》已于2020年12月25日由最高人民法院审判委员会第1825次会议通过,现予公布,自2021年1月1日起施行。

最高人民法院
2020年12月29日

为正确审理物权纠纷案件,根据《中华人民共和国民法典》等相关法律规定,结合审判实践,制定本解释。

第一条 因不动产物权的归属,以及作为不动产物权登记基础的买卖、赠与、抵押等产生争议,当事人提起民事诉讼的,应当依法受理。当事人已经在行政诉讼中申请一并解决上述民事争议,且人民法院一并审理的除外。

第二条 当事人有证据证明不动产登记簿的记载与真实权利状态不符、其为该不动产物权的真实权利人,请求确认其享有物权的,应予支持。

第三条 异议登记因《民法典》第二百二十条第二款规定的事由失效后,当事人提起民事诉讼,请求确认物权归属的,应当依法受理。异议登记失效不影响人民法院对案件的实体审理。

第四条 未经预告登记的权利人同意,转让不动产所有权等物权,或者设立建设用地使用权、居住权、地役权、抵押权等其他物权的,应当依照《民法典》第二百二十一条第一款的规定,认定其不发生物权效力。

第五条 预告登记的买卖不动产物权的协议被认定无效、被撤销,或者预告登记的权利人放弃债权的,应当认定为《民法典》第二百二十一条第二款所称的"债权消灭"。

第六条 转让人转让船舶、航空器和机动车等所有权,受让人已经支付合理价款并取得占有,虽未经登记,但转让人的债权人主张其为《民法典》第二百二十五条所称的"善意第三人"的,不予支持,法律另有规定的除外。

第七条 人民法院、仲裁机构在分割共有不动产或者动产等案件中作出并依法生效的改变原有物权关系的判决书、裁决书、调解书,以及人民法院在执行程序中作出的拍卖成交裁定书、变卖成交裁定书、以物抵债裁定书,应当认定为《民法典》第二百二十九条所称导致物权设立、变更、转让或者消灭的人民法院、仲裁机构的法律文书。

第八条　依据《民法典》第二百二十九条至第二百三十一条规定享有物权,但尚未完成动产交付或者不动产登记的权利人,依据《民法典》第二百三十五条至第二百三十八条的规定,请求保护其物权的,应予支持。

第九条　共有份额的权利主体因继承、遗赠等原因发生变化时,其他按份共有人主张优先购买的,不予支持,但按份共有人之间另有约定的除外。

第十条　《民法典》第三百零五条所称的"同等条件",应当综合共有份额的转让价格、价款履行方式及期限等因素确定。

第十一条　优先购买权的行使期间,按份共有人之间有约定的,按照约定处理;没有约定或者约定不明的,按照下列情形确定:

(一)转让人向其他按份共有人发出的包含同等条件内容的通知中载明行使期间的,以该期间为准;

(二)通知中未载明行使期间,或者载明的期间短于通知送达之日起十五日的,为十五日;

(三)转让人未通知的,为其他按份共有人知道或者应当知道最终确定的同等条件之日起十五日;

(四)转让人未通知,且无法确定其他按份共有人知道或者应当知道最终确定的同等条件的,为共有份额权属转移之日起六个月。

第十二条　按份共有人向共有人之外的人转让其份额,其他按份共有人根据法律、司法解释规定,请求按照同等条件优先购买该共有份额的,应予支持。其他按份共有人的请求具有下列情形之一的,不予支持:

(一)未在本解释第十一条规定的期间内主张优先购买,或者虽主张优先购买,但提出减少转让价款、增加转让人负担等实质性变更要求;

(二)以其优先购买权受到侵害为由,仅请求撤销共有份额转让合同或者认定该合同无效。

第十三条　按份共有人之间转让共有份额,其他按份共有人主张依据《民法典》第三百零五条规定优先购买的,不予支持,但按份共有人之间另有约定的除外。

第十四条　受让人受让不动产或者动产时,不知道转让人无处分权,且无重大过失的,应当认定受让人为善意。

真实权利人主张受让人不构成善意的,应当承担举证证明责任。

第十五条　具有下列情形之一的,应当认定不动产受让人知道转让人无处分权:

(一)登记簿上存在有效的异议登记;

(二)预告登记有效期内,未经预告登记的权利人同意;

(三)登记簿上已经记载司法机关或者行政机关依法裁定、决定查封或者以其他形式限制不动产权利的有关事项;

(四)受让人知道登记簿上记载的权利主体错误;

（五）受让人知道他人已经依法享有不动产物权。

真实权利人有证据证明不动产受让人应当知道转让人无处分权的，应当认定受让人具有重大过失。

第十六条　受让人受让动产时，交易的对象、场所或者时机等不符合交易习惯的，应当认定受让人具有重大过失。

第十七条　《民法典》第三百一十一条第一款第一项所称的"受让人受让该不动产或者动产时"，是指依法完成不动产物权转移登记或者动产交付之时。

当事人以《民法典》第二百二十六条规定的方式交付动产的，转让动产民事法律行为生效时为动产交付之时；当事人以《民法典》第二百二十七条规定的方式交付动产的，转让人与受让人之间有关转让返还原物请求权的协议生效时为动产交付之时。

法律对不动产、动产物权的设立另有规定的，应当按照法律规定的时间认定权利人是否为善意。

第十八条　《民法典》第三百一十一条第一款第二项所称"合理的价格"，应当根据转让标的物的性质、数量以及付款方式等具体情况，参考转让时交易地市场价格以及交易习惯等因素综合认定。

第十九条　转让人将《民法典》第二百二十五条规定的船舶、航空器和机动车等交付给受让人的，应当认定符合《民法典》第三百一十一条第一款第三项规定的善意取得的条件。

第二十条　具有下列情形之一，受让人主张依据《民法典》第三百一十一条规定取得所有权的，不予支持：

（一）转让合同被认定无效；

（二）转让合同被撤销。

第二十一条　本解释自2021年1月1日起施行。

参 考 文 献

1. 陈小君.农村土地法律制度研究.北京,中国政法大学出版社,2004
2. 谢哲胜.民法物权.台北,三民书局,2008
3. 陈祥健.空间地上权研究.北京,法律出版社,2009
4. 汪丽清.中华人民共和国城市房地产管理法配套规定.北京:法律出版社,2012
5. 申卫星.物权法原理.(第2版)北京,中国人民大学出版社,2016
6. 程啸.担保物权研究.北京,中国人民大学出版社,2017
7. 孙宪忠.中国物权法总论(第4版).北京,法律出版社,2018
8. 张双根.物权法释论.北京,北京大学出版社,2018
9. 梁慧星.民法总则讲义.北京,法律出版社,2018
10. 黄泷一.物权法定原则:普遍理论与中国选择.北京,法律出版社,2019
11. 房绍坤.物权法的变革与完善.北京,北京大学出版社,2019
12. 高圣平.担保法前沿问题与判解研究.北京,人民法院出版社,2019
13. 杜月秋、孙政.民法典条文对照与重点解读.北京,法律出版社,2020
14. 杨立新.物权法.北京,中国人民大学出版社,2020
15. 景光强.以物抵债疑难法律问题精释.北京,中国法制出版社,2020
16. 梁慧星、陈华彬.物权法.北京,法律出版社,2020
17. 董学立.中国动产担保物权法编纂研究.北京,法律出版社,2020
18. 崔建远.中国民法典释评·物权编.北京,中国人民大学出版社,2020
19. 温希波.电子商务法——法律法规与案例分析.北京,人民邮电出版社,2021
20. 广东省律师协会.典型海事海商案例汇编.北京,法律出版社,2021